Victor Eduardo Rios Gonçalves

DIREITO PENAL

26ª edição
2024

PARTE GERAL

Av. Paulista, 901, Edifício CYK, 4º andar
Bela Vista – São Paulo – SP – CEP 01310-100

SAC | sac.sets@saraivaeducacao.com.br

DADOS INTERNACIONAIS DE CATALOGAÇÃO NA PUBLICAÇÃO (CIP)
VAGNER RODOLFO DA SILVA – CRB-8/9410

G635s   Gonçalves, Victor Eduardo Rios
         Sinopses jurídicas – Direito penal – parte geral / Victor Eduardo Rios Gonçalves. – 26. ed. – São Paulo : SaraivaJur, 2024.
         184 p.
         ISBN 978-65-5362-352-1 (impresso)
         1. Direito. 2. Direito penal. I. Título.

2023-2609   CDD 345
                                           CDU 343

Índices para catálogo sistemático:
1. Direito penal   345
2. Direito penal   343

Diretoria executiva	Flávia Alves Bravin
Diretoria editorial	Ana Paula Santos Matos
Gerência de produção e projetos	Fernando Penteado
Gerência de conteúdo e aquisições	Thais Cassoli Reato Cézar
Gerência editorial	Livia Céspedes
Novos projetos	Aline Darcy Flôr de Souza
	Dalila Costa de Oliveira
Edição	Samantha Rangel
Design e produção	Jeferson Costa da Silva (coord.)
	Rosana Peroni Fazolari
	Guilherme Salvador
	Lais Soriano
	Tiago Dela Rosa
	Verônica Pivisan Reis
Planejamento e projetos	Cintia Aparecida dos Santos
	Daniela Maria Chaves Carvalho
	Emily Larissa Ferreira da Silva
	Kelli Priscila Pinto
Diagramação	Fernanda Matajs
Revisão	Paula Brito
Capa	Laís Soriano
Produção gráfica	Marli Rampim
	Sergio Luiz Pereira Lopes
Impressão e acabamento	Gráfica Paym

Data de fechamento da edição: 27-11-2023

Dúvidas? Acesse www.saraivaeducacao.com.br

Nenhuma parte desta publicação poderá ser reproduzida por qualquer meio ou forma sem a prévia autorização da Saraiva Educação. A violação dos direitos autorais é crime estabelecido na Lei n. 9.610/98 e punido pelo art. 184 do Código Penal.

| CÓD. OBRA | 8991 | CL | 608581 | CAE | 844689 |

Conheça o
Saraiva Conecta

Uma plataforma que apoia o leitor em sua jornada de estudos e de atualização.

Estude *online* com conteúdos complementares ao livro e que ampliam a sua compreensão dos temas abordados nesta obra.

Tudo isso com a **qualidade Saraiva Educação** que você já conhece!

Veja como acessar

No seu computador
Acesse o *link*
https://somos.in/SJDPPG26

No seu celular ou tablet
Abra a câmera do seu celular ou aplicativo específico e aponte para o QR Code disponível no livro.

Faça seu cadastro

1. Clique em **"Novo por aqui? Criar conta"**.

2. Preencha as informações – insira um *e-mail* que você costuma usar, ok?

3. Crie sua senha e clique no botão **"CRIAR CONTA"**.

Pronto!
Agora é só aproveitar o conteúdo desta obra!*

Qualquer dúvida, entre em contato pelo *e-mail* **suportedigital@saraivaconecta.com.br**

Para consultar o conteúdo complementar, acesse: **https://somos.in/SJDPPG26**

*Sempre que quiser, acesse todos os conteúdos exclusivos pelo *link* ou pelo QR Code indicados. O seu acesso tem validade de 24 meses, a contar da data de fechamento desta edição.

ÍNDICE

INTRODUÇÃO

Considerações iniciais	1
Conceito de direito penal	1
Legislação penal brasileira	1
Classificação das infrações penais	1
Fontes do direito penal	2
Características da lei penal	3
Interpretação da lei penal	3
Interpretação analógica e analogia	4
Princípio do *in dubio pro reo*	4
Princípio da vedação do *bis in idem*	4
Princípios da intervenção mínima e da insignificância	5
Sujeito ativo	5
Sujeito passivo	5
Objetividade jurídica (objeto jurídico)	6
Objeto material	6

CLASSIFICAÇÃO DOUTRINÁRIA DOS CRIMES

1.	Crimes instantâneos, permanentes e instantâneos de efeitos permanentes	6
2.	Crimes comissivos e omissivos	6
3.	Crimes materiais, formais e de mera conduta	6
4.	Crimes de dano e de perigo	7
5.	Crimes comuns, próprios e de mão própria	8
6.	Crimes principais e acessórios	8
7.	Crimes simples e complexos	8
8.	Crimes progressivos	8
9.	Delito putativo	8
10.	Crime falho	8
11.	Crime exaurido	9
12.	Crimes vagos	9
13.	Crimes simples, privilegiados e qualificados	9
14.	Crimes de ação múltipla (ou de conteúdo variado)	9
15.	Crimes de ação livre ou de ação vinculada	9
16.	Crime habitual	10
17.	Crimes conexos	10
18.	Crimes a distância e plurilocais	10
19.	Crime a prazo	10
20.	Quase crime	10
21.	Crime unissubsistente e plurissubsistente	10
22.	Outras denominações	10

SINOPSES JURÍDICAS

CONFLITO APARENTE DE NORMAS

1. Princípio da especialidade	11
2. Princípio da subsidiariedade	11
3. Princípio da consunção	11
4. Princípio da alternatividade	13

PARTE GERAL

Título I – Da aplicação da lei penal **15**

1. Princípio da legalidade (art. 1º)	15
2. Retroatividade da lei penal benéfica (art. 2º)	15
3. Lei excepcional ou temporária (art. 3º)	17
4. Tempo do crime (art. 4º)	17
5. Lugar do crime (art. 6º)	17
6. Territorialidade (art. 5º)	18
7. Extraterritorialidade (art. 7º)	18
8. Pena cumprida no estrangeiro (art. 8º)	19
9. Eficácia de sentença estrangeira (art. 9º)	20
10. Contagem de prazo (art. 10)	20
11. Frações não computáveis da pena (art. 11)	20
12. Legislação especial (art. 12)	21

Título II – Do crime **22**

1. A conduta na teoria clássica (causal ou naturalista)	22
2. A conduta na teoria finalista	23
3. Teoria social da ação	24
4. Outros aspectos da conduta	24
5. Do resultado	25
6. Nexo causal	25
7. Teoria da equivalência dos antecedentes (art. 13)	26
7.1. Superveniência causal (art. 13, § 1º)	26
7.2. Relevância causal da omissão (art. 13, § 2º)	27
7.3. A teoria da imputação objetiva	28
8. Tipicidade	29
9. Tipo penal	30
10. Crime doloso (art. 18, I)	32
11. Crime culposo (art. 18, II)	33
12. Crime preterdoloso	36
13. Erro de tipo (art. 20)	37
14. Crime consumado (art. 14, I)	42
15. Tentativa (art. 14, II)	43
16. Desistência voluntária (art. 15, 1ª parte)	45
17. Arrependimento eficaz (art. 15, 2ª parte)	46

Direito Penal – Parte Geral

18. Arrependimento posterior (art. 16) 46
19. Crime impossível (art. 17)... 47
20. Ilicitude... 50
21. Causas excludentes da ilicitude (art. 23) 51
    21.1. Estado de necessidade (art. 24) 51
    21.2. Legítima defesa (art. 25) 53
    21.3. Exercício regular de direito (art. 23, III)... 55
    21.4. Estrito cumprimento do dever legal (art. 23, III)............................. 56
22. Consentimento do ofendido.. 56
23. Descriminantes putativas (art. 20, § 1º) 56
24. Culpabilidade... 59

Título III – Da imputabilidade penal.. **61**
1. Imputabilidade.. 61
2. Inimputabilidade 61
    2.1. Doença mental ou desenvolvimento mental incompleto ou retardado (art. 26, *caput*) 61
    2.2. Menoridade (art. 27).. 62
    2.3. Emoção e paixão (art. 28, I).. 62
    2.4. Embriaguez (art. 28, II) 62
    2.5. Dependência de substância entorpecente.. 63
3. Potencial consciência da ilicitude 64
4. Exigibilidade de conduta diversa.. 64
5. Coação irresistível (art. 22)... 64
6. Obediência hierárquica (art. 22).. 65

Título IV – Do concurso de pessoas... **67**
1. Comunicabilidade e incomunicabilidade de elementares e circunstâncias (art. 30).. 70

Título V – Das penas.. **74**
1. Penas principais (Caps. I e II) 74
    1.1. Penas privativas de liberdade (art. 33)... 74
        1.1.1. Regras do regime fechado (art. 34)....................................... 75
        1.1.2. Regras do regime semiaberto (art. 35).................................. 76
        1.1.3. Regras do regime aberto (art. 36) 77
        1.1.4. Regime inicial (art. 33, *caput*) 78
        1.1.5. Progressão de regime (art. 33, § 2º)....................................... 80
        1.1.6. Regressão de regime 86
        1.1.7. Regime especial (art. 37) 88
        1.1.8. Direitos do preso (art. 38).. 88
        1.1.9. Trabalho do preso (art. 39).. 89
        1.1.10. Da remição.. 89
        1.1.11. Legislação especial (art. 40)... 90
        1.1.12. Superveniência de doença mental (art. 41) 90

1.1.13. Detração penal (art. 42) 90

1.1.13.1. Detração e fixação do regime inicial 91

1.2. Penas restritivas de direitos (art. 43).. 92

1.2.1. Prestação pecuniária (art. 45, § 1º)....................................... 95

1.2.2. Perda de bens ou valores (art. 45, § 3º).............................. 95

1.2.3. Prestação de serviços à comunidade ou entidades públicas (art. 46).. 96

1.2.4. Interdição temporária de direitos (art. 47)........................... 96

1.2.5. Limitação de fim de semana (art. 48).................................... 97

1.2.6. Regras para a substituição (art. 44, § 2º)............................ 97

1.2.7. Conversão da pena restritiva de direitos em privativa de liberdade (art. 44) 97

1.3. Pena de multa (art. 49) 98

1.3.1. Cálculo do valor da multa (art. 49, § 1º)............................ 98

1.3.2. Atualização da multa (art. 49, § 2º)..................................... 99

1.3.3. Pagamento da multa (art. 50)... 99

1.3.4. Consequências do não pagamento da pena de multa...................... 99

1.3.5. Vedação de multa substitutiva.. 100

1.3.6. Cumulação de multas.. 100

2. Da aplicação da pena (Cap. III) 101

2.1. Aplicação das circunstâncias judiciais (1ª fase)............................. 101

2.2. Aplicação das agravantes e atenuantes genéricas (2ª fase) 103

2.2.1. Agravantes genéricas em espécie... 103

2.2.2. Agravantes no caso de concurso de pessoas 108

2.2.3. Circunstâncias atenuantes... 108

2.2.4. Concurso de circunstâncias agravantes e atenuantes..................... 110

2.3. Aplicação das causas de aumento e de diminuição de pena (3ª fase) 111

2.4. Outras providências na fixação da pena.. 112

3. Do concurso de crimes.. 117

3.1. Concurso material (art. 69)... 117

3.2. Concurso formal (art. 70) 118

3.3. Crime continuado (art. 71)... 119

3.4. A pena de multa no concurso de crimes (art. 72)........................... 121

3.5. Limite das penas (art. 75).. 121

3.6. Concurso de infrações (art. 76)... 122

4. Da suspensão condicional da pena (cap. IV) 123

4.1. *Sursis* especial (art. 78, § 2º) 124

4.2. Da audiência admonitória 125

4.3. Causas de revogação obrigatória (art. 81) 125

4.4. Causas de revogação facultativa (art. 81, § 1º)............................... 125

4.5. Prorrogação do período de prova... 125

4.6. *Sursis* etário ou humanitário (em razão de doença grave)..................... 126

4.7. Cumprimento das condições 126

4.8. Distinção entre a suspensão condicional da pena (*sursis*) e a suspensão condicional do processo.. 126

Direito Penal – Parte Geral

5. Do livramento condicional (Cap. V) 128
   5.1. Requisitos (art. 83) 128
   5.2. Soma de penas (art. 84) 129
   5.3. Especificação das condições (art. 85) 130
   5.4. Cerimônia de concessão 130
   5.5. Revogação obrigatória (art. 86) 131
   5.6. Revogação facultativa (art. 87) 131
   5.7. Prorrogação do período de prova (art. 89) 131
   5.8. Extinção da pena (art. 90) 132
6. Dos efeitos da condenação (Cap. VI) 133
7. Da reabilitação (Cap. VII) 137
   7.1. Requisitos da reabilitação (art. 94) 137
   7.2. Competência para conceder a reabilitação 137
   7.3. Renovação do pedido 137
   7.4. Revogação da reabilitação 137
   7.5. Reabilitação e reincidência 138

Título VI – Das medidas de segurança **139**
1. Espécies de medida de segurança 139
2. Aplicação da medida de segurança para inimputável 139
3. Aplicação da medida de segurança para o semi-imputável 139
4. Prazo 140
5. Desinternação ou liberação condicional 140
6. Prescrição da medida de segurança 140

Título VII – Da ação penal **141**
1. Ação penal nos crimes complexos 143

Título VIII – Da extinção da punibilidade **145**
1. Morte do agente (art. 107, I) 145
2. Anistia, graça ou indulto (art. 107, II) 146
3. *Abolitio criminis* (art. 107, III) 147
4. Decadência (art. 107, IV) 148
5. Prescrição (art. 107, IV) 150
6. Perempção (art. 107, IV) 161
7. Renúncia (art. 107, V) 162
8. Perdão do ofendido (art. 107, V) 163
9. Retratação do agente (art. 107, VI) 164
10. Casamento da vítima com o agente (art. 107, VII) 164
11. Casamento da vítima com terceiro (art. 107, VIII) 164
12. Perdão judicial (art. 107, IX) 165
13. Autonomia das causas extintivas da punibilidade (art. 108) 165
14. Escusas absolutórias 166

Introdução

CONSIDERAÇÕES INICIAIS

CONCEITO DE DIREITO PENAL

Direito penal é o ramo do direito público que define as infrações penais, estabelecendo as penas e as medidas de segurança aplicáveis aos infratores.

Distingue-se o direito penal objetivo, que é o conjunto de normas penais em vigor no país, do direito penal subjetivo, que é o direito de punir que surge para o Estado com a prática de uma infração penal.

LEGISLAÇÃO PENAL BRASILEIRA

O estatuto mais importante em vigor em matéria penal é o Código Penal (Dec.-Lei n. 2.848/40, cuja Parte Geral foi alterada pela Lei n. 7.209/84). Há, entretanto, inúmeras leis especiais, como a Lei das Contravenções Penais (Dec.-Lei n. 3.688/41), Lei Antidrogas (Lei n. 11.343/2006), Lei dos Crimes contra a Ordem Tributária (Lei n. 8.137/90), Estatuto do Desarmamento (Lei n. 10.826/2003), Crimes de Trânsito (Lei n. 9.503/97), Crimes de Tortura (Lei n. 9.455/97), Crimes Ambientais (Lei n. 9.605/98) etc.

CLASSIFICAÇÃO DAS INFRAÇÕES PENAIS

As infrações penais, no Brasil, dividem-se em:

a) crimes ou delitos;

b) contravenções.

A estrutura jurídica de ambas, todavia, é a mesma, ou seja, as infrações, incluindo os crimes e as contravenções, caracterizam-se por serem fatos típicos e antijurídicos.

Em razão disso é que Nélson Hungria definiu a contravenção como "crime anão", já que ela nada mais é do que um "crime" causador de menores danos e com sanções de menor gravidade. Por isso diz-se que a tipificação de um fato como crime ou contravenção depende exclusivamente da vontade do legislador, ou seja, se considerado mais grave, deve ser tipificado como crime; se menos grave, como contravenção.

Então, como diferenciá-los?

A diferença mais importante é dada pelo art. 1º da Lei de Introdução ao Código Penal e refere-se à pena:

"Art. 1º Considera-se crime a infração penal a que a lei comina pena de reclusão ou de detenção, quer isoladamente, quer alternativa ou cumulativamente com a pena de multa; contravenção, a infração penal a que a lei comina, isoladamente, pena de prisão simples ou de multa, ou ambas, alternativa ou cumulativamente".

Temos, portanto, para os crimes as seguintes possibilidades com relação à pena:

a) reclusão;

b) reclusão e multa;

c) reclusão ou multa;

d) detenção;

e) detenção e multa;

f) detenção ou multa.

A pena de multa nunca é cominada isoladamente ao crime.

Já com relação às contravenções, temos as seguintes hipóteses:

a) prisão simples;

b) prisão simples e multa;

c) prisão simples ou multa;

d) multa.

O traço distintivo mais importante entre crime e contravenção é, portanto, a cominação da pena, conforme analisado anteriormente.

Verifica-se, contudo, a existência de outras diferenças no texto da lei:

a) Os crimes podem ser de ação pública (condicionada ou incondicionada) ou privada; as contravenções sempre se apuram mediante ação pública incondicionada.

b) A peça inicial nos crimes é a denúncia ou a queixa, dependendo da espécie de ação penal prevista na lei; nas contravenções, a peça inicial é sempre a denúncia.

c) Nos crimes, a tentativa é punível. Nas contravenções, não.

d) Em certos casos, os crimes cometidos no exterior podem ser punidos no Brasil, desde que presentes os requisitos legais. Já as contravenções cometidas no exterior nunca podem ser punidas no Brasil.

e) O elemento subjetivo do crime é o dolo ou a culpa. Para a contravenção, entretanto, basta a voluntariedade (art. 3º da LCP).

f) Nos crimes, a duração máxima da pena é de 40 anos (art. 75, *caput*, com a redação dada pela Lei n. 13.964/2019), enquanto nas contravenções é de 5 (art. 10 da LCP).

g) Nos crimes, a duração do *sursis*, em regra, é de 2 a 4 anos (art. 77). Nas contravenções, é de 1 a 3 anos (art. 11 da LCP).

FONTES DO DIREITO PENAL

Fontes são as origens das normas.

As fontes do direito penal podem ser materiais ou formais.

1) Fontes materiais. São também chamadas de fontes de produção. Nos termos do art. 22, I, da Constituição Federal, a fonte material da norma penal é o Estado, já que compete à União legislar sobre direito penal.

2) Fontes formais, de cognição ou de revelação. Referem-se aos meios pelos quais o direito penal se exterioriza. Subdividem-se, por sua vez, em:

a) Fontes formais imediatas. São as leis penais.

As normas penais possuem uma técnica diferenciada, uma vez que o legislador não declara que uma ou outra conduta constitui crime. Na verdade, a norma penal descreve uma conduta (conduta típica) e estabelece uma pena para aqueles que a realizam. Há, entretanto, algumas normas penais com descrição e finalidade diversas. Por isso, pode-se dizer que os dispositivos penais se classificam da seguinte forma:

a1) Normas penais incriminadoras. São aquelas que definem as infrações e fixam as respectivas penas. Ex.: art. 121. "Matar alguém" – É o chamado preceito primário da norma penal incriminadora.

Direito Penal – Parte Geral

"Pena – **reclusão, de 6 (seis) a 20 (vinte) anos**" – É o chamado preceito secundário.

As normas penais incriminadoras estão previstas na Parte Especial do Código Penal e também em leis especiais.

a2) **Normas penais permissivas**. São as que preveem a licitude ou a impunidade de determinados comportamentos, apesar de estes se enquadrarem na descrição típica. Podem estar na Parte Geral, nos arts. 20 a 25, que tratam das excludentes de ilicitude (legítima defesa, estado de necessidade etc.), ou na própria Parte Especial (arts. 128, 142 etc.).

a3) **Normas penais complementares ou explicativas**. São as que esclarecem o significado de outras normas ou limitam o âmbito de sua aplicação. Podem estar na Parte Geral (arts. 4º, 5º, 7º, 10 a 12 etc.) ou na Parte Especial (art. 327, p. ex., que define funcionário público para fins penais como aquele que, **embora transitoriamente ou sem remuneração, exerce cargo, emprego ou função pública**).

b) **Fontes formais mediatas**. São os costumes e os princípios gerais do direito.

b1) **Costumes**. Conjunto de normas de comportamento a que as pessoas obedecem de maneira uniforme e constante pela convicção de sua obrigatoriedade. O costume não revoga a lei, mas serve para integrá-la, uma vez que, em várias partes do Código Penal, o legislador se utiliza de expressões que ensejam a invocação do costume para chegar ao significado exato do texto. Exs.: **reputação** (art. 139), **dignidade e decoro** (art. 140), **ato obsceno** (art. 233) etc.

O costume também não cria delitos, em razão do princípio constitucional da reserva legal, pois, segundo este, "não há crime sem lei anterior que o defina, nem pena sem prévia cominação legal" (art. 5º, XXXIX).

b2) **Princípios gerais do direito**. Segundo Carlos Roberto Gonçalves, "são regras que se encontram na consciência dos povos e são universalmente aceitas, mesmo que não escritas. Tais regras, de caráter genérico, orientam a compreensão do sistema jurídico, em sua aplicação e integração, estejam ou não incluídas no direito positivo" (Coleção Sinopses Jurídicas, *Direito civil* – parte geral, 2. ed., São Paulo, Saraiva, 1998, v. 1, p. 23).

CARACTERÍSTICAS DA LEI PENAL

a) **Exclusividade**. Somente ela define crimes e comina penas (princípio da legalidade).

b) **Imperatividade**. A lei penal é **imposta** a todos, independentemente de sua vontade. Assim, praticada uma infração penal, o Estado deverá buscar a aplicação da pena.

c) **Generalidade**. A lei penal vale para todos (*erga omnes*).

d) **Impessoalidade**. A lei penal é abstrata, sendo elaborada para punir acontecimentos futuros e não para punir pessoa determinada.

INTERPRETAÇÃO DA LEI PENAL

Tem por finalidade buscar o exato significado da norma penal.

Quanto à **origem**, ou seja, quanto ao sujeito que interpreta a lei, ela pode ser: autêntica, doutrinária e jurisprudencial.

A interpretação **autêntica** é **dada pela própria lei**, a qual, em um dos seus dispositivos, esclarece determinado assunto. Ex.: o art. 150, §§ 4º e 5º, diz o que se considera e o que não se considera "casa" no crime de violação de domicílio. Na própria Exposição de Motivos, existem alguns esclarecimentos quanto a institutos contidos na lei.

Doutrinária é a interpretação feita pelos estudiosos, professores e autores de obras de direito, por seus livros, artigos, conferências, palestras etc.

Interpretação **jurisprudencial** é **aquela feita pelos tribunais e juízes em seus julgamentos**.

Quanto ao **modo**, a interpretação pode ser: **gramatical**, que leva em conta o sentido literal das palavras contidas na lei; **teleológica**, que busca descobrir o seu significado por uma análise acerca dos fins a que ela se destina; **histórica**, que avalia os debates que envolveram sua aprovação e os motivos que levaram à apresentação do projeto de lei; **sistemática**, que busca o significado da norma pela integração com os demais dispositivos de uma mesma lei e com o sistema jurídico como um todo.

Quanto ao **resultado**, a interpretação pode ser: **declarativa**, na qual se conclui que a letra da lei corresponde exatamente àquilo que o legislador quis dizer; **restritiva**, quando se conclui que o texto legal abrangeu mais do que queria o legislador (por isso a interpretação irá restringir seu alcance); **extensiva**, quando se conclui que o texto da lei ficou aquém da intenção do legislador (por isso a interpretação irá ampliar sua aplicação).

INTERPRETAÇÃO ANALÓGICA E ANALOGIA

A **interpretação analógica** é possível quando, dentro do próprio texto legal, após uma sequência casuística, o legislador se vale de uma fórmula genérica, que deve ser interpretada de acordo com os casos anteriores: Exs.: 1) o crime de estelionato (art. 171), de acordo com a descrição legal, pode ser cometido mediante artifício, ardil ou **qualquer outra fraude**; 2) o art. 28, II, estabelece que não exclui o crime a embriaguez por álcool ou por **substância de efeitos análogos**.

A **analogia** somente é aplicável em casos de **lacuna** da lei, ou seja, quando não há qualquer norma que regula o tema. Fazer uso dela significa aplicar uma norma penal a um fato não abrangido por ela nem por qualquer outra lei, em razão de tratar-se de fato semelhante àquele que a norma regulamenta. A analogia, portanto, é forma de integração da lei penal e não forma de interpretação.

Em matéria penal, ela só pode ser aplicada em favor do réu (analogia *in bonam partem*), e ainda assim se ficar constatado que houve mera omissão involuntária (esquecimento do legislador). Dessa forma, é óbvio que não pode ser utilizada quando o legislador intencionalmente deixou de tratar do tema, justamente para excluir algum benefício ao acusado.

É vedado o uso da analogia para incriminar condutas não abrangidas pelo texto legal, para reconhecer qualificadoras ou quaisquer outras agravantes. A vedação da analogia *in malam partem* visa evitar que seja desrespeitado o princípio da legalidade.

PRINCÍPIO DO *IN DUBIO PRO REO*

Se **persistir dúvida**, após a utilização de todas as formas interpretativas, **a questão deverá ser resolvida da maneira mais favorável ao réu**.

PRINCÍPIO DA VEDAÇÃO DO *BIS IN IDEM*

Significa que **ninguém pode ser condenado duas vezes pelo mesmo fato**. Além disso, por esse princípio, determinada circunstância não pode ser empregada duas vezes em relação ao mesmo crime, quer para agravar, quer para reduzir a pena. Assim, quando alguém comete um homicídio por motivo fútil, incide a qualificadora do art. 121, § 2º, II, do Código Penal, mas não pode ser aplicada, concomitantemente, a agravante genérica do motivo fútil, prevista no art. 61, II, *a*. Essa agravante, portanto, será aplicada a outros crimes em que a futilidade da motivação não esteja prevista como qualificadora.

Direito Penal – Parte Geral

PRINCÍPIOS DA INTERVENÇÃO MÍNIMA E DA INSIGNIFICÂNCIA

De acordo com o princípio da intervenção mínima, o direito penal só deve cuidar de lesões a bens jurídicos relevantes, de modo que o juiz criminal só venha a ser acionado para solucionar fatos relevantes para a coletividade. É um princípio a ser observado prioritariamente pelo legislador na criação das leis penais.

O princípio da insignificância, por sua vez, é uma consequência prática do princípio da intervenção mínima. Em conformidade com este princípio, o fato é atípico quando a lesão ao bem jurídico tutelado pela lei penal é de tal forma irrisória que não justifica a movimentação da máquina judiciária. Tem sido aceito em crimes como furto, sonegação fiscal, lesão corporal (uma alfinetada, p. ex.). É evidente que não há como cogitar da aplicação desse princípio em crimes com ele incompatíveis, como ocorre, entre outros, com o homicídio ou o estupro. O STF exige a coexistência de quatro requisitos para o reconhecimento do princípio da insignificância: a) ausência de periculosidade social da ação; b) reduzido grau de reprovabilidade do comportamento; c) mínima ofensividade da conduta; e d) inexpressividade da lesão jurídica provocada. Assim, a Corte Superior muitas vezes não reconhece o princípio da insignificância no furto quando o fato se reveste de certa gravidade, embora o valor não seja muito elevado. Ex.: o valor do bem subtraído é compatível com o princípio em estudo, mas o delito é cometido de madrugada, mediante arrombamento da porta de uma residência.

Costuma-se dizer, por sua vez, que o Direito Penal tem caráter **fragmentário**. Significa que existem inúmeros atos ilícitos na legislação como um todo (ilícitos civis, administrativos, tributários), mas o direito penal só deve cuidar dos mais graves. Em suma, apenas alguns fragmentos da ilicitude devem ser tratados pela disciplina penal.

SUJEITO ATIVO

Sujeito ativo ou agente é a pessoa que comete o crime. Em regra, só o ser humano, maior de 18 anos, pode ser sujeito ativo de uma infração. Excepcionalmente, as pessoas jurídicas poderão cometer crimes, uma vez que a Constituição Federal estabelece que as condutas e atividades consideradas lesivas ao meio ambiente sujeitarão os infratores, pessoas físicas ou jurídicas, a sanções penais e administrativas, independentemente da obrigação de reparar o dano (art. 225, § 3º). Esse dispositivo foi regulamentado pela Lei n. 9.605/98, que efetivou a responsabilidade penal da pessoa jurídica que comete crime contra o meio ambiente. As penas, evidentemente, são aquelas compatíveis com a sua condição: multa, proibição de contratar com o Poder Público etc. A punição criminal da empresa se dá sem prejuízo da concomitante punição dos responsáveis diretos pelo ato lesivo ao meio ambiente.

A Constituição Federal, em seu art. 173, § 5º, também permite a punição criminal de pessoa jurídica em razão de ato por ela praticado contra a ordem econômica e financeira e contra a economia popular. Esse dispositivo, entretanto, ainda está aguardando regulamentação legal.

SUJEITO PASSIVO

É a pessoa ou entidade que sofre os efeitos do delito (vítima do crime). No homicídio, é a pessoa que foi morta. No furto, é o dono do bem subtraído. No estupro, é a pessoa que foi violada.

Em regra, uma só pessoa não pode ser, ao mesmo tempo, sujeito ativo (autor) e passivo (vítima) de um delito. No crime de fraude para recebimento de seguro (art. 171, § 2º, V), por exemplo, o agente lesiona o próprio corpo para receber o valor daquele, mas não é punido pela autolesão, e sim pelo golpe dado na seguradora, de modo que esta é a vítima do delito. Excepcionalmente, porém, no crime de rixa (art. 137), em que os envolvidos agridem-se mutuamente, todos são considerados, concomitantemente, autores e vítimas do delito.

OBJETIVIDADE JURÍDICA (OBJETO JURÍDICO)

É o bem ou interesse que a lei visa proteger quando incrimina determinada conduta. Assim, no crime de furto, o objeto jurídico é o patrimônio; no homicídio, é a vida humana extrauterina; no aborto, é a vida humana intrauterina etc.

OBJETO MATERIAL

É a coisa sobre a qual recai a conduta delituosa. No crime de furto, o objeto material é o bem que foi subtraído da vítima no caso concreto (p. ex.: a carteira, a bolsa, o veículo etc.).

CLASSIFICAÇÃO DOUTRINÁRIA DOS CRIMES

1 CRIMES INSTANTÂNEOS, PERMANENTES E INSTANTÂNEOS DE EFEITOS PERMANENTES

Essa classificação se refere à duração do momento consumativo.

Crime instantâneo é aquele cuja consumação ocorre em um só instante, sem continuidade temporal. Ex.: no crime de estupro (art. 213), o crime se consuma no instante em que é praticada a conjunção carnal ou outro ato libidinoso.

Crime permanente é aquele cujo momento consumativo se prolonga no tempo por vontade do agente. Ex.: no crime de sequestro (art. 148), a consumação ocorre no momento em que a vítima é privada de sua liberdade, mas a infração continua consumando-se enquanto a vítima permanecer em poder do sequestrador.

Crime instantâneo de efeitos permanentes é aquele cuja consumação se dá em determinado instante, mas seus efeitos são irreversíveis. Ex.: homicídio (art. 121).

2 CRIMES COMISSIVOS E OMISSIVOS

Essa classificação diz respeito à espécie de conduta empregada para a prática do crime.

Crime comissivo é aquele praticado por uma ação. Crime omissivo é aquele no qual o agente comete o crime ao deixar de fazer alguma coisa. Os crimes omissivos se subdividem em:

a) Omissivos próprios (ou puros), que se perfazem pela simples abstenção, independentemente de um resultado posterior. Ex.: omissão de socorro (art. 135), que se aperfeiçoa pela simples ausência de socorro.

b) Omissivos impróprios (ou comissivos por omissão), nos quais o agente, por uma omissão inicial, dá causa a um resultado posterior que ele tinha o dever jurídico de evitar. Ex.: a mãe, que tinha o dever jurídico de alimentar o filho, deixa de fazê-lo, provocando a morte da criança. A mãe responde pelo homicídio. As hipóteses em que o sujeito tem o dever jurídico de evitar o resultado estão previstas no art. 13, § 2º, do Código Penal, e serão estudadas oportunamente.

3 CRIMES MATERIAIS, FORMAIS E DE MERA CONDUTA

Essa classificação se refere ao resultado do crime como condicionante de sua consumação.

Crimes materiais são aqueles em que a **lei descreve uma ação e um resultado, e exige a ocorrência deste para que o crime esteja consumado**. Ex.: no estelionato (art. 171), a lei descreve a ação (empregar fraude para induzir ou manter alguém em erro) e o resultado (obter vantagem ilícita em prejuízo alheio), e, pela forma como está redigido o dispositivo, pode-se concluir que o estelionato somente se consuma no momento em que o agente obtém a vantagem ilícita por ele visada.

Crimes formais são aqueles em que a **lei descreve uma ação e um resultado, mas a redação do dispositivo deixa claro que o crime consuma-se no momento da ação, sendo o resultado mero exaurimento do delito**. Ex.: o art. 159 do Código Penal descreve o crime de extorsão mediante sequestro: sequestrar pessoa (ação) com o fim de obter qualquer vantagem como condição ou preço do resgate (resultado). O crime, por ser formal, consuma-se no exato momento em que a vítima é sequestrada. A obtenção do resgate é irrelevante para o fim da consumação, sendo, portanto, mero exaurimento.

Alguns autores dizem que os crimes formais têm o tipo **incongruente** porque sua consumação exige menos do que o tipo penal menciona.

Crimes de mera conduta são aqueles em relação aos quais a **lei descreve apenas uma conduta e, portanto, consumam-se no exato momento em que esta é praticada**. Ex.: violação de domicílio (art. 150), no qual a lei incrimina a simples conduta de ingressar ou permanecer em domicílio alheio sem a autorização do morador.

4 CRIMES DE DANO E DE PERIGO

Crimes de dano são aqueles que pressupõem uma **efetiva lesão ao bem jurídico tutelado**. Exs.: homicídio, furto etc.

Crimes de perigo são os que se **consumam com a mera situação de risco** a que fica exposto o objeto material do crime. Exs.: crime de periclitação da vida e da saúde (art. 132); rixa (art. 137) etc.

Os crimes de perigo, por sua vez, subdividem-se em:

a) **Crimes de perigo abstrato** (ou presumido): em relação a esses crimes, a **lei descreve uma conduta e presume que o agente**, ao realizá-la, **expõe o bem jurídico a risco**. Trata-se de presunção absoluta (não admite prova em contrário), bastando à acusação provar que o agente praticou a conduta descrita no tipo para que se presuma ter havido a situação de perigo. Ex.: crime de rixa (art. 137).

Alguns doutrinadores alegam haver inconstitucionalidade nessa modalidade de infração penal por afronta ao princípio da **ofensividade** (ou **lesividade**), segundo o qual a existência de um delito pressupõe efetiva lesão ao bem jurídico ou, ao menos, um risco efetivo de lesão, o que não ocorre nos crimes de perigo abstrato. Acontece que o STF, ao julgar a referida questão (relacionada a casos de porte ilegal de arma de fogo), entendeu que a existência de crimes de perigo abstrato não ofende a Constituição.

b) **Crimes de perigo concreto**: nesses delitos, a acusação tem de **provar que pessoa certa e determinada foi exposta a uma situação de risco** em face da conduta do sujeito. Em suma, há que se provar que o perigo efetivamente ocorreu, pois este não é presumido. Ex.: crime de periclitação da vida e da saúde (art. 132), no qual o tipo penal exige que a vida ou a saúde de pessoa determinada seja exposta a perigo direto e iminente.

c) **Crimes de perigo individual**: são os que **expõem a risco** o interesse **de uma só pessoa ou de grupo limitado de pessoas**. Exs.: arts. 130 a 137 do Código Penal.

d) **Crimes de perigo comum** (ou coletivo): são os que **expõem a risco número indeterminado de pessoas**. Exs.: arts. 250 a 259 do Código Penal.

5 CRIMES COMUNS, PRÓPRIOS E DE MÃO PRÓPRIA

Dizem respeito ao sujeito ativo da infração penal.

Crimes comuns são aqueles que podem ser praticados por qualquer pessoa. Exs.: furto, roubo, homicídio etc.

Crimes próprios são os que só podem ser cometidos por determinada categoria de pessoas, por exigir o tipo penal certa qualidade ou característica do sujeito ativo. Exs.: infanticídio (art. 123), que só pode ser praticado pela mãe, sob a influência do estado puerperal; corrupção passiva (art. 317), que só pode ser cometido por funcionário público etc.

Crimes de mão própria são aqueles cuja conduta descrita no tipo penal só pode ser executada por uma única pessoa e, por isso, não admitem coautoria. Exs.: o falso testemunho (art. 342) só pode ser cometido pela pessoa que está prestando o depoimento naquele exato instante; o crime de dirigir veículo sem habilitação (art. 309 do CTB) só pode ser cometido por quem está conduzindo o veículo.

Os crimes de mão própria, portanto, não admitem a coautoria, mas apenas a participação (v. tema "Concurso de pessoas").

6 CRIMES PRINCIPAIS E ACESSÓRIOS

Principais são aqueles que não dependem de qualquer outra infração penal para que se configurem. Exs.: homicídio, furto etc.

Acessórios são aqueles que pressupõem a ocorrência de um delito anterior. Ex.: receptação (art. 180), que só se configura quando alguém adquire, recebe, oculta, conduz ou transporta coisa que sabe ser produto de (outro) crime.

7 CRIMES SIMPLES E COMPLEXOS

Essa classificação diz respeito ao bem jurídico tutelado.

Os crimes simples protegem um único bem jurídico. Exs.: no homicídio, visa-se à proteção da vida; no furto, protege-se o patrimônio.

Nos crimes complexos, a norma penal tutela dois ou mais bens jurídicos. Exs.: extorsão mediante sequestro (art. 159) surge da fusão dos crimes de sequestro (art. 148) e extorsão (art. 158) e, portanto, tutela o patrimônio e a liberdade individual; o crime de latrocínio (art. 157, § 3º) é um roubo qualificado pela morte e, assim, atinge também dois bens jurídicos, o patrimônio e a vida.

8 CRIMES PROGRESSIVOS

Ocorrem quando o sujeito, para alcançar um resultado mais grave, comete um crime menos grave. Ex.: para causar a morte da vítima, o agente necessariamente tem de lesioná-la.

9 DELITO PUTATIVO

Dá-se quando o agente imagina que a conduta por ele praticada constitui crime, mas, em verdade, é um fato atípico. Esse tema será estudado mais adiante.

10 CRIME FALHO

Ocorre quando o agente percorre todo o *iter criminis*, mas não consegue consumar o crime. É também chamado de tentativa perfeita.

Direito Penal – Parte Geral

11 CRIME EXAURIDO

Nos crimes formais, a lei descreve uma ação e um resultado, mas dispensa a efetivação deste para que o crime se aperfeiçoe. Assim, os crimes formais se consumam no momento da ação. O crime, porém, estará exaurido se, após a ação, efetivamente ocorrer o resultado. Ex.: o crime de extorsão mediante sequestro (art. 159) consuma-se no momento do sequestro, independentemente da obtenção do resgate. Entretanto, se os familiares da vítima efetivamente o pagarem, o crime estará exaurido.

12 CRIMES VAGOS

São os que têm como sujeito passivo entidades sem personalidade jurídica, como a família, a sociedade etc.

13 CRIMES SIMPLES, PRIVILEGIADOS E QUALIFICADOS

Crime simples é aquele em cuja redação o legislador enumera as elementares do crime em sua figura fundamental. Ex.: matar alguém é a descrição do crime de homicídio simples (art. 121, *caput*).

Haverá crime privilegiado quando o legislador, após a descrição do delito, estabelecer circunstâncias com o condão de reduzir a pena. Ex.: se o homicídio for praticado por motivo de relevante valor social ou moral, a pena será reduzida de 1/6 a 1/3 (art. 121, § 1º).

Por fim, o crime é qualificado quando a lei acrescenta circunstâncias que alteram a própria pena em abstrato para patamar mais elevado. Ex.: a pena do homicídio simples é de reclusão, de 6 a 20 anos. Se o crime for praticado por motivo fútil (art. 121, § 2º, II), a qualificadora fará com que a pena passe a ser de reclusão, de 12 a 30 anos.

A qualificadora diferencia-se das causas de aumento de pena porque, nestas, o legislador faz uso de índices de soma ou de multiplicação a serem aplicados sobre a pena. Exs.: se o furto for praticado durante o repouso noturno, a pena será aumentada em 1/3 (art. 155, § 1º); no crime de omissão de socorro, se a vítima morre, a pena é triplicada (art. 135, parágrafo único).

14 CRIMES DE AÇÃO MÚLTIPLA (OU DE CONTEÚDO VARIADO)

São aqueles em relação aos quais a lei descreve várias condutas (possui vários verbos) separadas pela conjunção alternativa "ou" em que basta a realização de uma delas para que haja o crime. Nesses tipos penais, todavia, a prática de mais de uma conduta, em relação à mesma vítima, constitui crime único. Ex.: o crime de participação em suicídio ou automutilação (art. 122) ocorre quando alguém induz, instiga ou auxilia outrem a cometer suicídio ou a se automutilar. Assim, se o sujeito realiza as três condutas em relação à mesma vítima, pratica um único delito.

A doutrina diz, também, que esses crimes possuem um tipo alternativo misto.

15 CRIMES DE AÇÃO LIVRE OU DE AÇÃO VINCULADA

Crime de ação livre é aquele que pode ser praticado por qualquer meio de execução, uma vez que a lei não exige comportamento específico. Ex.: o homicídio pode ser cometido por disparo de arma de fogo, golpe de faca, com emprego de fogo, veneno, explosão, asfixia etc.

São chamados de crimes de ação vinculada aqueles em relação aos quais a lei descreve o meio de execução de forma pormenorizada. Ex.: crime de maus-tratos (art. 136), no qual a lei descreve em que devem consistir os maus-tratos para que caracterizem o delito.

16 CRIME HABITUAL

É aquele cuja caracterização pressupõe uma reiteração de atos. Ex.: curandeirismo (art. 284). A prática de um ato isolado é atípica.

17 CRIMES CONEXOS

A conexão pressupõe a existência de pelo menos duas infrações penais, entre as quais exista um vínculo qualquer. Por consequência, haverá a exasperação da pena e a necessidade de apuração dos delitos em um só processo. As hipóteses de conexão estão descritas no art. 76 do Código de Processo Penal.

18 CRIMES A DISTÂNCIA E PLURILOCAIS

Crime a distância é aquele no qual a execução ocorre em um país e o resultado em outro. Crime plurilocal é aquele em que a execução ocorre em uma localidade e o resultado em outra, dentro do mesmo país.

19 CRIME A PRAZO

Ocorre quando a caracterização do crime ou de uma qualificadora depende do decurso de determinado tempo. Exs.: o crime de apropriação de coisa achada (art. 169, parágrafo único, II) somente se aperfeiçoa se o agente não devolve o bem à vítima depois de 15 dias do achado; o crime de extorsão mediante sequestro é qualificado se a privação da liberdade dura mais de 24 horas (art. 159, § 1º).

20 QUASE CRIME

Dá-se nas hipóteses de crime impossível (art. 17) e participação impunível (art. 31).

21 CRIME UNISSUBSISTENTE E PLURISSUBSISTENTE

Crime unissubsistente é aquele cuja ação é composta por um só ato e, por isso, não admite a tentativa. Ex.: crime de injúria quando praticado verbalmente (art. 140).

Crime plurissubsistente é aquele cuja ação é representada por vários atos, formando um processo executivo que pode ser fracionado e, assim, admite a tentativa. Exs.: homicídio, furto etc.

22 OUTRAS DENOMINAÇÕES

Há várias outras denominações que, entretanto, serão estudadas no momento oportuno nesta obra (crimes dolosos, preterdolosos e culposos; crimes de ação pública e privada; crime impossível; crimes de concurso necessário etc.).

CONFLITO APARENTE DE NORMAS

Configura-se tal conflito quando existe uma pluralidade de normas aparentemente regulando um mesmo fato criminoso, sendo que, na realidade, apenas uma delas é aplicável.

Para que exista o conflito aparente são necessários os seguintes **elementos**:

a) pluralidade de normas;
b) unicidade ou unidade de fatos;
c) aparente aplicação de todas as normas ao fato;
d) efetiva aplicação de apenas uma norma.

Para saber qual das normas deve ser efetivamente aplicada ao fato concreto, entre as aparentemente cabíveis, torna-se necessário recorrer aos princípios que solucionam a questão. São eles:

1 PRINCÍPIO DA ESPECIALIDADE

De acordo com o princípio da especialidade se, no caso concreto, houver duas normas aparentemente aplicáveis e uma delas puder ser considerada especial em relação à outra, deve o julgador aplicar essa norma especial, de acordo com o brocardo *lex specialis derrogat generali*.

Considera-se norma especial aquela que possui todos os elementos da lei geral e mais alguns, denominados "especializantes". Importante ressaltar que não se trata aqui de norma mais ou menos grave, visto que nem sempre a norma especial será mais grave que a geral. Ex.: homicídio e infanticídio, em que o infanticídio, embora seja menos grave, é especial em relação ao homicídio. Ao contrário, no caso de conflito entre o tráfico internacional de entorpecentes e o crime de contrabando, o tráfico é especial em relação ao contrabando e também mais grave.

Assim, para avaliar a especialidade de uma norma em relação a outra, basta compará-las abstratamente, sem que seja necessário avaliar o caso concreto. Basta, portanto, uma leitura dos tipos penais, para saber qual deles é especial.

2 PRINCÍPIO DA SUBSIDIARIEDADE

De acordo com esse princípio, havendo duas normas aplicáveis ao caso concreto, se uma delas puder ser considerada subsidiária em relação à outra, aplica-se a norma principal, denominada "primária", em detrimento da norma subsidiária. Aplica-se o brocardo *lex primaria derrogat subsidiariae*.

A subsidiariedade de uma norma não pode ser avaliada abstratamente. O intérprete deve analisar o caso concreto e verificar se, em relação a ele, a norma é ou não subsidiária. Aqui existe uma relação de conteúdo e continente, pois a norma subsidiária é menos ampla que a norma primária. Dessa forma, primeiro se deve tentar encaixar o fato na norma primária e, não sendo possível, encaixá-lo na norma subsidiária.

Difere da lei especial, na qual se fala em características **diferentes e especializantes e não em amplitude**.

Assim, norma subsidiária é a que descreve um grau menor de violação de um bem jurídico, ficando absorvida pela lei primária, que descreve um grau mais avançado dessa violação. Ex.: o crime de dano qualificado pelo emprego de fogo em relação ao crime de incêndio, que é mais grave.

3 PRINCÍPIO DA CONSUNÇÃO

A relação de consunção ocorre quando um fato definido como crime atua como fase de preparação ou de execução, ou, ainda, como *post factum* de outro crime mais grave, ficando, portanto, absorvido por este. Difere da subsidiariedade, pois nesta enfocam-se as normas (uma é mais ou menos ampla que a outra), enquanto na consunção enfocam-se os fatos, ou seja, o agente efetivamente infringe duas normas penais, mas uma deve ficar absorvida pela outra.

Estas são as hipóteses em que se aplica o princípio da consunção:

a) **Crime progressivo**. Ocorre o crime progressivo quando o agente, desejando desde o início a produção de um resultado mais grave, mediante diversos atos, realiza sucessivas e crescentes violações ao bem jurídico. Nessa hipótese, o agente responderá apenas pelo resultado final e mais grave obtido, ficando absorvidos os atos anteriores. Ex.: para matar alguém, é necessário que antes se lesione essa mesma pessoa. Nesse caso, embora tenha havido também o crime de lesão corporal, o agente só responde pelo resultado final (homicídio), que era o resultado por ele pretendido desde o início. Há, pois, aplicação do princípio da consunção.

São requisitos do crime progressivo:
– unidade de elemento subjetivo: o agente quer cometer um único crime, que é o mais grave;
– pluralidade de atos: vários atos são praticados para consecução do resultado final (atos e não fatos);
– crescentes violações ao bem jurídico.

b) **Progressão criminosa**. Subdivide-se em:

b1) **Progressão criminosa em sentido estrito**. Ocorre quando o agente, desejando inicialmente um resultado, após atingi-lo, pratica novo fato (novo crime – e não ato), produzindo um resultado mais grave. Aqui, o agente responderá apenas pelo crime final em razão da aplicação do princípio da consunção. Há pluralidade de fatos e pluralidade de elementos subjetivos. Ex.: o agente inicialmente quer apenas lesionar a vítima e, durante a execução do crime de lesões corporais, ele altera o seu dolo e resolve matá-la, respondendo, assim, apenas pelo homicídio doloso.

São requisitos da progressão criminosa em sentido estrito:
– pluralidade de elementos subjetivos: no início o agente quer um resultado, mas, após consegui-lo, passa a desejar um resultado mais grave;
– pluralidade de fatos: há a prática de vários crimes (fatos);
– crescentes violações ao bem jurídico.

b2) ***Ante factum impunível***. É um fato menos grave praticado pelo agente antes de um mais grave, como meio necessário à realização deste. A prática delituosa que serviu como meio necessário para a realização do crime fica por este absorvida por se tratar de **crime-meio**. O crime anterior integra a fase de preparação ou de execução do crime posterior e, por isso, não é punível. Ex.: subtrair uma folha de cheque em branco para preenchê-lo e, com ele, cometer um estelionato. O estelionato absorve o crime anterior.

b3) ***Post factum impunível***. É o fato menos grave praticado contra o mesmo bem jurídico da mesma vítima após a consumação do primeiro crime, e, embora constitua aquele um novo delito, é considerado como impunível, por ser menos grave que o anterior. Nesse caso, aplica-se o princípio da consunção e o agente responde apenas pelo crime anterior (mais grave) praticado. Ex.: o sujeito subtrai uma bicicleta e depois a destrói. Nesse caso, a prática posterior de crime de dano fica absorvida pelo crime de furto.

c) **Crime complexo**. É o que resulta da união de dois ou mais crimes autônomos, que passam a funcionar como elementares ou circunstâncias do crime complexo. Pelo princípio da consunção, o agente não responde pelos crimes autônomos, mas tão somente pelo crime complexo. Exs.: o crime de latrocínio, que surge da fusão dos crimes de roubo e

Direito Penal – Parte Geral

homicídio; o crime de extorsão mediante sequestro, que aparece com a fusão dos crimes de sequestro e extorsão; o crime de lesão corporal seguida de morte, consequência da junção dos crimes de lesões corporais e homicídio culposo.

4 PRINCÍPIO DA ALTERNATIVIDADE

Na realidade, há diversas críticas quanto à inclusão desse princípio entre os que solucionam conflito aparente de normas. Isso porque, nesses casos, não há propriamente um conflito aparente de normas, mas sim um conflito dentro da mesma norma. Ele só é aplicado aos chamados tipos alternativos mistos em que a norma incriminadora descreve várias formas de execução de um mesmo delito, no qual a prática de mais de uma dessas condutas, em relação à mesma vítima, caracteriza crime único. Verifica-se essa espécie de tipo penal quando os diversos meios de execução aparecem na lei separados pela conjunção alternativa "ou". Ex.: o crime de participação em suicídio ou automutilação (art. 122) pune quem induz, instiga ou auxilia alguém a cometer suicídio ou a se automutilar. Dessa forma, se o agente, no caso concreto, induz e também auxilia a vítima a se matar, comete um só crime.

Parte Geral

Título I
DA APLICAÇÃO DA LEI PENAL

1 PRINCÍPIO DA LEGALIDADE (ART. 1º)

Esse princípio, consagrado no art. 5º, XXXIX, da Constituição Federal, encontra-se também descrito no art. 1º do Código Penal. Segundo ele, "não há crime sem lei anterior que o defina. Não há pena sem prévia cominação legal".

A doutrina subdivide o princípio da legalidade em:

a) **Princípio da anterioridade**, segundo o qual uma pessoa só pode ser punida se, à época do fato por ela praticado, já estava em vigor a lei que descrevia o delito. Assim, consagra-se a irretroatividade da norma penal (salvo a exceção do art. 2º do CP).

b) **Princípio da reserva legal**. Apenas a lei em sentido formal pode descrever condutas criminosas. É vedado ao legislador utilizar-se de decretos, medidas provisórias ou outras formas legislativas para incriminar condutas.

As chamadas **normas penais em branco** não ferem o princípio da reserva legal.

Normas penais em branco são aquelas que exigem complementação por outras normas, de igual nível (leis) ou de nível diverso (decretos, regulamentos etc.). Na primeira hipótese (complemento de igual nível), existe a chamada norma penal em branco em **sentido amplo (ou lato) ou homogênea**. Ex.: o art. 237 do Código Penal pune quem contrai casamento, conhecendo a existência de **impedimento** que lhe cause a nulidade absoluta. Esse impedimento está previsto no art. 1.521, I a VII, do atual Código Civil. Na segunda hipótese (complemento de nível diverso), existe a norma penal em branco em **sentido estrito ou heterogênea**. Ex.: o crime de tráfico de drogas, previsto no art. 33, *caput*, da Lei n. 11.343/2006, não elenca as substâncias consideradas como drogas, esclarecimento este que é feito pela **Portaria** n. 344/98 da Agência Nacional de Vigilância Sanitária (Anvisa). Nesse caso, não há violação ao princípio da reserva legal, pois o tipo penal está descrito em lei, apenas o complemento não. Saliente-se, outrossim, que o próprio art. 1º, parágrafo único, da Lei n. 11.343/2006 permite que o complemento em questão seja feito por lei ou por meio de listas de órgãos do Poder Executivo da União, tal como a Anvisa.

2 RETROATIVIDADE DA LEI PENAL BENÉFICA (ART. 2º)

O art. 2º, *caput*, do Código Penal determina que "ninguém pode ser punido por fato que lei posterior deixa de considerar crime, cessando em virtude dela (da lei posterior) a execução e os efeitos penais da sentença condenatória". É o que se chama de *abolitio criminis*. Nessa mesma linha, a Constituição Federal, em seu art. 5º, XL, estabelece que a lei penal só retroagirá para beneficiar o acusado. Assim, se uma pessoa comete um delito na vigência de determinada lei e, posteriormente, surge outra lei que deixa de considerar o fato como crime, deve-se considerar como se essa nova lei já estivesse em vigor na data do delito (retroatividade) e, dessa forma, não poderá o agente ser punido. O dispositivo é ainda mais abrangente quando determina que, mesmo já tendo havido condenação transitada em julgado em razão do crime, cessará a execução, ficando também afastados os efeitos penais da condenação. Por isso, se no futuro o sujeito vier a cometer novo crime, não será considerado reincidente.

Já o parágrafo único do art. 2º dispõe que a lei posterior, que **de qualquer modo favoreça o réu**, aplica-se a fatos anteriores, ainda que decididos por sentença condenatória transitada em julgado. Nessa hipótese, a lei posterior continua a considerar o fato como criminoso, mas traz alguma benesse ao acusado: pena menor, maior facilidade para obtenção de livramento condicional ou progressão da pena etc. É o que se denomina *novatio legis in mellius*.

Dessa forma, pela combinação dos arts. 1º e 2º do Código Penal, podemos chegar a duas conclusões:

a) a norma penal, em regra, não pode atingir fatos passados. Não pode, portanto, retroagir;

b) a norma penal mais benéfica, entretanto, retroage para atingir fatos pretéritos.

Como aplicar essas regras à norma penal em branco, quando ocorre alteração no complemento?

São também duas regras:

a) Quando o complemento da norma penal em branco não tiver caráter temporário ou excepcional, sua alteração benéfica retroagirá, uma vez que o complemento integra a norma, dela constituindo parte fundamental e indispensável. Exs.: no crime consistente em contrair matrimônio conhecendo a existência de impedimento que lhe cause nulidade absoluta (art. 237), o complemento está no art. 1.521, I a VII, do Código Civil. Assim, se houver alteração no Código Civil, de forma a se excluir uma das hipóteses de impedimento, aquele que se casou na vigência da lei anterior infringindo esse impedimento será beneficiado; no tráfico de drogas, caso ocorra exclusão de determinada substância do rol dos entorpecentes constantes em portaria da Anvisa (órgão federal responsável pela definição das substâncias entorpecentes), haverá retroatividade da norma, deixando de haver crime de tráfico. A alteração alcança, ademais, a própria figura abstrata do tipo penal, uma vez que a palavra **droga** integra o tipo penal do tráfico.

b) Quando o complemento tiver natureza temporária ou excepcional, a alteração benéfica não retroagirá. Ex.: no crime do art. 2º da Lei n. 1.521/51 (Lei de Economia Popular), que consiste na venda de produto acima do preço constante nas tabelas oficiais, a alteração posterior dos valores destas não exclui o crime, se à época do fato o agente desrespeitou a tabela então existente.

Combinação de leis. Discute-se qual solução deve ser tomada quando uma nova lei é em parte benéfica e em parte prejudicial ao acusado. Duas são as opiniões a respeito:

a) Não se admite a combinação das leis, para se aplicar apenas as partes benéficas, pois, nesse caso, o juiz estaria criando uma terceira lei. Ele deve, portanto, escolher aquela que entenda mais favorável.

b) Admite-se a combinação. Segundo Damásio de Jesus, o juiz não está criando nova lei, mas movimentando-se dentro do campo legal em sua missão de integração legítima. Se ele pode escolher uma ou outra lei para obedecer ao mandamento constitucional da aplicação da *lex mitior*, nada o impede de efetuar a combinação delas, com o que estaria mais profundamente seguindo o preceito da Carta Magna.

A Súmula 501 do STJ veda a combinação de leis, entendimento também adotado no Supremo Tribunal Federal.

Direito Penal – Parte Geral

Vigência da lei. A lei começa a produzir efeitos a partir da data em que entra em vigor, passando a regular os fatos futuros (e, excepcionalmente, os passados). Tal lei valerá até que outra a revogue (art. 2º da LINDB – Lei de Introdução às Normas do Direito Brasileiro). Essa revogação pode ser expressa, quando a lei posterior expressamente declara a revogação da anterior, ou tácita, quando a lei posterior é incompatível com a anterior, ou quando regula integralmente a matéria tratada nesta.

Segundo a Súmula 711 do Supremo Tribunal Federal, "a lei penal mais grave aplica-se ao crime continuado ou ao crime permanente, se a sua vigência é anterior à cessação da continuidade ou da permanência".

3   LEI EXCEPCIONAL OU TEMPORÁRIA (ART. 3º)

Lei excepcional é aquela feita para vigorar em épocas especiais, como guerra, calamidade etc. É aprovada para vigorar enquanto perdurar o período excepcional.

Lei temporária é aquela feita para vigorar por determinado tempo, estabelecido previamente na própria lei. Assim, a lei traz em seu texto a data de cessação de sua vigência.

Nessas hipóteses, determina o art. 3º do Código Penal que, embora cessadas as circunstâncias que a determinaram (lei excepcional) ou decorrido o período de sua duração (lei temporária), aplicam-se elas aos fatos praticados durante sua vigência. São, portanto, leis ultra-ativas, pois regulam atos praticados durante sua vigência, mesmo após sua revogação.

4   TEMPO DO CRIME (ART. 4º)

O Código Penal adotou a teoria da **atividade**, segundo a qual "**considera-se praticado o crime no momento da ação ou omissão, ainda que outro seja o momento do resultado**" (art. 4º). Não se confunde tempo do crime com momento consumativo, que, nos termos do art. 14, I, desse Código, ocorre quando se reúnem todos os elementos de sua definição legal. A importância da definição do tempo do crime tem a ver, por exemplo, com a definição da norma penal a ser aplicada, no reconhecimento ou não da menoridade do réu etc. Assim, suponha-se que uma pessoa com idade de 17 anos, 11 meses e 29 dias efetue disparo contra alguém, que morre apenas uma semana depois. Ora, o homicídio só se consumou com a morte (quando o sujeito já contava 18 anos), mas o agente não poderá ser punido criminalmente, pois, nos termos do art. 4º, considera-se praticado o delito no momento da ação (quando o agente ainda era menor de idade). No crime de homicídio doloso, o delito é qualificado se a vítima for menor de 14 anos. Suponha-se, assim, que o agente efetue um disparo contra uma pessoa de 13 anos, 11 meses e 29 dias, mas esta vem a falecer depois de já haver completado os 14 anos mencionados pela lei. Seria aplicável a qualificadora, considerando-se que o homicídio só se consumou quando a vítima já tinha 14 anos? A resposta é afirmativa, em razão do que dispõe o art. 4º do Código Penal.

5   LUGAR DO CRIME (ART. 6º)

Nos termos do art. 6º do Código Penal, "**considera-se praticado o crime no lugar em que ocorreu a ação ou omissão, no todo ou em parte, bem como onde se produziu ou deveria produzir-se o resultado**". Foi, portanto, adotada a teoria da **ubiquidade**, segundo a qual o lugar do crime é tanto o da conduta quanto o do resultado.

O Código de Processo Penal, ao contrário, adotou como regra para fixação da competência a que estabelece ser **competente** o foro (a comarca) no qual o crime se consumou (art. 70). Esse Código adotou a teoria do resultado.

6 TERRITORIALIDADE (ART. 5º)

O art. 5º, *caput*, do Código Penal dispõe que "aplica-se a lei brasileira, sem prejuízo de convenções, tratados e regras de direito internacional, ao crime cometido no território nacional". Referido dispositivo consagra o princípio da territorialidade temperada, segundo o qual a lei nacional aplica-se aos fatos ilícitos cometidos em seu território, mas, excepcionalmente, permite a aplicação da lei estrangeira, quando assim estabelecer algum tratado, convenção ou regra de direito internacional. Em tal caso, o julgamento será feito no exterior.

O princípio da territorialidade absoluta, não adotado em nosso país, só admite a aplicação da lei nacional em relação a crimes cometidos no respectivo território, sem exceções.

Por território nacional entende-se toda a área compreendida entre as fronteiras nacionais onde o Estado exerce sua soberania, aí incluídos o solo, os rios, os lagos, as baías, o mar territorial (faixa que compreende o espaço de 12 milhas contadas da faixa litorânea média – art. 1º da Lei n. 8.617/93) e o espaço aéreo sobre o território e o mar territorial (art. 11 da Lei n. 7.565/86).

Os §§ 1º e 2º do art. 5º do Código Penal esclarecem ainda que:

"Para os efeitos penais, consideram-se como extensão do território nacional as embarcações e aeronaves brasileiras, de natureza pública ou a serviço do governo brasileiro onde quer que se encontrem, bem como as aeronaves e as embarcações brasileiras, mercantes ou de propriedade privada, que se achem, respectivamente, no espaço aéreo correspondente ou em alto-mar" (§ 1º).

"É também aplicável a lei brasileira aos crimes praticados a bordo de aeronaves ou embarcações estrangeiras de propriedade privada, achando-se aquelas em pouso no território nacional ou em voo no espaço aéreo correspondente, e estas em porto ou mar territorial do Brasil" (§ 2º).

7 EXTRATERRITORIALIDADE (ART. 7º)

1. Conceito. É a possibilidade de aplicação da lei penal brasileira a fatos criminosos ocorridos no exterior.

2. Princípios norteadores

a) **Princípio da nacionalidade ativa**. Aplica-se a lei nacional do autor do crime, qualquer que tenha sido o local da infração.

b) **Princípio da nacionalidade passiva**. A lei nacional do autor do crime aplica-se quando este for praticado contra bem jurídico de seu próprio Estado ou contra pessoa de sua nacionalidade.

c) **Princípio da defesa real**. Prevalece a lei referente à nacionalidade do bem jurídico lesado, qualquer que tenha sido o local da infração ou a nacionalidade do autor do delito. É também chamado de princípio da proteção.

d) **Princípio da justiça universal**. Todo Estado tem o direito de punir qualquer crime, seja qual for a nacionalidade do sujeito ativo e passivo, e o local da infração, desde que o agente esteja dentro de seu território (que tenha voltado a seu país, p. ex.).

e) **Princípio da representação**. A lei nacional é aplicável aos crimes cometidos no estrangeiro em aeronaves e embarcações privadas, desde que não julgados no local do crime.

Já vimos que o princípio da territorialidade temperada é a regra em nosso direito, cujas exceções iniciam-se no próprio art. 5º (decorrentes de tratados e convenções, nas quais a lei estrangeira pode ser aplicada a fato cometido no Brasil). O art. 7º, por sua vez, traça as seguintes regras referentes à aplicação da lei nacional a fatos ocorridos no exterior:

Direito Penal – Parte Geral

"Ficam sujeitos à lei brasileira, embora cometidos no estrangeiro:

I – os crimes:

a) contra a vida ou a liberdade do Presidente da República;

b) contra o patrimônio ou a fé pública da União, do Distrito Federal, de Estado, de Território, de Município, de empresa pública, sociedade de economia mista, autarquia ou fundação instituída pelo Poder Público;

c) contra a administração pública, por quem está a seu serviço;

d) de genocídio, quando o agente for brasileiro ou domiciliado no Brasil;

II – os crimes:

a) que, por tratado ou convenção, o Brasil se obrigou a reprimir;

b) praticados por brasileiro;

c) praticados em aeronaves ou embarcações brasileiras, mercantes ou de propriedade privada, quando em território estrangeiro e aí não sejam julgados.

§ 1º Nos casos do inciso I, o agente é punido segundo a lei brasileira, ainda que absolvido ou condenado no estrangeiro.

§ 2º Nos casos do inciso II, a aplicação da lei brasileira depende do concurso das seguintes condições:

a) entrar o agente no território nacional;

b) ser o fato punível também no país em que foi praticado;

c) estar o crime incluído entre aqueles pelos quais a lei brasileira autoriza a extradição;

d) não ter sido o agente absolvido no estrangeiro ou não ter aí cumprido a pena;

e) não ter sido o agente perdoado no estrangeiro ou, por outro motivo, não estar extinta a punibilidade, segundo a lei mais favorável.

§ 3º A lei brasileira aplica-se também ao crime cometido por estrangeiro contra brasileiro fora do Brasil, se, reunidas as condições previstas no parágrafo anterior:

a) não foi pedida ou foi negada a extradição;

b) houve requisição do Ministro da Justiça".

Percebe-se, portanto, que:

a) no art. 7º, I, *a, b* e *c*, foi adotado o princípio da defesa real;

b) no art. 7º, I, *d*, e II, *a*, foi adotado o princípio da justiça universal;

c) no art. 7º, II, *b*, foi adotado o princípio da nacionalidade ativa;

d) no art. 7º, II, *c*, adotou-se o princípio da representação;

e) no art. 7º, § 3º, foi também adotado o princípio da defesa real ou proteção.

Dos dispositivos analisados, pode-se perceber que a extraterritorialidade pode ser incondicionada (quando a lei brasileira é aplicada a fatos ocorridos no exterior, sem que sejam exigidas condições) ou condicionada (quando a aplicação da lei pátria a fatos ocorridos fora de nosso território depende da existência de certos requisitos). A extraterritorialidade é condicionada nas hipóteses do art. 7º, II e § 3º.

8   PENA CUMPRIDA NO ESTRANGEIRO (ART. 8º)

"A pena cumprida no estrangeiro atenua a pena imposta no Brasil pelo mesmo crime, quando diversas (as penas), ou nela é computada, quando idênticas."

9 EFICÁCIA DE SENTENÇA ESTRANGEIRA (ART. 9º)

De acordo com o art. 9º do Código Penal, "a sentença estrangeira, quando a aplicação da lei brasileira produz na espécie as mesmas consequências, pode ser homologada no Brasil para:

I – obrigar o condenado à reparação do dano, a restituições e a outros efeitos civis;

II – sujeitá-lo a medida de segurança".

Essa homologação compete ao Superior Tribunal de Justiça, nos termos do art. 105, I, *i*, da Constituição Federal, com a redação dada pela Emenda Constitucional n. 45/2004.

Além disso, o parágrafo único do citado art. 9º determina que essa homologação depende "... de pedido da parte interessada, na hipótese de reparação do dano, e, para outros efeitos, da existência de tratado de extradição com o país de cuja autoridade judiciária emanou a sentença, ou, na falta de tratado, de requisição do Ministro da Justiça".

Para outros fins, não é necessária a homologação. Veja-se, por exemplo, o art. 63 do Código Penal, que declara ser reincidente quem comete novo crime após ter sido condenado em definitivo no Brasil ou no exterior por outro crime. Para que o réu seja considerado reincidente não é necessário que a condenação no exterior seja homologada no Brasil, bastando que seja juntado documento idôneo referente a tal condenação.

10 CONTAGEM DE PRAZO (ART. 10)

A forma de contagem de prazos penais está regulada pelo art. 10 do Código Penal, que determina que o dia do começo inclui-se no cômputo do prazo. Assim, se uma pena começa a ser cumprida às 23h30min, os 30 minutos restantes serão contados como o 1º dia.

O prazo penal distingue-se do prazo processual, pois, neste, exclui-se o 1º dia da contagem, conforme estabelece o art. 798, § 1º, do Código de Processo Penal. Assim, se o réu é intimado da sentença no dia 10 de abril, o prazo para recorrer começa a fluir apenas no dia 11 (se for dia útil).

Os prazos penais são improrrogáveis. Assim, se o prazo termina em um sábado, domingo ou feriado, estará ele encerrado. Ao contrário, os prazos processuais prorrogam-se até o 1º dia útil subsequente.

Os meses e os anos contam-se pelo calendário comum, pouco importando que o mês tenha 30 ou 31 dias, ou que o ano seja ou não bissexto.

11 FRAÇÕES NÃO COMPUTÁVEIS DA PENA (ART. 11)

Se o montante final da pena, resultante das operações cabíveis nas diversas fases de sua fixação, não for um número inteiro, deverá o juiz desprezar as frações de dia nas penas privativas de liberdade e restritivas de direitos, e, na pena de multa, as frações monetárias, após a atualização feita pelo contador judicial (art. 11).

Assim, se uma pessoa for condenada a 20 dias de detenção, e o juiz reduzir a pena em 2/3 (em razão da tentativa, p. ex.), o resultado final seria uma dízima periódica (6,66). Dessa forma, nos termos do dispositivo acima mencionado, o juiz aplicará pena de 6 dias de detenção.

Suponha-se, ainda, que o juiz fixe pena de 10 dias-multa, e que tenha de reduzi-la de 2/3, em face da tentativa. Segundo o critério em análise, a pena final deverá ser de 3 dias-multa. Após o trânsito em julgado da sentença condenatória, os autos irão para o contador para a devida atualização do valor. Caso o montante final não seja número inteiro, deverão ser desprezados os centavos. Ex.: R$ 555,14 (o condenado pagará apenas R$ 555,00).

Direito Penal – Parte Geral

12 LEGISLAÇÃO ESPECIAL (ART. 12)

O art. 12 estabelece que as regras da Parte Geral do Código Penal "aplicam-se aos fatos incriminados por lei especial, se esta não dispuser de modo diverso". Esse dispositivo consagra a aplicação subsidiária das normas gerais do direito penal à legislação especial, desde que esta não trate o tema de forma diferente. Ex.: o art. 14, II, do Código Penal, que trata do instituto da tentativa, aplica-se aos crimes previstos em lei especial, mas é vedado nas contravenções penais, uma vez que o art. 4º da Lei das Contravenções Penais declara que não é punível a tentativa de contravenção.

Título II
DO CRIME

A estrutura do crime, bem como de seus requisitos, sofre profunda diferenciação de acordo com a teoria que se adote em relação à conduta, que é o primeiro elemento componente do fato típico. Assim, uma vez adotada a teoria clássica ou a teoria finalista da ação, haverá grandes divergências acerca do significado dos temas que envolvem conduta, dolo, culpa e culpabilidade. Não obstante haja entendimento quase pacífico no sentido de que a Parte Geral do Código Penal (reformada em 1984) adotou a teoria finalista da ação, torna-se necessário o estudo de ambas.

1 A CONDUTA NA TEORIA CLÁSSICA (CAUSAL OU NATURALISTA)

Essa teoria origina-se no tratado de Franz von Liszt. Segundo ela, a ação é considerada um puro fator de causalidade, uma simples produção do resultado, mediante o emprego de forças físicas. A conduta é, portanto, tratada como simples exteriorização de movimento ou abstenção de comportamento, desprovida de qualquer finalidade. Segundo Fernando Capez, para os seguidores dessa teoria é totalmente desnecessário, para efeito de caracterização de um fato como típico, saber se o resultado foi produzido pela vontade do agente ou se decorreu de atuação culposa, interessando apenas indagar quem foi o causador material. O único nexo que importa estabelecer é o natural (causa e efeito), desprezando os elementos volitivo (dolo) e normativo (culpa). Desse modo, se, por exemplo, um sujeito estivesse conduzindo seu veículo com absoluta prudência em via pública e, sem que pudesse esperar ou prever, um suicida se precipitasse sob as rodas de seu carro, vindo, em consequência, a falecer, para a teoria naturalista (ou clássica), o motorista, que não quis matar a vítima, nem teve culpa nessa morte, cometeu um homicídio. A análise do dolo ou da culpa fica para um momento posterior, na aferição da culpabilidade. Em suma, conduta é toda ação que provoca um resultado, independentemente de se questionar a finalidade do agente. Por isso, considerando que a conduta integra o fato típico, é possível que se conclua que este (o fato típico) existe, ainda que o sujeito não tenha agido com dolo ou culpa.

O dolo ou a culpa, conforme já mencionado, somente serão analisados posteriormente, quando da análise da culpabilidade. Assim, na ausência destes, o fato não será culpável e o agente não terá cometido crime (apesar de o fato ser considerado típico).

Dessa forma, pode-se concluir que para a teoria clássica o crime é um fato típico, antijurídico e culpável (três requisitos). O dolo e a culpa integram a culpabilidade. O dolo, por sua vez, é normativo, pois tem como requisito a consciência da ilicitude.

Para essa teoria, o crime tem a seguinte estrutura:

1) Fato típico, que tem os seguintes elementos:

a) conduta (na qual não interessa a finalidade do agente);

b) resultado;

c) nexo causal;

d) tipicidade.

2) Antijuridicidade. Cometido um fato típico, presume-se ser ele antijurídico, salvo se ocorrer uma das causas excludentes de ilicitude previstas na lei.

3) Culpabilidade, composta pelos seguintes elementos:

a) imputabilidade;

Direito Penal – Parte Geral

b) exigibilidade de conduta diversa;

c) dolo e culpa.

O dolo, como já dissemos, é normativo, possuindo os seguintes requisitos:

c1) consciência da conduta e do resultado;

c2) consciência do nexo de causalidade;

c3) consciência da antijuridicidade;

c4) vontade de realizar a conduta e produzir o resultado.

A teoria clássica era adotada pela antiga Parte Geral do Código Penal.

2 A CONDUTA NA TEORIA FINALISTA

Para a teoria finalista, atualmente adotada, não se pode dissociar a ação da vontade do agente, já que a conduta é precedida de um raciocínio que o leva a realizá-la ou não. Em suma, conduta é o comportamento humano, voluntário e consciente (doloso ou culposo) dirigido a uma finalidade. Assim, o dolo e a culpa fazem parte da conduta (que é o primeiro requisito do fato típico) e, dessa forma, quando ausentes, o fato é atípico.

Percebe-se, portanto, que para a teoria finalista o dolo e a culpa se deslocaram da culpabilidade (teoria clássica) para a conduta e, portanto, para o fato típico.

O dolo, entretanto, passou a ser interpretado de outra forma, excluindo-se dele a consciência da ilicitude. O dolo deixou de ser normativo e passou a ser natural, ou seja, não mais contém a mencionada consciência da ilicitude. O dolo, por conclusão, para a teoria finalista, tem apenas os seguintes elementos: consciência da conduta, consciência do resultado, consciência do nexo causal e vontade de realizar a conduta e de produzir o resultado.

A culpabilidade deixa de abranger o dolo e, por consequência, de ser requisito do crime, passando a ser pressuposto da aplicação da pena. No lugar do dolo e da culpa, passa a existir na culpabilidade apenas a potencial consciência da ilicitude.

O crime, para a teoria finalista, é um fato típico e antijurídico e, em suma, tem a seguinte estrutura:

1) Fato típico, que possui os seguintes elementos:

a) Conduta dolosa ou culposa. O dolo é natural, pois deixa de integrar a culpabilidade, passando a integrar o fato típico, tendo apenas os seguintes elementos:

a1) consciência da conduta e do resultado;

a2) consciência do nexo causal;

a3) vontade de realizar a conduta e provocar o resultado.

O dolo deixou de comportar a real consciência da ilicitude (mas a potencial consciência da ilicitude passou a fazer parte da culpabilidade).

b) Resultado.

c) Nexo causal.

d) Tipicidade.

2) Antijuridicidade. Não houve modificações em relação à teoria clássica.

A culpabilidade, que não é requisito do crime, é composta dos seguintes elementos:

a) imputabilidade;

b) exigibilidade de conduta diversa;

c) potencial consciência da ilicitude.

3 TEORIA SOCIAL DA AÇÃO

Em relação ao tema "conduta", existe ainda a teoria social da ação. Trata-se de teoria pós-finalista, que incorpora conceitos de ambas as teorias anteriores. Para seus seguidores, ação é a conduta humana socialmente relevante, dominada e dominável pela vontade. Conduta socialmente relevante é aquela socialmente danosa, porque atinge o meio em que as pessoas vivem. Por esse motivo, se, embora objetiva e subjetivamente típico, um comportamento não afronta o sentimento de justiça, o senso de normalidade, ou de adequação social do povo, não se pode considerá-lo relevante para o direito penal.

Observação: quanto à teoria da imputação objetiva, ver item 7.3.

4 OUTROS ASPECTOS DA CONDUTA

1. Condutas e atos. Conduta é a ação ou omissão humana, voluntária e consciente, dirigida a um fim. É a materialização da vontade humana, que pode ser executada por um único ou por vários atos. O ato, portanto, é apenas uma parte da conduta. Ex.: é possível matar a vítima (conduta) por meio de um único ato (um disparo mortal) ou de vários atos (vários golpes no corpo da vítima).

Se a conduta se reveste de um único ato, é chamada de unissubsistente, e, se composta de mais de um ato, de plurissubsistente.

2. Sujeito da conduta e voluntariedade. Por definição, somente os seres humanos podem realizar conduta, pois apenas estes têm vontade e consciência. Os animais irracionais não realizam conduta. Contudo, quem atiça um cão bravio contra a vítima responde pelo crime por ser o autor da conduta, sendo o animal mero instrumento do ataque.

Nas hipóteses de caso fortuito e força maior, excluem-se o dolo e a culpa, não havendo, portanto, conduta. Afasta-se, assim, a própria existência do crime.

Por ser objeto de vontade livre e consciente de um ser humano, a conduta deve abranger:

a) o objetivo pretendido pelo agente;

b) os meios usados na execução;

c) as consequências do delito.

A doutrina, por seu turno, salienta não haver conduta (não havendo crime por consequência) quando não existe voluntariedade por parte do provocador do resultado.

A voluntariedade não existe nas seguintes hipóteses:

a) Na coação física irresistível, em que o sujeito realiza um movimento em decorrência de força corporal exercida sobre ele. Ex.: forçar alguém a assinar um documento, a efetuar um disparo etc. Nesse caso, só responde pelo crime o coator. No caso de coação moral irresistível, entretanto, existe conduta, mas se exclui a culpabilidade (*v.* comentários ao art. 22 do CP).

b) No ato reflexo, decorrente de reação automática de um nervo sensitivo.

c) Quando o sujeito está dormindo (sonambulismo), ou em estado de hipnose.

3. Formas de conduta. A conduta pode exteriorizar-se por:

a) Ação – comportamento positivo: fazer, realizar algo. Nessa hipótese, a lei determina um não fazer, e o agente comete o delito justamente por fazer o que a lei proíbe.

b) Omissão – comportamento negativo: abstenção, um não fazer.

A omissão, por sua vez, pode dar origem a duas espécies de crimes:

Direito Penal – Parte Geral

b1) Os **omissivos próprios** ou **puros**, nos quais o próprio tipo penal descreve uma conduta omissiva. Ex.: crime de omissão de socorro (art. 135). Nesses delitos, a simples omissão constitui crime, independentemente de qualquer resultado posterior.

b2) Os **omissivos impróprios** ou **comissivos por omissão**, que são aqueles para os quais a lei impõe um dever de agir, e, assim, o **não agir** constitui crime, na medida em que leva à produção de um resultado que o **agir** teria evitado. Esses crimes não estão previstos na Parte Especial como tipos penais autônomos. A verificação deles decorre da norma do art. 13, § 2º, do Código Penal, que trata da relevância causal da omissão (*v.* comentários no tema "Nexo de causalidade"). Ex.: a mãe que deixa de alimentar o filho, provocando sua morte.

5 DO RESULTADO

1. Conceito. É a modificação do mundo exterior provocada pela conduta do agente.

2. Resultado e evento. São institutos diversos. Evento é qualquer acontecimento. Resultado é a consequência da conduta humana, ou seja, o que é produzido por uma conduta dolosa ou culposa do homem.

Assim, estão excluídos do conceito de resultado os fenômenos da natureza, as hipóteses de caso fortuito ou força maior, o comportamento de animais irracionais etc. Estes constituem eventos.

3. Teorias sobre o resultado

a) **Naturalística**. É a modificação que o crime provoca no mundo exterior. Pode consistir em morte, como em crime de homicídio (art. 121), em redução patrimonial, como em furto (art. 155) etc.

Para essa teoria, é possível que haja crime sem resultado, como nos crimes de mera conduta. Não se deve confundir crime sem resultado com crime de perigo, uma vez que este possui resultado, que é a situação de risco produzida pelo agente no caso concreto. O perigo, portanto, seja concreto ou abstrato, constitui resultado em matéria penal.

Essa é a teoria adotada pelo legislador brasileiro.

b) **Jurídica** ou **normativa**. É o efeito que o crime produz na órbita jurídica, ou seja, a lesão ou o perigo de lesão de um interesse protegido pela lei. Por essa teoria, não há crime sem resultado, pois, sem lesão (ou perigo de lesão) ao interesse tutelado, o fato seria um irrelevante penal.

4. Classificação dos crimes de acordo com o resultado. Já foi estudado anteriormente que os crimes podem ser materiais (quando o tipo penal descreve uma ação e um resultado, e exige este para o crime estar consumado), formais (quando o tipo penal descreve uma ação e um resultado, mas dispensa o resultado para fim de consumação) e de mera conduta (quando o tipo penal descreve apenas uma ação).

6 NEXO CAUSAL

É a relação natural de causa e efeito existente entre a conduta do agente e o resultado dela decorrente.

Nos crimes materiais, somente existe a configuração do delito quando fica evidenciado que a conduta do agente provocou o resultado, ou seja, quando fica demonstrado o nexo causal.

Nos crimes formais e nos crimes de mera conduta, não se exige o nexo causal, uma vez que esses crimes dispensam a ocorrência de qualquer resultado naturalístico e, assim, não há que se pensar em nexo de causalidade entre conduta e resultado.

Os crimes materiais, portanto, possuem quatro requisitos: conduta, resultado, nexo causal e tipicidade. Já os crimes formais e de mera conduta exigem apenas dois requisitos: conduta e tipicidade.

7 TEORIA DA EQUIVALÊNCIA DOS ANTECEDENTES (ART. 13)

Foi a teoria adotada pelo art. 13, *caput*, do Código Penal no que se refere ao nexo de causalidade. É também chamada de teoria da *conditio sine qua non*. Para essa teoria, causa é toda circunstância antecedente, sem a qual o resultado não teria ocorrido. Isso leva à conclusão de que toda e qualquer contribuição para o resultado é considerada sua causa. Todas as causas são igualmente contributivas para a produção do resultado. Exs.: se o fabricante da arma não a tivesse fabricado, não haveria o crime; se os pais do agente não o tivessem gerado, não teria acontecido o crime etc.

Dessa forma, para saber se algo é causa do resultado, basta excluí-lo da série causal. Se o delito, ainda assim, teria ocorrido, não é causa. Se não teria ocorrido, então é causa.

É evidente, entretanto, que somente serão punidos pelo crime aqueles que tenham agido com dolo ou culpa em relação à provocação específica de certo resultado. Por isso, é óbvio que nos exemplos acima mencionados o fabricante da arma e os pais não respondem pelo crime de homicídio, pois não agiram com dolo ou culpa na produção do resultado.

7.1. SUPERVENIÊNCIA CAUSAL (ART. 13, § 1º)

O art. 13, § 1º, do Código Penal dispõe que a superveniência de causa relativamente independente exclui a imputação quando, por si só, produz o resultado.

Nessas hipóteses, pode-se dizer que existe uma concausa, ou seja, a conduta do agente e outra causa qualquer.

Concausa, portanto, é toda causa que concorre paralelamente com outra, contribuindo para a produção do resultado. Não há, entretanto, diferença prática entre causas, concausas ou condições, pois tudo o que contribui para um resultado é causa deste.

As concausas podem ser:

a) **Dependentes**. Aquelas que se encontram dentro da linha de desdobramento normal da conduta. Essas causas jamais rompem o nexo causal. Ex.: uma facada provoca uma perfuração em órgão vital da vítima, que provoca uma hemorragia aguda, que provoca a morte.

b) **Independentes**. São aquelas que, por si sós, produzem o resultado, ou seja, que não se incluem no desdobramento normal da conduta.

As causas independentes podem ser:

a) **Absolutamente independentes**. São as que não têm origem na conduta perpetrada, nem mantêm qualquer relação com esta. A causa provocativa do resultado não se origina na conduta do agente.

Podem ser:

a1) **Preexistentes**, quando anteriores à conduta. Ex.: A quer matar B e o esfaqueia. Acontece que, anteriormente, C já tinha envenenado B, que morre em razão do envenenamento. A responde apenas por tentativa de homicídio e C por homicídio consumado. O envenenamento feito por C é uma causa preexistente absolutamente independente em face de A.

a2) **Concomitantes**, quando se verificam ao mesmo tempo que a conduta. Ex.: uma pessoa está envenenando a vítima, quando entram bandidos no local e matam a vítima com disparos de arma de fogo.

Direito Penal – Parte Geral

a3) Supervenientes, quando posteriores à conduta. Ex.: após o envenenamento, cai um lustre na cabeça da vítima, que morre por traumatismo craniano.

Em todas as hipóteses em que há causa absolutamente independente, rompe-se o nexo causal, já que o resultado decorre dessa causa independente e não da conduta do agente. Nas duas últimas hipóteses, o agente (autor do envenenamento) responde apenas por tentativa de homicídio, pois o fator que provocou efetivamente a morte foi a causa absolutamente independente e não a sua conduta.

b) **Relativamente independentes.** São aquelas que, por si sós, produzem o resultado, mas que se originam na conduta do agente.

Também podem ser:

b1) Preexistentes, quando anteriores à conduta. Nessa hipótese, o agente responde pelo crime, pois não se rompe o nexo causal. É a hipótese clássica de alguém que, querendo matar a vítima, lhe desfere um golpe de faca, golpe este que, por si só, seria insuficiente para provocar a morte de uma pessoa comum. Acontece que, por ser hemofílica (causa preexistente), a vítima acaba falecendo pela grande perda de sangue. O agente responde pelo crime.

b2) Concomitantes, quando se verificam ao mesmo tempo que a conduta do agente. Não rompe o nexo causal, e o agente responde pelo crime. É o que ocorre no conhecido exemplo em que, no exato instante em que o agente efetua um disparo contra a vítima, vem esta a sofrer um infarto (decorrência do susto e, por isso, ligada à conduta do sujeito).

b3) Supervenientes, quando posteriores à conduta. Nesse caso, conforme dispõe o art. 13, § 1º, rompe-se o nexo causal, e o réu não responde pelo resultado, mas somente pelos atos até então praticados. Nessa hipótese, após a conduta do agente, ocorre uma causa relativamente independente que, **por si só, produz o resultado.** A vítima, por exemplo, toma um tiro na barriga (conduta do agente) e é colocada em uma ambulância. Durante o trajeto, a ambulância se envolve em uma colisão, e a pessoa morre em razão dos novos ferimentos. Assim, como a causa da morte foi o acidente, a pessoa que efetuou o disparo não responde por homicídio consumado, mas apenas por tentativa. Diz-se que a causa é apenas relativamente independente porque, não fosse o disparo, a vítima não estaria na ambulância e não se teria ferido mortalmente no acidente automobilístico.

7.2. RELEVÂNCIA CAUSAL DA OMISSÃO (ART. 13, § 2º)

O art. 13, § 2º, do Código Penal trata da questão do nexo de causalidade nos denominados crimes omissivos impróprios, também chamados de comissivos por omissão. Nessa espécie de delito, a simples omissão seria atípica, mas, como o agente tinha um dever de evitar o resultado e não o fez, responde pelo resultado delituoso que deveria e poderia ter evitado.

Estabelece o dispositivo que a omissão é penalmente relevante quando o omitente devia e podia agir para evitar o resultado. De acordo com o texto legal, o dever de agir incumbe a quem:

a) Tenha por lei obrigação de cuidado, proteção ou vigilância (art. 13, § 2º, *a*): Ex.: dever de proteção e assistência para com os filhos. A imposição resulta da lei civil (Código Civil e Estatuto da Criança e do Adolescente). Assim, a mãe que intencionalmente deixa de alimentar o filho recém-nascido, causando a morte deste, responde por homicídio doloso. O simples fato de não alimentar a criança uma única vez é atípico, mas, na medida em que a mãe tem o dever legal de alimentá-la e deixou de fazê-lo de forma prolongada, provocando com isso a sua morte, responde pelo crime.

b) De outra forma, assumiu a responsabilidade de impedir o resultado (art. 13, § 2º, *b*): pode resultar de relação contratual, profissão, ou quando, por qualquer outra forma, assumiu a pessoa a posição de garantidora de que o resultado não ocorreria. O dever jurídico não decorre de lei, mas de uma situação fática. Ex.: salva-vidas que zela pela segurança dos banhistas de um clube e que, ao ver alguém se afogando, deixa de salvá-lo, quando era possível o salvamento. Responde por homicídio doloso.

c) Com o seu comportamento anterior, criou o risco da ocorrência do resultado (art. 13, § 2º, *c*). Ex.: aquele que, por brincadeira, joga uma pessoa na piscina e, posteriormente, percebe que esta não sabe nadar tem o dever de salvá-la. Se não o fizer, responde pelo crime.

7.3. A TEORIA DA IMPUTAÇÃO OBJETIVA

Essa teoria tem como maiores expoentes Claus Roxin e Gunther Jakobs. Sua principal preocupação é a de restringir o alcance da tradicional teoria da equivalência dos antecedentes causais, adotada no art. 13, *caput*, do Código Penal, que considera como causa toda ação ou omissão sem a qual o resultado não teria ocorrido. Por essa teoria, há nexo causal, por exemplo, na conduta de presentear outrem com uma passagem aérea, vindo tal pessoa a morrer em decorrência de acidente de avião. Pela teoria tradicional, exclui-se o crime, por parte de quem forneceu a passagem, por ausência de dolo, sendo, assim, impossível imputar o resultado ao agente pelo aspecto subjetivo. Mas, e se o sujeito estivesse ciente de que haveria uma terrível tempestade no trajeto do avião e, querendo a morte da outra pessoa, a tivesse presenteado com a passagem aérea? Nesse caso, estariam presentes o nexo causal e o dolo e, de acordo com os defensores da teoria da imputação objetiva, haveria aqui uma falha na teoria tradicional, dizendo que esse ato caracteriza crime de homicídio, apesar de não ser possível imputar objetivamente ao sujeito a provocação do resultado morte, por não ter ele o controle quanto ao desenrolar dos acontecimentos. Para a teoria da imputação objetiva só pode haver crime quando o agente, com sua conduta, cria um risco proibido que dá causa ao resultado, o que não ocorre por parte de quem presenteia outrem com uma passagem aérea, já que, nesse caso, o risco por ele criado é permitido.

A ideia central dessa teoria é estabelecer as hipóteses em que alguém pode ser considerado o responsável por determinado resultado não apenas com base na relação de causa e efeito, mas sim no aspecto valorativo (normativo), ou seja, se é justo considerar alguém o responsável pelo resultado. Por isso, a imputação objetiva é considerada elemento normativo implícito do fato típico, cuja finalidade é limitar o alcance da teoria da equivalência dos antecedentes, que, por ser muito abrangente, acaba sendo injusta em alguns casos. Assim, a teoria da imputação objetiva não diverge frontalmente da teoria finalista. Ao contrário, apenas acrescenta um aspecto aos demais já estudados, considerando que o fato típico possui os seguintes elementos: a) conduta (dolosa ou culposa); b) resultado (nos crimes materiais); c) nexo causal; d) tipicidade; e) imputação objetiva.

Resumidamente, para que se possa imputar objetivamente a alguém um crime é necessário que ele tenha criado um risco proibido e que este tenha sido o causador de um resultado que se amolde em um tipo penal. Ex.: alguém escava um buraco profundo em uma trilha de floresta, coloca estacas no interior e o cobre com folhas. Em seguida, convida outra pessoa para uma caçada, fazendo-a passar por tal caminho, para que caia no buraco e morra com uma estaca atravessada no peito. O agente responderá pelo homicídio porque criou uma situação de risco proibido.

Para facilitar a compreensão dessa teoria, os doutrinadores elencaram, exemplificativamente, alguns critérios para definir hipóteses em que o risco criado pelo sujeito é permitido, e, portanto, não pode ele ser responsabilizado:

Direito Penal – Parte Geral

a) quando o comportamento perigoso é permitido por lei, como conduzir veículos, aviões ou embarcações; praticar atividades desportivas perigosas; o desforço imediato ou legítima defesa da posse (admitidos pelo art. 1.210, § 1º, do Código Civil);

b) quando o comportamento é socialmente aceito, como comprar passagem aérea para um amigo, convidá-lo para um passeio em uma floresta;

c) quando se tratar de fato relacionado a determinada arte, profissão ou ofício, realizados com a estrita observância das técnicas conhecidas.

Além dessas regras, a doutrina aponta outros critérios (ou princípios) que devem ser observados e que excluem a responsabilização penal, por não ser possível imputar objetivamente o resultado ao agente:

a) Quando age na confiança de que outros se comportarão corretamente e acaba dando causa ao resultado (critério da confiança). Ex.: em um hospital, existe um funcionário responsável pela esterilização de instrumentos cirúrgicos que, em determinado dia, deixa de efetuá-la. O médico, então, usa o bisturi não esterilizado, e o paciente morre em razão de infecção. O médico não responde pelo delito.

b) Quando a conduta era inicialmente lícita, de modo que não pode ser punido por crime posterior cometido por terceiro, que não ingressou em sua esfera de conhecimento (critério da proibição do regresso). Ex.: venda de uma arma por lojista, posteriormente usada em um homicídio.

c) Se induz outrem a praticar ações perigosas, porém lícitas, não responde por resultados lesivos delas decorrentes, se a vítima aceitou, de forma consciente, esses riscos (critério das ações de próprio risco). Ex.: convencer alguém a pular de paraquedas.

8 TIPICIDADE

É o nome que se dá ao enquadramento da conduta concretizada pelo agente na norma penal descrita em abstrato. Em suma, para que haja crime é necessário que o sujeito realize, no caso concreto, todos os elementos componentes da descrição típica (definição legal do delito). Quando ocorre esse enquadramento, existe a tipicidade.

1. **Adequação típica**. Conforme já mencionado, é a possibilidade de enquadrar a conduta no tipo legal:

A adequação típica pode dar-se de duas maneiras:

a) Imediata ou direta. Quando houver uma correspondência total da conduta ao tipo. Ela decorre da autoria (realização da conduta descrita no tipo) e da consumação do ilícito penal.

b) Mediata ou indireta. Quando a materialização da tipicidade exige a utilização de uma norma de extensão, sem a qual seria absolutamente impossível enquadrar a conduta no tipo. É o que ocorre nas hipóteses de participação (art. 29) e tentativa (art. 14, II).

Com efeito, o art. 121 do Código Penal, ao tratar do crime de homicídio, descreve a conduta de matar alguém. Assim, quem efetua um disparo e provoca a morte da vítima tem adequação típica direta ou imediata, pois ele a matou. Suponha, entretanto, que alguém, ciente da intenção homicida, tenha emprestado a arma para que o sujeito matasse a vítima. Ora, quem emprestou a arma não matou ninguém e, em princípio, não poderia ser punido. A tipicidade de sua conduta, entretanto, decorre da norma de extensão do art. 29 do Código Penal: quem, de qualquer modo, concorre para o crime incide nas penas a este cominadas, na medida de sua culpabilidade. Assim, ocorre a adequação típica mediata ou indireta do partícipe, havendo a extensão ao tipo do art. 121.

De igual maneira, a tentativa seria atípica não fosse a norma de extensão do art. 14, II, do Código Penal, uma vez que o art. 121, em tese, só pune quem mata e não quem tenta matar mas não consegue. Segundo o art. 14, parágrafo único (norma de extensão), pune-se a tentativa com a pena correspondente ao crime consumado, diminuída de um a dois terços.

9 TIPO PENAL

O tipo penal é uma norma que descreve condutas criminosas em abstrato. Quando alguém, na vida real, comete uma conduta descrita em um tipo penal, ocorre a chamada tipicidade.

Os tipos penais estatuem proibições de condutas na vida em sociedade, estabelecendo penas àqueles que venham a desrespeitá-las. Assim, quando o legislador estabelece pena de reclusão, de 6 a 20 anos, para quem mata alguém, está, em verdade, proibindo a conduta de matar.

Pelo princípio da legalidade, entretanto, deve a lei definir a conduta criminosa e não apenas proibi-la.

Dentro dessa sistemática, os **tipos penais** são modelos criados pela lei, por meio dos quais as condutas consideradas indesejáveis pelo senso comum (de acordo com o entendimento do legislador) são descritas taxativamente como crimes, com a finalidade de dar aos indivíduos a garantia maior do princípio da reserva legal.

O tipo penal, para descrever a conduta incriminada, serve-se de elementares e circunstâncias.

1. Elementares. São componentes fundamentais da figura típica sem os quais o crime não existe.

As elementares estão sempre no *caput* do tipo incriminador, que, por essa razão, é chamado de tipo fundamental.

a) **Espécies de elementares ou elementos**

a1) **Elementos objetivos ou descritivos**. São aqueles cujo significado se extrai da mera observação. São elementos que existem concretamente no mundo e cujo significado não demanda nenhum juízo de valor. Exs.: matar (art. 121), coisa móvel (art. 155).

a2) **Elementos normativos**. São aqueles cujo significado não se extrai da mera observação, dependendo de interpretação, isto é, de juízo de valor.

Quando o significado do elemento depende de um juízo de valor moral, religioso, social, consuetudinário etc., é chamado de elemento normativo **moral** ou **extrajurídico**. Quando o juízo de valor depende de uma interpretação jurídica, o elemento é chamado de elemento normativo **jurídico**. Exs.: dignidade ou decoro (art. 140) são elementos normativos morais (extrajurídicos); documento público (art. 297) é um elemento normativo jurídico.

a3) **Elementos subjetivos do tipo**. Existem quando o tipo penal exige alguma finalidade específica por parte do agente ao cometer o crime. É, portanto, a finalidade especial descrita no tipo. Exs.: atribuir-se falsa identidade a fim de obter vantagem, em proveito próprio ou alheio (art. 307): a intenção de obter alguma vantagem é o elemento subjetivo do crime, é a finalidade especial do autor da falsa identidade; sequestrar pessoa com o fim de obter qualquer vantagem como condição ou preço do resgate (art. 159): a intenção de obter um resgate em troca da libertação da vítima é o elemento subjetivo do crime de extorsão mediante sequestro.

2. Circunstâncias. São todos os dados acessórios da figura típica, cuja ausência não a elimina. Sua função não é constituir o crime, mas tão somente **influir** no montante da pena. Exs.: a pena do estupro é aumentada de 1/2 se o crime é cometido pelo pai contra a filha (art.

Direito Penal – Parte Geral

226, II); a pena do furto é aumentada de 1/3 se a subtração é praticada durante o repouso noturno (art. 155, § 1º); a pena do estelionato é aumentada de 1/3 se o crime é cometido em detrimento de entidade de direito público ou de instituto de economia popular, assistência social ou beneficência (art. 171, § 3º). São, portanto, dados acessórios que influem na aplicação da pena.

3. Classificação dos tipos penais

a) **Tipo anormal**. É aquele que contém elementos normativos ou subjetivos, além dos elementos objetivos.

b) **Tipo normal**. É aquele que só contém elementos objetivos.

c) **Tipo fechado**. Não exige nenhum juízo de valoração por parte do juiz.

d) **Tipo aberto**. É o que exige um juízo de valoração do juiz, como ocorre, por exemplo, nos crimes culposos, em que o juiz, para decidir se houve ou não crime, deve comparar a conduta do réu com a conduta que teria, nas mesmas condições, o chamado homem prudente e de discernimento.

Quadro sinótico – Fato típico

Elementos componentes	conduta; resultado; nexo causal; tipicidade.
Conduta	Ação ou omissão.
Ausência de conduta	Falta de voluntariedade decorrente de coação física irresistível, de reflexo decorrente de reação automática de um nervo sensitivo, ou de sonambulismo ou hipnose.
Crimes omissivos próprios ou puros	Quando o próprio tipo penal descreve uma omissão. Ex.: omissão de socorro.
Impróprios ou comissivos por omissão	São hipóteses em que o agente tinha o dever de agir para evitar o resultado, de modo que o não agir constitui crime, tal como ocorre quando a mãe, dolosamente, deixa de alimentar o filho pequeno.
Resultado	É a consequência da conduta humana, ou seja, o que é produzido por uma conduta dolosa ou culposa do homem. Estão excluídos os fenômenos da natureza, caso fortuito e força maior, e o comportamento dos animais irracionais, que são eventos, mas não resultados no sentido jurídico do termo.
Nexo causal	É a relação de causa e efeito existente entre a conduta e o resultado. A teoria adotada é a da equivalência dos antecedentes causais que considera como causa toda circunstância antecedente sem a qual o resultado não teria ocorrido. É também chamada de teoria da *conditio sine qua non*. Só podem ser punidos, entretanto, aqueles que tenham agido com dolo ou culpa na provocação do resultado, de modo que o fabricante de um revólver não pode ser punido por um homicídio, mas quem o emprestou ao homicida sim, caso o tenha feito de forma intencional.
Relevância causal da omissão	A omissão é penalmente relevante quando o omitente devia e podia agir para evitar o resultado, mas não o faz. O dever de agir existe a quem tenha por lei obrigação de cuidado, proteção ou vigilância, a quem, de outra forma, assumiu a responsabilidade de impedir o resultado e a quem, com seu comportamento anterior, criou o risco.
Superveniência causal	A superveniência de causa relativamente independente que, por si só, produza o resultado exclui o nexo causal e a imputação, devendo o agente responder apenas pelos fatos anteriores.

Tipicidade	É o enquadramento da conduta concretizada pelo agente na norma penal descrita em abstrato.	
Formas de adequação típica	imediata ou direta	quando houver uma correspondência total da conduta ao tipo, nas hipóteses de autoria e consumação do ilícito penal.
	mediata ou indireta	quando a materialização da tipicidade exige a utilização de uma norma de extensão sem a qual seria impossível enquadrar a conduta no tipo. É o que ocorre nas hipóteses de tentativa e participação, em que é necessário conjugar o dispositivo infringido da Parte Especial do Código Penal com os arts. 14 e 29 do mesmo Código, que são as normas de extensão.

Elementos componentes do tipo penal (elementares)

Conceito	São os elementos fundamentais da figura típica, sem os quais o crime não existe.
Espécies de elementos do tipo	a) objetivos – são aqueles cujo significado se extrai da própria observação. Exs.: matar, coisa móvel etc. Todo tipo penal possui elementos objetivos. b) normativos – são aqueles cujo significado depende de interpretação, de análise no caso concreto. Ex.: no crime de furto, para saber se uma coisa é alheia é necessário avaliar de que bem se trata e quem o subtraiu. c) subjetivos – mostram-se presentes quando o tipo penal exige alguma finalidade específica por parte do agente ao cometer o crime. Ex.: a intenção de obter vantagem no crime de extorsão mediante sequestro.
Classificação dos tipos	a) normal – aquele que só contém elementos objetivos. Ex.: homicídio. b) anormal – aquele que contém algum elemento subjetivo ou normativo, além dos objetivos. c) fechados – não exigem juízo de valor. d) abertos – exigem juízo de valor.

10 CRIME DOLOSO (ART. 18, I)

1. Teorias

a) **Teoria da vontade**. Dolo é a vontade de realizar a conduta e produzir o resultado.

b) **Teoria da representação**. Dolo é a vontade de realizar a conduta, prevendo a possibilidade de produção do resultado.

c) **Teoria do assentimento**. Dolo é a vontade de realizar a conduta, assumindo o risco da produção do resultado.

2. Teorias adotadas pelo Código Penal. O art. 18, I, do Código Penal diz que há crime doloso quando o agente quer o resultado (dolo direto) ou quando assume o risco de produzi--lo (dolo eventual).

Na hipótese de dolo direto, o legislador adotou a teoria da vontade e, no caso de dolo eventual, consagrou-se a teoria do assentimento.

3. Espécies de dolo

a) **Dolo natural**. É a espécie de dolo adotada pela teoria finalista da ação (atualmente consagrada no Código Penal). Segundo essa teoria, o dolo pressupõe:

1) consciência: da conduta, do resultado e do nexo causal entre ambos;

2) vontade: de realizar a conduta e provocar o resultado (intenção de concretizar os elementos que compõem a descrição típica do delito).

Para essa teoria, o dolo passa a constituir parte integrante da conduta (ação), deixando de lado a consciência da ilicitude.

b) **Dolo normativo**. É o dolo segundo a teoria clássica. Para os seguidores dessa teoria, o dolo contém a consciência da ilicitude e é elemento integrante da culpabilidade.

c) **Dolo direto** ou **determinado**. Quando o agente visa certo e determinado resultado.

d) **Dolo indireto** ou **indeterminado**. Quando o sujeito não se dirige a certo e determinado resultado. Possui duas formas: o dolo alternativo, quando a intenção do agente se dirige a um ou outro resultado, por exemplo, quando efetua golpes na vítima com intenção de feri-la ou matá-la; e o dolo eventual, quando o agente assume o risco de produzir o resultado.

e) **Dolo de dano**. Intenção de causar efetiva lesão ao bem jurídico tutelado. Exs.: homicídio, furto etc.

f) **Dolo de perigo**. Intenção de expor a risco o bem jurídico tutelado. Exs.: crime de periclitação da vida e da saúde (art. 132), crime de rixa (art. 137).

g) **Dolo genérico**. Vontade de realizar a conduta descrita na lei, sem um fim especial.

h) **Dolo específico**. Vontade de realizar a conduta, visando um fim especial. Ocorre quando o tipo exige determinada finalidade. Ex.: extorsão mediante sequestro (art. 159), cujo tipo penal é sequestrar pessoa com o fim de obter vantagem como condição ou preço do resgate.

i) **Dolo geral**. Ocorre quando o agente, supondo já ter alcançado o resultado por ele visado, pratica nova ação que efetivamente o provoca. Ex.: alguém efetua disparos contra a vítima e, supondo que esta já esteja morta, atira-a ao mar, provocando sua morte. Nesse caso, ao tentar ocultar o cadáver, o agente acabou matando a vítima e, em razão do dolo geral, responde por homicídio doloso consumado (e não por tentativa de homicídio em concurso com homicídio culposo).

4. Condições objetivas de punibilidade. São circunstâncias que não constam da descrição típica do delito e que, por essa razão, estão fora do dolo do agente no momento em que realiza a conduta. A própria lei, entretanto, subordina a punição do acusado à sua existência. Ex.: o art. 178 da Lei de Falências (Lei n. 11.101/2005) incrimina quem deixa de elaborar, escriturar ou autenticar, antes ou depois da sentença que decretar a falência, conceder a recuperação judicial ou homologar o plano de recuperação extrajudicial, os documentos de escrituração contábil obrigatórios. O empresário, contudo, só poderá ser punido pela conduta se efetivamente for decretada, por sentença, a falência ou a recuperação judicial, ou, ainda, se for homologado, também por sentença, o plano de recuperação extrajudicial. Tais sentenças, portanto, constituem condições objetivas de punibilidade, como, aliás, expressamente esclarece o art. 183 da Lei de Falências.

11 CRIME CULPOSO (ART. 18, II)

1. Conceito. No crime culposo, o agente não quer nem assume o risco de produzir o resultado, mas a ele dá causa, nos termos do art. 18, II, do Código Penal, por imprudência, negligência ou imperícia.

Para a teoria do crime, entretanto, o conceito de crime culposo envolve vários outros elementos:

Crime culposo é aquele resultante da inobservância de um cuidado necessário, manifestada na conduta produtora de um resultado objetivamente previsível, por imprudência, negligência ou imperícia.

2. Elementos

a) Conduta. O que importa em um crime culposo não é a finalidade da conduta do agente, mas o resultado que ela provoca e o desvalor da ação ou omissão que a ele deu causa. Assim, o que importa não é o fim do agente, mas o modo e a forma imprópria como ele atua no caso concreto.

Conduta culposa, portanto, é aquela na qual o agente não observa um dever de cuidado, imposto a todos no convívio social, e, por esse motivo, causa um resultado típico (morte, lesões etc.).

b) Dever de cuidado objetivo. Para saber se houve ou não a inobservância desse cuidado objetivo, devemos confrontar a conduta do agente com a conduta que teria, nas mesmas condições, um homem prudente e de discernimento. Se o agente não agiu como agiria o homem prudente, cometeu o crime culposo, ou seja, se não cumpriu com o dever de cuidado, sua conduta será típica. Se, por outro lado, fica constatado que o agente, apesar de ter, por exemplo, atropelado a vítima, estava conduzindo corretamente o veículo, o fato será atípico. Assim, pode-se dizer que os crimes culposos têm o **tipo aberto**, uma vez que, diversamente dos crimes dolosos, sua conduta não é descrita na lei. Nos crimes culposos, a lei descreve apenas o resultado, e o juiz é quem deve, no caso concreto, avaliar se houve culpa em sentido lato, ou, em outras palavras, determinar a tipicidade pela comparação entre a conduta do acusado e o comportamento provável que, na mesma situação, teria uma pessoa prudente e de discernimento, como já mencionamos. Do desvalor da comparação tipifica-se o crime culposo. Em razão da necessidade de fazer essa comparação, diz-se que a culpa é o elemento **normativo** da conduta. Existe crime culposo, por exemplo, na conduta de dirigir na contramão, em excesso de velocidade etc.

A inobservância do cuidado objetivo necessário pode manifestar-se de várias formas:

1) Imprudência. É uma conduta positiva, uma ação. Ocorre, por exemplo, quando o agente toma uma atitude com falta de cuidado, com afoiteza, de forma perigosa. Exs.: dirigir em excesso de velocidade, brincar com revólver municiado etc.

2) Negligência. É uma conduta negativa, uma omissão (quando o caso impunha uma ação preventiva). Na negligência, há inércia psíquica, indiferença do agente, que, podendo tomar as cautelas exigíveis, não o faz. Em suma, a negligência é a **ausência** de precaução que dá causa ao resultado. Exs.: não providenciar a manutenção dos freios do veículo, não providenciar equipamentos de segurança para seus empregados (propiciando lesões em acidente de trabalho) etc.

Comparando essas duas formas, a imprudência é uma ação que provoca o resultado, e a negligência é uma omissão que a ele dá causa.

3) Imperícia. Incapacidade ou falta de conhecimentos técnicos no exercício de arte ou ofício. A imperícia pressupõe sempre a qualificação ou habilitação legal para a arte ou o ofício. Não havendo tal habilitação para o desempenho da atividade, a culpa é imputada ao agente por imprudência ou negligência.

É possível a coexistência de mais de uma forma de culpa, mas, sendo um só o resultado, haverá crime único. Assim, o agente pode ter provocado o resultado por negligência e também por imprudência. Ex.: não fazer a manutenção do freio do veículo e dirigir em excesso de velocidade, causando a morte de terceiro.

Não se confunde a culpa com o erro profissional, que ocorre quando são empregados os conhecimentos **normais** da arte ou do ofício e o agente chega a uma conclusão errada. Nesse caso, o fato é atípico, salvo se o equívoco for grosseiro.

c) Resultado. A mera inobservância do dever de cuidado não basta para caracterizar o crime culposo. É necessária a ocorrência do resultado descrito na lei (e não desejado pelo

Direito Penal – Parte Geral

agente). Assim, se alguém desrespeita um semáforo desfavorável, mas não atinge qualquer pessoa, não há crime, mas mera infração administrativa passível de multa.

Por conclusão, só haverá ilícito culposo se, da ação ou omissão contrária ao dever de cuidado, resultar lesão a um bem jurídico. É possível, excepcionalmente, que a inobservância do cuidado, por si só, configure crime autônomo (normalmente crime de perigo) quando houver previsão legal nesse sentido. Exs.: contravenção penal de direção perigosa, crime de embriaguez ao volante etc.

Não haverá crime culposo se, mesmo havendo falta de cuidado por parte do agente e ocorrendo o resultado lesivo, ficar comprovado que tal resultado teria ocorrido de qualquer maneira. Exige-se, portanto, **nexo causal** entre a conduta e o resultado. Ex.: pessoa que se atira sob um carro em movimento, estando este na contramão de direção. Nesse caso, houve um suicídio (caso fortuito) e, assim, embora o condutor estivesse agindo com imprudência, não há crime.

d) **Previsibilidade**. É a possibilidade de conhecimento do perigo que sua conduta gera para os bens jurídicos alheios e também a possibilidade de prever o resultado, conforme as condições pessoais do agente. Assim, para a punição do autor de um crime culposo é necessário que se demonstre a existência da previsibilidade objetiva e subjetiva.

Previsibilidade objetiva. Trata-se de perspicácia comum, normal dos homens, de prever o resultado. Assim, estão fora do tipo penal dos delitos culposos os resultados não abrangidos pela previsibilidade objetiva, ou seja, os que não são alcançados pela previsão de um homem razoável. Tal resultado, portanto, só poderia ser evitado por um homem extremamente cuidadoso.

Previsibilidade subjetiva. Capacidade de o agente, no caso concreto, prever o resultado, em razão de condições a ele inerentes, que variam de acordo com vários fatores, como educação, inteligência, capacidade, sagacidade etc.

Verificado que o fato é típico, diante da previsibilidade objetiva (do homem razoável), só haverá reprovabilidade ou censurabilidade da conduta (culpabilidade) se o sujeito puder prevê-la (previsibilidade subjetiva).

Assim, se o resultado é objetiva e subjetivamente previsível, pode o agente:

a) tê-lo previsto: culpa consciente;

b) não tê-lo previsto: culpa inconsciente.

Conclusão. Para que haja crime culposo, portanto, devem estar presentes os seguintes elementos:

a) conduta (ação ou omissão voluntária), realizada com quebra de um dever objetivo de cuidado, consistente na imprudência, negligência ou imperícia;

b) resultado involuntário;

c) nexo causal entre conduta e resultado;

d) tipicidade;

e) previsibilidade objetiva.

Além disso, para que o agente seja culpável deve estar também presente a previsibilidade subjetiva.

3. Espécies de culpa

a) **Culpa consciente**. O agente prevê o resultado, mas espera que ele não ocorra. Há a previsão do resultado, mas ele supõe que poderá evitá-lo com sua habilidade. O agente imagina sinceramente que poderá evitar o resultado. Difere do dolo eventual, porque neste o agente prevê o resultado, mas não se importa que ele ocorra. Para o agente que atua com dolo eventual, é indiferente que o resultado ocorra ou não.

b) Culpa inconsciente. O agente não prevê o resultado, que, entretanto, era objetiva e subjetivamente previsível.

c) Culpa própria. É aquela em que o sujeito não quer e não assume o risco de produzir o resultado.

d) Culpa imprópria. Também chamada de culpa por extensão, por assimilação, por equiparação. É aquela em que o agente supõe estar agindo acobertado por uma excludente de ilicitude (descriminante putativa) e, em razão disso, provoca intencionalmente um resultado ilícito. Apesar de a ação ser dolosa, o agente responde por crime culposo na medida em que sua avaliação acerca da situação fática foi equivocada (*v.* comentários aos arts. 20, § 1º, 2ª parte, e 23, parágrafo único, do CP).

4. Graus de culpa. De acordo com a maior ou menor possibilidade de previsão, a culpa pode ser grave, leve ou levíssima. A lei não faz expressa distinção a respeito do tema, que só tem relevância na aplicação da pena, pois, de acordo com o art. 59 do Código Penal, o juiz deve fixar a pena-base de acordo com as **circunstâncias** do crime.

5. Compensação de culpas. Não existe compensação de culpas. Assim, se duas pessoas agem com imprudência, uma dando causa a lesões na outra, ambas respondem pelo crime, ou seja, uma conduta culposa não anula a outra. Cada um responde por um crime, tendo o outro como vítima.

Além disso, se agente e vítima agem de forma culposa, a culpa da vítima não se compensa com a culpa do agente, que responde pelo crime. Fica afastada a incidência do crime culposo apenas quando a culpa é **exclusiva** da vítima.

6. Concorrência de culpas. Há concorrência de culpas quando duas ou mais pessoas agem de forma culposa dando causa ao resultado em terceiro, hipótese em que todas respondem pelo crime culposo. Ex.: João dirige na contramão e Pedro com excesso de velocidade dão causa a uma colisão, da qual decorre a morte de Lucas. Nesse caso, João e Pedro respondem pelo crime.

7. Excepcionalidade do crime culposo. A existência de crime culposo depende de expressa previsão legal (art. 18, parágrafo único).

8. Coautoria e participação em crime culposo. Quanto à possibilidade de existência de coautoria e participação em crime culposo, *v.* comentários no tema "Concurso de pessoas".

12 CRIME PRETERDOLOSO

O crime preterdoloso é apenas uma das espécies dos chamados crimes qualificados pelo resultado. Os últimos ocorrem quando o legislador, após descrever uma figura típica fundamental, acrescenta-lhe um resultado, que gera aumento da pena.

Os crimes qualificados pelo resultado podem ser observados nas seguintes situações:

a) Conduta dolosa e resultado agravador doloso. Ex.: durante um roubo, o assaltante mata intencionalmente a vítima. Há crime de roubo qualificado pela morte, também chamado de latrocínio (art. 157, § 3º).

b) Conduta culposa e resultado agravador doloso. Ex.: crime de lesões corporais culposas, cuja pena é aumentada de 1/3, se o agente, dolosamente, deixa de prestar imediato socorro à vítima (art. 129, § 7º).

c) Conduta dolosa e resultado agravador culposo. Ex.: crime de lesão corporal seguida de morte, no qual o legislador descreve que a pena será maior quando o agente, ao agredir a vítima, provoca sua morte, e as circunstâncias indicam que o agente não quis e não assumiu o risco de produzi-la. **Apenas nessa hipótese ocorre o crime preterdoloso: dolo no antecedente (conduta) e culpa no consequente (resultado).**

Direito Penal – Parte Geral

d) Conduta culposa e resultado agravador culposo. Crime de incêndio culposo, qualificado pela morte culposa (art. 250, § 2º, c/c o art. 258, 2ª parte).

Observe-se que o art. 19 do Código Penal estabelece que, pelo resultado que agrava especialmente a pena, só responde o agente que o tenha causado ao menos culposamente. O dispositivo tem a finalidade de esclarecer que não se aplica a qualificadora quando o resultado decorre de caso fortuito ou força maior, ainda que haja nexo de causalidade. Ex.: a vítima sequestrada morre porque um raio atinge a casa em que ela era mantida em cativeiro. Nesse caso, não se aplica a qualificadora da morte para os sequestradores (art. 159, § 3º), uma vez que houve hipótese de caso fortuito.

Os crimes preterdolosos não admitem a tentativa, pois, neles, o agente não quer o resultado final agravador, sendo certo que pressuposto da tentativa é que o agente queira o resultado e não o atinja por circunstâncias alheias à sua vontade.

13 ERRO DE TIPO (ART. 20)

É aquele que faz com que o agente, no caso concreto, imagine não estar presente uma elementar componente da figura típica ou alguma circunstância. Conforme já estudado, para que haja dolo é necessário que o agente queira realizar todos os elementos constitutivos do tipo. Assim, como consequência do erro de tipo, temos a exclusão do dolo. Excluído este estará também excluída a conduta e, consequentemente, o fato típico. Exs.: uma pessoa se casa com pessoa já casada, sem conhecer a existência do casamento anterior. Ela não responde pelo crime (art. 235), por não ter agido com dolo, uma vez que desconhecia o fato de já ser casada a outra pessoa; alguém recebe um veículo idêntico ao seu das mãos do manobrista e o leva embora. Não comete crime de furto, pois imaginou que o veículo era o seu.

1. Erro de tipo e delito putativo por erro de tipo. No erro de tipo, o agente não quer praticar o crime, mas por erro acaba cometendo-o. O agente não sabe que está cometendo o delito e, portanto, não responde por este.

No delito putativo (imaginário) por erro de tipo, ocorre a situação inversa, ou seja, o sujeito quer praticar o crime, mas por uma errônea percepção da realidade, executa uma conduta atípica. Ex.: uma pessoa quer furtar um objeto que supõe ser alheio, mas se apodera de um objeto que lhe pertence. Nessa hipótese, não se aperfeiçoa a figura típica do furto, que exige a subtração de coisa alheia móvel e, por isso, também não há crime. Segundo a doutrina, podem ocorrer as seguintes hipóteses:

a) Delito putativo por erro de tipo. Conforme já mencionado, ocorre quando o agente, por equívoco, imagina estar praticando todas as elementares de um crime, quando, na verdade, não está. O erro aqui se refere ao fato.

b) Delito putativo por erro de proibição. Ocorre quando o agente supõe estar praticando um crime, mas, na realidade, não há norma incriminadora definindo o fato. O erro aqui se refere à existência da norma penal incriminadora.

c) Delito putativo por obra de agente provocador. Pela Súmula 145 do Supremo Tribunal Federal, não há crime quando a preparação do flagrante pela polícia torna impossível sua consumação.

2. Formas de erro de tipo

a) Essencial. É o que incide sobre elementares ou circunstâncias do crime, de forma que o agente não tem consciência de que está cometendo um delito ou incidindo em alguma figura qualificada ou agravada.

O erro de tipo essencial, por sua vez, pode ser:

a1) **Vencível** ou **inescusável**. Quando o agente poderia tê-lo evitado se agisse com o cuidado necessário no caso concreto. Nessa modalidade, o erro de tipo exclui o dolo, mas o agente responde por crime culposo (se compatível com a espécie de delito praticado) – art. 20, § 1º.

a2) **Invencível** ou **escusável**. Quando se verifica que o agente não poderia tê-lo evitado, uma vez que empregou as diligências normais na hipótese concreta. Nesse caso, excluem-se o dolo e a culpa.

Se o erro recai sobre uma elementar, exclui-se o crime. Se recai sobre uma qualificadora ou outra circunstância que exaspera a pena, desconsideram-se estas.

b) **Acidental**. É aquele que recai sobre elementos secundários e irrelevantes da figura típica e não impede a responsabilização do agente, que sabe estar cometendo uma infração penal. Por isso, o agente responde pelo crime.

O erro de tipo acidental possui as seguintes espécies:

b1) **Erro sobre o objeto**. O agente imagina estar atingindo um objeto material, mas atinge outro. Ex.: uma pessoa, querendo furtar um aparelho de DVD, entra na casa da vítima e, por estar escuro o local, acaba pegando um aparelho de som. O erro é irrelevante, e o agente, conforme já mencionado, responde pelo crime.

b2) **Erro sobre a pessoa**. O agente com a conduta criminosa visa certa pessoa, mas por equívoco atinge outra. Ex.: querendo matar João, o sujeito efetua um disparo contra Antonio, que muito se assemelha fisicamente a João. Nesse caso, o sujeito responde pelo homicídio.

O art. 20, § 3º, do Código Penal faz apenas uma ressalva: devem-se levar em conta, para fim de aplicação da pena, as qualidades da pessoa que o agente pretendia atingir e não as da efetivamente atingida. Assim, imagine-se que a mãe, na influência do estado puerperal, resolve matar o próprio filho, logo após o parto. Dirige-se para o berçário e lá provoca a morte de outro recém-nascido, supondo ser o dela. Nos termos do art. 20, § 3º, deve a mãe ser responsabilizada por infanticídio (morte do próprio filho) e não por homicídio.

b3) **Erro na execução** (*aberratio ictus*). Ocorre quando o agente, querendo atingir determinada pessoa, efetua o golpe, mas, por má pontaria ou por outro motivo qualquer (desvio do projétil, desvio da vítima), acaba atingindo pessoa diversa da que pretendia. Nesse caso, o art. 73 do Código Penal estabelece que o sujeito responderá pelo crime, levando-se em conta, porém, as condições da vítima que o agente pretendia atingir.

Além disso, pode acontecer de o agente efetivamente atingir quem pretendia e, por erro na execução, atingir também outra pessoa. Nesse caso, haverá crime doloso em relação a quem o sujeito queria acertar e crime culposo em relação à outra vítima, em concurso formal (é o que determina o art. 73, 2ª parte, denominada *aberratio ictus* com duplo resultado). Assim, suponha-se que A efetue vários disparos contra B, mas, por erro, acerte e mate também C. Nesse caso, responderá por homicídio doloso em relação a B e por homicídio culposo em relação a C (aplicando-se a regra do concurso formal no tocante à aplicação da pena).

Não se confunde o erro na execução (art. 73) com o erro quanto à pessoa (art. 20, § 3º). Neste, o agente supõe que uma pessoa é outra e efetua o disparo atingindo a pessoa que foi mirada. Ex.: uma pessoa é contratada para matar Francisco, mas não o conhece pessoalmente (apenas por fotografia). Assim, no momento do crime, o matador vislumbra Paulo e imagina que este é Francisco, efetuando disparo que atinge efetivamente Paulo. No erro de execução, o agente não se confunde em relação à vítima. Ele efetua o disparo contra a pessoa certa, mas o projétil atinge outra pessoa. Ex.: o matador contratado para matar Francisco, identifica-o e efetua um disparo contra este. Acontece que Francisco desvia e o projétil atinge Paulo, que se encontrava atrás dele.

Direito Penal – Parte Geral

b4) Resultado diverso do pretendido *(aberratio criminis)*. O agente quer atingir um bem jurídico, mas, por erro, atinge bem de natureza diversa. Ex.: uma pessoa, querendo cometer crime de dano, atira uma pedra em direção ao bem, mas, por erro de pontaria, atinge uma pessoa, que sofre lesões corporais. Nesse caso, o agente só responde pelo resultado provocado na modalidade culposa, e, ainda assim, se previsto para a hipótese (art. 74), ou seja, responde por crime de lesões culposas, que absorve a tentativa de dano. Veja-se, entretanto, que, se não existir previsão legal de crime culposo para o resultado provocado, não se aplica a regra da *aberratio criminis*, respondendo o sujeito pela tentativa de dano (pois, caso contrário, o fato ficaria sem punição).

Ressalte-se, por outro lado, que, se o agente atinge o bem jurídico que pretendia e, por erro, atinge também outro bem jurídico, responde pelos dois crimes, em concurso formal. Assim, no exemplo estudado, se o sujeito, querendo cometer crime de dano, atira uma pedra que atinge o bem (uma vidraça, p. ex.) e atinge também uma pessoa que se encontra no interior da residência (que ele não queria atingir), responde pelo crime de dano consumado em concurso formal com o delito de lesões corporais culposas – art. 74, 2ª parte.

b5) Erro sobre o nexo causal *(aberratio causae)*. É a hipótese do chamado dolo geral, que já foi estudado. Ocorre quando o agente, imaginando já ter consumado o crime, pratica nova conduta, que vem a ser a causa efetiva da consumação. Ex.: supondo já ter matado a vítima com emprego de veneno, o agente cava um buraco no quintal da casa dele e a enterra, vindo esta a falecer apenas nesse instante, em razão de asfixia. Na hipótese, o agente responde por homicídio doloso consumado (dolo geral) e não por tentativa de homicídio doloso em concurso com homicídio culposo.

Quadro sinótico – Dolo

Conceito		Considera-se doloso o crime quando o agente quis o resultado ou assumiu o risco de produzi-lo. Na primeira hipótese, temos o dolo direto e, na segunda, o dolo eventual. No dolo direto, o legislador adotou a chamada teoria da vontade e, no dolo eventual, adotou a teoria do assentimento.
Espécies de dolo	a) dolo natural	É a espécie de dolo adotada pela teoria finalista da ação, segundo a qual o dolo pressupõe consciência da conduta, do resultado e do nexo causal, e a vontade de realizar a conduta e produzir o resultado. O dolo integra a conduta e não a culpabilidade.
	b) dolo normativo	É o dolo segundo a teoria clássica, para a qual o dolo contém a consciência da ilicitude e é integrante da culpabilidade.
	c) dolo determinado	Quando o agente visa certo e determinado resultado.
	d) dolo indeterminado	Quando o agente não visa resultado específico. Abrange duas modalidades: dolo alternativo, em que o sujeito quer um ou outro resultado (ex.: agride a vítima com intenção de feri-la ou matá-la) e dolo eventual, em que ele apenas assume o risco de causar o resultado.
	e) dolo de dano	Intenção de provocar efetiva lesão ao bem jurídico. Ex.: homicídio.
	f) dolo de perigo	Mera intenção de expor o bem jurídico a risco. Ex.: crime de disparo de arma de fogo em via pública.

SINOPSES JURÍDICAS

Espécies de dolo	g) dolo genérico	Vontade de realizar a conduta descrita na lei, sem intenção específica.
	h) dolo específico	Vontade de realizar a conduta, visando um fim especial. Ocorre quando o tipo exige certa finalidade. Ex.: sequestrar pessoa com o fim de obter qualquer vantagem, como condição ou preço do resgate (art. 159).
	i) dolo geral	Ocorre quando o agente, pensando já ter provocado o resultado com sua primeira conduta, pratica nova ação que efetivamente o acaba causando.
Condições objetivas de punibilidade		São circunstâncias que não constam da descrição típica do delito e que, por essa razão, estão fora do dolo do agente no momento em que realiza a conduta. Ex.: a sentença declaratória de falência em relação aos crimes falimentares.

Quadro sinótico – Crime culposo

Conceito legal		É aquele em que o agente dá causa ao resultado por imprudência, negligência ou imperícia (art. 18, II).
Conceito doutrinário		Crime culposo é aquele resultante da inobservância de um cuidado necessário, manifestada na conduta imprudente, negligente ou imperita, produtora de um resultado objetivamente previsível.
Imprudência		É uma conduta positiva, uma ação perigosa. Exs.: ultrapassar o sinal vermelho, brincar com um revólver carregado.
Negligência		É uma conduta negativa, uma omissão. O agente deixa de tomar uma providência que teria evitado o resultado. Ex.: não fornecer capacete para seu empregado, que morre em razão da queda de um tijolo em sua cabeça.
Imperícia		Incapacidade ou falta de conhecimentos para o desempenho de arte, profissão ou ofício.
Resultado		Mesmo que o sujeito atue com imprudência, negligência ou imperícia, o fato será atípico se essa conduta não provocar o resultado. Ex.: se alguém ultrapassa o sinal vermelho e não provoca acidente, não responde por crime culposo. Se, todavia, fere ou mata alguém, responde, respectivamente, por lesão culposa ou homicídio culposo.
Espécies de culpa	a) culpa consciente	O agente prevê o resultado, mas espera que ele não ocorra, ou seja, existe a previsão do resultado, mas o agente supõe que poderá evitá-lo com sua habilidade. Difere do dolo eventual porque neste o agente prevê o resultado e não se importa que ele ocorra. Para quem atua com dolo eventual é indiferente que o resultado ocorra ou não.
	b) culpa inconsciente	O agente não prevê o resultado que, todavia, era objetiva e subjetivamente previsível.
	c) culpa própria	É aquela em que o agente não quer e não assume o risco de produzir o resultado.
	d) culpa imprópria	Também chamada de culpa por extensão ou equiparação. É aquela em que a ação é dolosa, mas o agente responde por crime culposo em razão de determinação legal. É o que ocorre nas descriminantes putativas quando o erro se dá por culpa (erro vencível) e no excesso culposo.

Direito Penal – Parte Geral

Compensação de culpas	Se duas pessoas agem culposamente, uma causando lesão na outra, ambas respondem por crime culposo, ou seja, os crimes não se compensam. O fato de a vítima ter também agido com imprudência ou negligência, colaborando com o resultado, não afasta o crime culposo. Apenas quando a culpa é exclusiva da vítima é que o fato não é criminoso.
Concorrência de culpas	Quando duas ou mais pessoas agem culposamente dando causa ao resultado em terceiro. Nesse caso, todos os que agiram de forma culposa respondem pelo crime.
Excepcionalidade do crime culposo	A existência de um crime culposo depende de expressa previsão legal (art. 18, parágrafo único).

Quadro sinótico – Crime preterdoloso

Conceito	É uma espécie de crime qualificado pelo resultado em que o sujeito atua com dolo em relação a um resultado inicial mas, culposamente, provoca resultado mais grave que o pretendido. Ex.: crime de lesão corporal seguida de morte em que o agente agride a vítima somente com a intenção de machucá-la, porém, com a agressão, provoca culposamente sua morte. Nesse caso, houve dolo no antecedente (agressão) e culpa no consequente (resultado agravador).

Quadro sinótico – Erro de tipo

Conceito	Ocorre quando o agente, por engano, imagina não estar presente algum elemento constitutivo do crime, ou seja, o agente não quer cometer um ilícito mas, por erro, realiza conduta prevista em norma incriminadora. Ex.: o agente, por erro, pega uma mochila pertencente a outra pessoa em um vestiário, pensando tratar-se de sua própria mochila. Se o erro for plenamente justificado pelas circunstâncias, o agente não responde pelo furto por falta de dolo de cometer tal crime. Observação: se o erro era vencível, isto é, se o agente poderia tê-lo evitado se agisse com cuidado, responderá por crime culposo (se compatível com a espécie de delito cometido).

Quadro sinótico – Erro acidental

Conceito	É aquele que recai sobre elementos não essenciais e por isso não impede a punição do agente.
Espécies	a) Erro sobre o objeto – o agente imagina estar atingindo um objeto material, mas está atingindo outro. Ex.: o ladrão entra em uma casa e, no escuro, leva um antigo videocassete, pensando tratar-se de um toca-CDs. O agente responde pelo furto. b) Erro sobre a pessoa – o agente visa cometer crime contra certa pessoa, mas, por engano, comete crime contra outra. Ex.: o agente mata Paulo quando, em verdade, o confundiu com seu irmão gêmeo que era a pessoa realmente visada. O art. 20, § 3º, diz que o sujeito responde como se tivesse matado quem pretendia. c) Erro na execução (*aberratio ictus*) – o agente por erro de pontaria ou outro motivo (desvio da vítima p. ex.) acaba atingindo pessoa diversa da que pretendia. O art. 73 do Código Penal diz que, também nesse caso, o agente responde como se tivesse matado quem pretendia.

Espécies	d) Resultado diverso do pretendido (*aberratio criminis*) – o agente quer atingir um bem jurídico, mas atinge bem de natureza diversa. Ex.: atira uma pedra para quebrar uma vidraça, mas atinge o dono da casa e lhe provoca lesão. Nesse caso o agente responde por lesão culposa, e, se tiver também acertado a vidraça, além de lesionar o dono da casa, responde por crime de dano e lesão culposa em concurso formal. e) Erro sobre o nexo causal (*aberratio causae*) é também conhecido como dolo geral, em que o agente, supondo já ter consumado o crime, pratica nova ação, que vem a ser a efetiva causa da consumação. Ex.: pensando já ter matado a vítima com um tiro, o agente a joga de um penhasco, provocando sua morte por traumatismo. Nesse caso, responde por homicídio doloso consumado e não por tentativa em concurso com homicídio culposo.
Crime putativo por erro de tipo	O agente quer praticar o crime, mas, por errônea percepção da realidade, executa uma conduta atípica. Ex.: uma pessoa quer furtar um objeto que supõe ser alheio, mas se apodera de um objeto que lhe pertence. O fato é considerado atípico apesar do dolo do agente.

14 CRIME CONSUMADO (ART. 14, I)

1. Conceito. Nos termos do art. 14, I, do Código Penal, diz-se consumado o crime quando nele se reúnem todos os elementos de sua definição legal. Ex.: no homicídio, o tipo penal é matar alguém, e, assim, o crime se consuma no momento em que a vítima morre.

2. *Iter criminis*. São as fases que o agente percorre até chegar à consumação do delito:

1ª fase – Cogitação. Nessa fase, o agente está apenas pensando em cometer o crime. O pensamento é impunível. No pensamento não há conduta.

2ª fase – Preparação. Essa fase compreende a prática de todos os atos necessários ao início da execução. Exs.: alugar uma casa, onde será mantido em cativeiro o empresário a ser sequestrado; conseguir um carro emprestado para ser usado em um roubo a banco etc. São atos que antecedem a execução e, portanto, não são puníveis.

Há casos excepcionais, entretanto, em que o ato preparatório por si só já constitui crime, por exemplo, no delito de associação criminosa (art. 288, com redação dada pela Lei n. 12.850/2013), em que seus integrantes são punidos pela simples associação, ainda que não tenham começado a cometer os crimes para os quais se reuniram.

3ª fase – Execução. Começa aqui a agressão ao bem jurídico. Inicia-se a efetiva lesão ao bem tutelado pela lei. O agente começa a realizar a conduta descrita no tipo (o verbo descrito na lei). Exs.: os assaltantes entram em um banco e, apontando as armas para os funcionários, anunciam o assalto; o agente, armado com uma faca, aborda a vítima e a leva para um matagal, com o intuito de estuprá-la etc.

Há grande importância em descobrir o momento em que é iniciada a execução, pois é a partir daí que o fato passa a ser punível.

Como saber, então, quando cessou a preparação e iniciou a execução?

A preparação termina e a execução começa com a prática do primeiro ato idôneo e inequívoco que pode levar à consumação. Ato idôneo é aquele apto a produzir o resultado consumativo. Ato inequívoco é aquele indubitavelmente ligado à consumação. Ex.: efetuar disparo de arma de fogo contra a vítima é ato idôneo e inequívoco, pois pode levar a vítima à morte. O simples fato de apontar a arma para a vítima, entretanto, é mero ato preparatório, pois, apenas apontando a arma, sem que o gatilho seja puxado, o agente nunca levará a vítima à morte.

Direito Penal – Parte Geral

Assim, iniciada a execução:

a) o agente pode não conseguir consumar o delito por circunstâncias alheias à sua vontade, hipótese em que o crime estará tentado;

b) o agente pode desistir voluntariamente de prosseguir no ato de execução, hipótese em que só responderá pelos atos já praticados (desistência voluntária, que será estudada em breve);

c) o agente pode chegar à consumação.

4ª fase – Consumação. Quando todos os elementos (objetivos, subjetivos e normativos) exigidos pelo tipo são concretizados.

A consumação não se confunde com o exaurimento. Com efeito, determinados crimes, chamados de **formais**, possuem em seu tipo penal a descrição de uma ação e de um resultado, mas a redação da lei dispensa a efetivação do resultado para fim de consumação, de tal forma que o delito se consuma no exato momento da ação. O exaurimento, assim, ocorre quando, após a ação (e, portanto, após a consumação), sobrevém o resultado descrito na norma. Diz-se, nesse caso, que o crime está exaurido.

Quanto ao momento consumativo, os crimes dividem-se em: materiais (em que a lei descreve uma ação e um resultado, e a consumação pressupõe o resultado), formais (descreve uma ação e um resultado, mas dispensa o resultado para fim de consumação) e de mera conduta (a lei descreve apenas uma conduta e, quando ela é realizada, o crime se consuma).

Nos crimes permanentes, a consumação se prolonga no tempo, desde o instante em que se reúnem os elementos integrantes do tipo até que cesse o comportamento do agente. Ex.: no crime de extorsão mediante sequestro, a consumação ocorre no momento em que a vítima é capturada, mas a consumação se prolonga no tempo, enquanto a vítima não for libertada. Desse modo, a prisão em flagrante será possível durante todo o tempo em que a vítima estiver no cativeiro (art. 303 do CPP).

Nos crimes qualificados pelo resultado, a consumação ocorre no instante em que se verifica o resultado qualificador.

Nos crimes omissivos próprios, verifica-se a consumação com a omissão, já que essa forma de delito dispensa a ocorrência de qualquer resultado. Já nos crimes omissivos impróprios (comissivos por omissão), a simples omissão não é suficiente, pois sua existência pressupõe um resultado posterior e, assim, só quando este ocorre é que o crime está consumado. Ex.: mãe que deixa de alimentar o filho para que ele morra. Nesse caso, a consumação só ocorre com a morte.

15 TENTATIVA (ART. 14, II)

1. Conceito. Nos termos do art. 14, II, do Código Penal, considera-se tentado o crime quando o agente inicia a execução mas não consegue consumá-lo por circunstâncias alheias à sua vontade.

A tentativa, portanto, possui dois requisitos:

a) que a execução do crime tenha-se iniciado;

b) que a consumação não tenha ocorrido por circunstâncias alheias à vontade do agente.

2. Natureza jurídica. Trata-se de norma de extensão cuja finalidade é propiciar a punição do autor da tentativa por adequação típica mediata. Cuida-se, ainda, de causa de diminuição de pena.

3. Consequência. Salvo disposição em contrário, pune-se a tentativa com a mesma pena do crime consumado, reduzida de 1/3 a 2/3. O critério que o juiz deve utilizar em relação ao *quantum* da diminuição da pena é a maior ou menor proximidade da consumação.

Quanto mais próxima a consumação do crime, menor será a redução da pena. Ex.: no homicídio, se o projétil disparado pelo agente para matar a vítima não a atinge (tentativa branca), a redução será maior do que na hipótese em que a vítima é alvejada no peito e só não morre em razão do imediato socorro.

Há crimes, entretanto, em que o legislador equipara o crime tentado ao consumado, punindo-os com a mesma pena. É o que ocorre, por exemplo, no crime do art. 352 do Código Penal, que pune com detenção de 3 meses a 1 ano o preso que se evade ou **tenta** evadir-se usando de violência contra a pessoa. Quando o legislador pune igualmente o crime tentado e o consumado, a doutrina chama o delito de crime de **atentado**.

Percebe-se, assim, que foi adotada a teoria **objetiva**, na qual a punição do autor de crime tentado é menor que a do autor de delito consumado, já que na tentativa ocorre menor ofensa ao bem jurídico tutelado. Pela teoria **subjetiva**, que foi adotada apenas excepcionalmente (na hipótese mencionada no parágrafo anterior), a pena do crime tentado e do consumado deve ser a mesma, porque em ambos a intenção do agente também é a mesma.

4. Classificação

1) Quanto ao percurso do *iter criminis*:

a) **Tentativa imperfeita** (ou **inacabada**). Quando o agente não pratica todos os atos executórios. Há interrupção do próprio processo de execução. Ex.: uma pessoa, querendo matar a vítima, atira contra esta, mas é impedido, por terceiros, de efetuar novos disparos.

b) **Tentativa perfeita** (ou **acabada** ou **crime falho**). Quando o agente pratica todos os atos executórios e, mesmo assim, não consegue consumar o crime. Ex.: o sujeito descarrega sua arma contra a vítima, mas esta não é atingida de forma fatal.

2) Quanto ao resultado produzido na vítima:

a) **Tentativa branca**. Quando o golpe desferido não atinge o corpo da vítima, que, portanto, não sofre qualquer dano em sua integridade corporal. Ex.: o disparo de arma de fogo não atinge a vítima.

b) **Tentativa cruenta**. Quando a vítima é atingida e sofre lesões.

3) Quanto à possibilidade de alcançar a consumação:

a) **Tentativa idônea**. É aquela em que o sujeito pode alcançar a consumação, mas não consegue fazê-lo por circunstâncias alheias à sua vontade. É a tentativa propriamente dita (o *conatus*) definida no art. 14, II, do Código Penal.

b) **Tentativa inidônea**. Sinônimo de crime impossível (art. 17), ocorre quando o agente inicia a execução, mas a consumação do delito era impossível por absoluta ineficácia do meio empregado ou por absoluta impropriedade do objeto material. Nesse caso, não se pune a tentativa, pois a lei considera o fato atípico.

5. Tentativa abandonada ou qualificada.
Essas expressões são utilizadas para a desistência voluntária e o arrependimento eficaz (art. 15), casos esses nos quais, em verdade, afasta-se a aplicação da tentativa, respondendo o agente apenas pelos atos anteriores, uma vez que, por ato voluntário, desistiu ele de prosseguir na execução do crime ou impediu a produção do resultado. Nesses casos, não se pode cogitar de tentativa, porque a consumação foi evitada pelo próprio agente e não por circunstâncias alheias à sua vontade.

6. Infrações penais que não admitem a tentativa

a) **Crimes culposos**. No crime tentado, o agente **quer** o resultado, mas não consegue atingi-lo. Nos crimes culposos, o agente não quer o resultado. Por esse motivo os institutos são incompatíveis.

Parte considerável da doutrina concorda com a possibilidade de reconhecimento da tentativa na chamada culpa imprópria. Esta ocorre quando o agente, de forma culposa, equi-

Direito Penal – Parte Geral

vocadamente supõe estar agindo acobertado por uma excludente de ilicitude e, por esse motivo, ataca alguém. O art. 20, § 1º, estabelece que, nesse caso, apesar de o agente ter praticado a conduta de forma intencional, responderá por crime culposo e, assim, a tentativa é possível. Ex.: uma pessoa imagina que assaltantes estão entrando em sua casa e efetua disparos contra eles, que, entretanto, não morrem. Em seguida, descobre-se que as pessoas que estavam entrando na casa eram seus filhos. O agente responde por tentativa de homicídio culposo, apesar de ter agido com a intenção de matar os pretensos assaltantes. Há, entretanto, quem entenda que, sendo a vítima atingida, o agente responderá por lesões corporais culposas, não se podendo falar em tentativa.

b) Crimes preterdolosos. Porque o agente também não quer dar causa ao resultado agravador, que é imputado a ele a título de culpa.

c) Crimes omissivos próprios. Se o sujeito se omite, o crime está consumado; se age, o fato é atípico.

d) Contravenções penais. O art. 4º da Lei das Contravenções Penais estabelece que não se pune a tentativa de contravenção.

e) Crimes de atentado. Nestes, por opção do legislador, o tipo penal pune igualmente a forma consumada e a tentada, não se podendo, portanto, cogitar de tentativa da tentativa. São também chamados de crimes de empreendimento.

f) Crimes habituais. Porque, se houver a reiteração de condutas, o crime estará consumado, e, se não houver, o fato será atípico. Para a configuração do crime habitual, a prática de um ato isolado é irrelevante.

g) Crimes unissubsistentes. Que se consumam com um único ato que não admite fracionamento. Ex.: injúria verbal.

h) Crimes nos quais o tipo penal só prevê aplicação de pena quando ocorre o resultado. O único exemplo remanescente no Código Penal é aquele descrito no art. 164, que pune o ato de introduzir ou deixar animais em propriedade alheia, sem consentimento de quem de direito, *desde que o fato resulte prejuízo*.

A Lei n. 13.968/2019 alterou o crime previsto no art. 122 do Código Penal, que atualmente pune a participação em suicídio ou em automutilação. Antes de tal lei, só havia previsão de pena se a vítima morresse ou sofresse lesão grave. Com a nova lei não há tal necessidade. O crime do art. 122, portanto, admite tentativa.

16 DESISTÊNCIA VOLUNTÁRIA (ART. 15, 1ª PARTE)

Nos termos do art. 15, 1ª parte, do Código Penal, aquele que voluntariamente desiste de prosseguir na execução só responde pelos atos já praticados.

Na desistência voluntária, o agente inicia a execução do crime e, podendo prosseguir até a consumação, resolve, por ato voluntário, interromper o *iter criminis*. Em suma, ela só é possível quando o agente realizou apenas parcialmente os atos de execução e, na sequência, podendo praticar novos atos para buscar a consumação, se omite. Ex.: visando furtar o toca-CDs de um automóvel, o agente quebra o vidro deste, mas, antes de se apossar do bem, desiste de cometer o crime e vai embora sem nada levar. Nesse caso, não se pode falar em tentativa de furto, porque, para que haja tentativa, é necessário que o agente não tenha conseguido a consumação por circunstâncias alheias à sua vontade, e, na hipótese, o agente não consumou o furto por vontade própria. Em razão disso é que a lei determina que a punição deve ser apenas em relação aos atos já praticados, não havendo punição pela tentativa. Nesse exemplo, o agente responde apenas pelo crime de dano (no vidro do veículo).

Há também desistência voluntária quando o agente resolve não repetir o ato de execução já cometido (mas que não havia levado o crime à consumação). Ex.: A quer matar B e efetua um disparo de arma de fogo contra este, que, entretanto, não o atinge mortalmente. A percebe que B não irá morrer e, podendo efetuar novos disparos, deixa de fazê-lo de forma voluntária. A responderá apenas pelas lesões já provocadas em B, tendo havido desistência voluntária quanto ao homicídio.

A desistência deve ter sido voluntária, ainda que não espontânea, ou seja, o não prosseguimento nos atos executórios há de ser consequência da própria vontade do agente, mesmo que a ideia de desistir tenha partido de terceiro. Assim, para o reconhecimento da desistência voluntária pouco importa que tenha havido mera decepção com a vantagem que seria auferida, simples receio de ser preso etc. É evidente, entretanto, que não se aplica a desistência voluntária quando o agente, por exemplo, foge em razão da chegada da polícia ou da vítima no local onde ele pretendia cometer o furto.

17 ARREPENDIMENTO EFICAZ (ART. 15, 2ª PARTE)

Conforme dispõe o art. 15, 2ª parte, do Código Penal, aquele que, tendo encerrado os atos de execução, impede a produção do resultado só responde pelos atos já praticados. Este é o arrependimento eficaz, no qual o agente, já tendo realizado todos os atos de execução, mas antes da consumação, pratica uma nova ação, que evita a produção do resultado. Assim, enquanto na desistência voluntária o agente se omite e não prossegue no *iter criminis*, no arrependimento eficaz o agente, após ter encerrado o *iter*, resolve realizar uma nova ação para evitar a consumação do delito. Nesse caso, em razão do texto legal, o sujeito não responde pela tentativa, mas apenas pelos atos já realizados. Ex.: o agente quebra o vidro de um carro para furtar o toca-CDs. Após retirá-lo do painel, ele imediatamente resolve colocá-lo de volta no local. Responde apenas pelo crime de dano (do vidro). Se o crime, entretanto, já se tinha consumado e, algum tempo depois, o sujeito resolve devolver o bem à vítima, poderá haver, dependendo das circunstâncias, o arrependimento posterior (art. 16), cuja consequência é a simples redução da pena.

A desistência voluntária e o arrependimento eficaz têm natureza jurídica de excludentes de tipicidade em relação ao crime que o agente inicialmente pretendia cometer, já que, não havendo consumação, não há a concretização do tipo penal originário, sendo também vedada a aplicação da norma de extensão referente à tentativa desse crime. O reconhecimento da desistência voluntária e do arrependimento eficaz, em relação ao executor, estende-se aos partícipes no caso de concurso de agentes. Ex.: João instiga Pedro a cometer um homicídio. Pedro inicia a execução, mas desiste de nela prosseguir. Assim, não havendo tentativa de homicídio em relação ao autor principal, tampouco haverá em relação ao partícipe.

No arrependimento eficaz, também é necessária a voluntariedade, ainda que não haja espontaneidade.

Os crimes formais e os de mera conduta consumam-se no momento da ação (independentemente do resultado) e, por esse motivo, são incompatíveis com o arrependimento eficaz.

18 ARREPENDIMENTO POSTERIOR (ART. 16)

1. Conceito. É uma causa obrigatória de redução da pena, aplicável (nos termos do art. 16 do CP) aos crimes cometidos sem violência ou grave ameaça à pessoa, em que o agente, por ato voluntário, repara o dano ou restitui a coisa antes do recebimento da denúncia ou queixa.

Direito Penal – Parte Geral

2. Requisitos

a) O instituto só cabe nos crimes cometidos sem violência ou grave ameaça à pessoa. A sua criação pela reforma penal de 1984 teve como principal finalidade reduzir a pena dos autores de crimes contra o patrimônio como furto, apropriação indébita e estelionato, estimulando o ressarcimento à vítima. O benefício, contudo, pode também ser aplicado em crimes como peculato doloso, incêndio etc.

A doutrina vem entendendo que o arrependimento posterior é cabível no crime de homicídio culposo, uma vez que a proibição da sua aplicação aos crimes cometidos com violência refere-se apenas aos crimes dolosos, pois apenas nestes o agente quer empregá-la. Assim, apesar de existir violência no crime de homicídio culposo, o fato de não ter sido ela intencional permite a aplicação do instituto. Em suma, o arrependimento posterior é cabível nos crimes dolosos cometidos sem violência ou grave ameaça à pessoa e nos crimes culposos ainda que praticados com violência.

b) A reparação do dano (ressarcimento) ou a restituição do objeto material do crime devem ser integrais, de forma a excluir todo o prejuízo da vítima. Por isso, a reparação parcial não dá direito ao benefício.

c) É necessário que o ato seja voluntário, ainda que não tenha sido espontâneo. Assim, a pena será reduzida mesmo que o agente tenha reparado o dano com receio de condenação, em virtude de conselho de amigos etc. Será, entretanto, incabível quando decorrer de apreensão policial. Também não se aplica o instituto quando o ressarcimento for feito por terceiro (salvo se o terceiro age em nome do autor do crime, na qualidade de procurador, advogado etc.).

A reparação integral do dano feita por um dos acusados a todos aproveita por se tratar de circunstância de caráter objetivo (art. 30 do CP).

d) O ressarcimento deve ser feito até o recebimento da denúncia ou queixa. Assim, ainda que ocorra após o oferecimento da peça inicial, mas antes do seu respectivo recebimento, a pena será diminuída. Se a reparação, todavia, ocorre após o recebimento da denúncia e antes da sentença, será aplicada apenas a atenuante genérica descrita no art. 65, III, *b*, do Código Penal.

3. Consequência. Por se tratar de causa de diminuição de pena cuja redução varia de 1/3 a 2/3, perquirir-se-á qual critério deve o juiz utilizar para decidir o *quantum* da redução. O critério a ser utilizado é o da celeridade da reparação. Quanto mais célere a reparação do dano, maior será a diminuição da pena.

4. Confronto

a) Para o crime de emissão de cheque sem fundos (art. 171, § 2º, VI), existe a Súmula 554 do Supremo Tribunal Federal consagrando que o pagamento do valor do cheque, antes do recebimento da denúncia, retira a justa causa para o início da ação. Haveria, portanto, extinção da punibilidade do agente. Essa súmula foi editada antes da reforma penal de 1984, sendo certo que, com a criação do instituto do arrependimento posterior por tal reforma, não mais poderia ela ser aplicada. Na prática, entretanto, por razões de política criminal, continua a sua aplicação pacificamente.

b) No crime de peculato culposo, a reparação do dano antes do trânsito em julgado da sentença condenatória extingue a punibilidade do agente (art. 312, § 3º).

19 CRIME IMPOSSÍVEL (ART. 17)

1. Conceito. Ocorre crime impossível quando a conduta do agente jamais poderia levar o delito à consumação, quer pela ineficácia absoluta do meio, quer pela impropriedade absoluta do objeto. Nesses casos, o art. 17 do Código Penal estabelece que o fato é atípico, ou seja, o agente não pode ser responsabilizado nem mesmo por tentativa. Em relação à periculosidade do agente essa solução é injusta. Com efeito, suponha-se que A venha a desferir vários golpes de faca em B (que parece estar dormindo) com a intenção de matá-lo. A perícia, entretanto, verifica que B já estava morto anteriormente por ter cometido suicídio com veneno. Nesse caso, há crime impossível, e o agente não responde nem pela tentativa, mesmo tendo ele imaginado que a vítima estava viva por ocasião da conduta.

O crime impossível é também denominado quase crime, tentativa inidônea ou tentativa inadequada.

2. Ineficácia absoluta do meio. É a escolha de um meio de execução que jamais levará o crime à consumação. Exs.: falsificação grosseira de documento (que nunca enganará o destinatário); uso de arma de brinquedo para matar alguém etc.

3. Impropriedade absoluta do objeto. A palavra objeto está empregada no sentido de objeto material do crime. Assim, haverá crime impossível quando o objeto sobre o qual o agente faz recair sua conduta não é protegido pela norma penal incriminadora ou quando ele (objeto) sequer existe. Por isso, há crime impossível quando o agente desfere golpes para matar pessoa já morta, ou quando uma mulher ingere medicamento abortivo não estando grávida etc. Nesses casos, há delito putativo (imaginário) por erro de tipo, ou seja, o agente, por equívoco, supõe estar cometendo um crime, quando, em verdade, não está.

4. Súmula 145 do Supremo Tribunal Federal. O Supremo Tribunal Federal, por meio dessa súmula, reconheceu outra modalidade de crime impossível, para os casos de flagrante provocado ou preparado. Isso ocorre quando alguém é induzido por outrem a cometer um crime e este, concomitantemente, toma providências para que aquele seja preso em flagrante, inviabilizando-se com isso a consumação do delito. De acordo com tal súmula, "não há crime quando a preparação do flagrante pela polícia torna impossível a sua consumação". Só há crime impossível se o sujeito tiver sido convencido por outrem a realizar a conduta. Quando policiais simplesmente ficam sabendo que em certo local ocorrerá um crime e ficam escondidos esperando sua realização para prender os bandidos em flagrante, não há crime impossível e, neste caso, temos o chamado flagrante esperado.

5. Teoria objetiva temperada. O Código Penal brasileiro adotou a teoria objetiva temperada pela qual só há crime impossível se a ineficácia do meio e a impropriedade do objeto forem absolutas. Por isso, se forem relativas, haverá crime tentado. Ex.: tentar matar alguém com revólver e projéteis verdadeiros que, entretanto, não detonam por estarem velhos. Aqui a ineficácia do meio é acidental e existe tentativa de homicídio.

Na teoria do Direito Penal, existem outras teses em relação ao crime impossível que, apesar de parecerem mais justas, não foram adotadas por nossa lei. São as teorias sintomática, pela qual o agente deve ser responsabilizado por ter demonstrado periculosidade e receber medida de segurança, e subjetiva, na qual o agente deve ser punido normalmente por ter demonstrado vontade de cometer o crime.

Quadro sinótico – *Iter criminis*

Fase	cogitação; preparação; execução; consumação. Só existe ilícito penal após o início da execução.

Direito Penal – Parte Geral

Consumação

Conceito	Ocorre quando o agente realiza todos os elementos do tipo penal.	
Classificação	Quanto ao momento da consumação	materiais, em que a lei descreve uma ação e um resultado e exige este último para o crime se consumar. Ex.: estelionato. formais, em que o tipo penal descreve uma ação e um resultado, mas a redação do dispositivo evidencia que o delito se consuma com a ação, sendo o resultado mero exaurimento. Ex.: extorsão mediante sequestro. de mera conduta, nos quais a lei descreve apenas uma ação, e o crime se consuma no instante em que esta se realiza. Ex.: violação de domicílio.
	Quanto à duração do momento consumativo	permanentes, em que a consumação se prolonga no tempo por vontade do agente. Ex.: sequestro. instantâneos, a consumação ocorre em um momento único, sem continuidade temporal. Ex.: lesão corporal, que se consuma no momento da agressão. instantâneos de efeitos permanentes, aqueles em que a consumação se dá em momento determinado, mas seus efeitos são irreversíveis. Ex.: homicídio.

Tentativa

Requisitos	início de execução; circunstância alheia à vontade do agente que impeça a consumação.
Consequência	Redução da pena de 1/3 a 2/3, de acordo com a maior ou menor proximidade da consumação.
Denominações	tentativa perfeita ou acabada ou crime falho; tentativa imperfeita ou inacabada; tentativa branca; tentativa cruenta; tentativa idônea; tentativa inidônea ou crime impossível.
Infrações que não admitem tentativa	crimes culposos; crimes preterdolosos; crimes omissivos próprios; crimes de atentado; crimes habituais; crimes unissubsistentes; crimes que exigem o resultado como premissa para a aplicação da pena; contravenções penais.

Desistência voluntária

Conceito	Ocorre quando o agente inicia a execução do crime e, podendo prosseguir até a consumação, resolve, por ato voluntário (não necessariamente espontâneo), interromper o *iter criminis*.
Consequência	O agente só responde pelos atos já praticados e não por tentativa do crime mais grave inicialmente pretendido.

Arrependimento eficaz

Conceito	Ocorre quando o agente já realizou todos os atos de execução do crime pretendido, porém, antes de sua consumação, arrepende-se e realiza nova ação que evita a produção do resultado.
Consequência	A mesma da desistência voluntária.
Distinção	Na desistência voluntária, o agente se omite em prosseguir na execução, enquanto no arrependimento eficaz ele realiza uma nova ação que impede a consumação do crime.

Arrependimento posterior

Natureza jurídica	Causa de diminuição de pena.
Montante da redução	De 1/3 a 2/3.
Requisitos	a) reparação do prejuízo ou restituição do bem antes do recebimento da denúncia ou queixa; b) voluntariedade da conduta; c) que o crime não tenha sido cometido com emprego de violência ou grave ameaça.

Crime impossível

Hipóteses legais	O agente inicia a execução do crime, mas sua consumação se mostra impossível por: a) absoluta impropriedade do objeto; b) absoluta ineficácia do meio; c) obra de agente provocador que concomitantemente toma providências para tornar inviável a consumação (Súmula 145 do STF).
Consequência	O agente não responde pelo crime nem mesmo em sua forma tentada. Teoria adotada – objetiva temperada.

20 ILICITUDE

Ilicitude é a relação de antagonismo, contrariedade que se estabelece entre o fato típico e o ordenamento legal. Quando ocorre um fato humano que se enquadra em um tipo incriminador, tem-se presente a tipicidade.

Todo fato típico, em princípio, contraria o ordenamento jurídico sendo, portanto, também um fato ilícito. Todo fato típico indiciariamente é ilícito. A isso dá-se o nome de caráter indiciário da ilicitude. Assim, cometido um fato típico, presume-se que ele é ilícito, a menos que presente no caso concreto uma das causas excludentes de antijuridicidade expressamente previstas em lei.

Há quatro causas de exclusão da ilicitude previstas na Parte Geral do Código Penal (art. 23):

a) legítima defesa;
b) estado de necessidade;
c) estrito cumprimento do dever legal;
d) exercício regular de direito.

Direito Penal – Parte Geral

Existem também excludentes de ilicitude específicas, previstas na Parte Especial do Código Penal, e que somente são aplicáveis a determinados delitos:

a) no aborto para salvar a vida da gestante ou quando a gravidez resulta de estupro (art. 128, I e II);

b) nos crimes de injúria e difamação, quando a ofensa é irrogada em juízo na discussão da causa, na opinião desfavorável da crítica artística, literária ou científica e no conceito emitido por funcionário público em informação prestada no desempenho de suas funções;

c) na violação do domicílio, quando um crime está ali sendo cometido (art. 150, § 3º, II).

Os tipos que descrevem as causas excludentes da ilicitude são denominados **tipos permissivos**.

1. Diferença entre ilícito e injusto. Fato meramente ilícito é aquele contrário à lei. É ilícito o fato típico não acobertado por exclusão da ilicitude. Injusto é o fato típico que colide com o sentimento social de justiça. Aqui não é a lei quem diz o que é ou não injusto, mas considera-se como tal aquilo que é socialmente inadequado. Ex.: jogo do bicho é ilícito, mas muitas pessoas não o consideram injusto.

Parte da doutrina entende que o fato, para ser típico, deve ser injusto (teoria social da ação). Esse entendimento, entretanto, não é adotado por nossa legislação penal.

21 CAUSAS EXCLUDENTES DA ILICITUDE (ART. 23)

21.1. ESTADO DE NECESSIDADE (ART. 24)

1. Conceito. O art. 24 do Código Penal considera em estado de necessidade quem pratica o fato criminoso para salvar de perigo atual (que não provocou por sua vontade, nem podia de outro modo evitar) direito próprio ou alheio, cujo sacrifício, nas circunstâncias, não era razoável exigir-se. Existe estado de necessidade, portanto, quando alguém, para salvar um bem jurídico próprio ou de terceiro (exposto a uma situação de perigo), atinge outro bem jurídico.

2. Requisitos para que a situação de risco configure a excludente

a) **O perigo deve ser atual**. É o perigo presente, a ameaça concreta ao bem jurídico.

Existe estado de necessidade quando o perigo apenas for iminente?

Há duas posições:

1ª) Não, pois o art. 24 só menciona a situação de perigo atual. Não se fala em perigo iminente. Na legítima defesa, ao contrário, a lei é expressa ao permiti-la contra agressão atual ou iminente. Assim, se a lei nada mencionou a respeito da iminência de perigo, significa que o legislador não a quis abranger no estado de necessidade.

2ª) A lei deve ser interpretada com bom senso. Não é aceitável que o agente fique de braços cruzados esperando o perigo iminente transformar-se em atual para, então, agir. Assim, estaria abrangida também a situação de risco iminente. Este é o entendimento prevalente.

b) **O perigo deve ameaçar direito próprio ou alheio**. A palavra "direito" está empregada em sentido amplo, de forma a abranger qualquer bem protegido pelo ordenamento jurídico. É imprescindível, portanto, que o bem esteja tutelado pelo ordenamento. Se não estiver, não se admite o estado de necessidade.

Quando a ameaça for a direito próprio, haverá o **estado de necessidade próprio**. Ex.: subtrair pequena quantia de alimento para não morrer de fome (furto famélico). Quando a ameaça for a direito de terceiro, haverá **estado de necessidade de terceiro**. Ex.: para evitar o atropelamento de uma criança que se desgarrou de seus pais, o motorista atira o veículo sobre o muro de uma casa. Ele não responde pelo crime de dano por ter agido em estado de necessidade de terceiro.

No caso de defesa do direito de terceiro, é necessária a prévia autorização deste?

Não. A pessoa pode defender o terceiro independentemente de sua prévia autorização, pois a lei não exige esse requisito. Não precisa também haver ratificação posterior pelo terceiro.

c) **Que a situação de perigo não tenha sido causada voluntariamente pelo agente**. Para caracterizar estado de necessidade também é necessário que a situação de perigo não tenha sido causada voluntariamente (entenda-se dolosamente) pela própria pessoa. Seguindo essa orientação, Damásio de Jesus sustenta que, se o agente deu causa culposamente ao perigo, pode invocar o estado de necessidade em seu favor, pois a lei só proíbe tal invocação quando a situação de perigo tiver sido causada intencionalmente por ele.

Há, entretanto, entendimento em sentido contrário, excluindo o estado de necessidade em relação àquele que, culposamente, produziu a situação de risco.

d) **Inexistência do dever legal de enfrentar o perigo**. Aquele que tem por lei a obrigação de enfrentar o perigo não pode optar pela saída mais cômoda, deixando de enfrentar o risco, a pretexto de proteger bem jurídico próprio (art. 24, § 1º). Ex.: um bombeiro não pode alegar estado de necessidade (risco à sua vida) e deixar de tentar salvar a vida de pessoas que estão em um prédio em chamas. É evidente, entretanto, que essa regra deve ser interpretada com bom senso, ou seja, quando o socorro às pessoas é impossível, não se pode exigir que o bombeiro se sacrifique desnecessariamente.

3. Requisitos para o reconhecimento do estado de necessidade no caso concreto

a) **Inevitabilidade da conduta**. O comportamento (lesão ao bem jurídico alheio) deve ser absolutamente inevitável para salvar o direito próprio ou de terceiro que está sofrendo a situação de risco, pois, caso contrário, não se admite o estado de necessidade.

A inevitabilidade deve ser considerada em dois enfoques:

a1) em face do homem comum;

a2) em relação àquele que tem o dever legal de enfrentar o perigo.

Para aqueles que têm o dever legal de enfrentar o perigo, a conduta lesiva só é inevitável quando ficar comprovado que nem mesmo enfrentando o perigo o bem poderia ser salvo. Para o homem comum, a conduta é inevitável quando fica comprovado que o bem só poderia ser salvo mediante riscos pessoais ao agente.

b) **Razoabilidade do sacrifício**. É preciso que a ofensa ao bem jurídico alheio seja razoável, de acordo com o senso comum. É o requisito da proporcionalidade entre a gravidade do perigo que ameaça o bem jurídico do agente ou alheio e o dano que será causado em outro bem para afastá-lo. Ex.: não se admite que uma pessoa mate outra para proteger bem material de ínfimo valor.

Dessa forma, se, no caso concreto, o sacrifício do bem jurídico era exigível, haverá crime na conduta daquele que não suporta tal sacrifício (do bem próprio ou de terceiro) e atinge direito alheio. Nesse caso, entretanto, diante das circunstâncias, o juiz poderá reduzir a pena de 1/3 a 2/3, nos termos do art. 24, § 2º, do Código Penal.

c) **Conhecimento da situação justificante**. Não se aplica a excludente quando o sujeito não tem conhecimento de que age para salvar um bem jurídico próprio ou alheio. O conhecimento acerca da situação de risco é o chamado elemento subjetivo da excludente de ilicitude.

Direito Penal – Parte Geral

4. Espécies de estado de necessidade

a) Quanto à titularidade:

a1) estado de necessidade próprio: quando o agente protege bem próprio;

a2) estado de necessidade de terceiro: quando o agente protege bem de terceiro.

b) Quanto ao elemento subjetivo do agente:

b1) estado de necessidade real: quando existe efetivamente a situação de perigo;

b2) estado de necessidade putativo: quando a situação de risco é imaginada por erro do agente (*v.* descriminantes putativas).

c) Quanto ao terceiro que sofre a ofensa:

c1) estado de necessidade defensivo: quando se sacrifica bem jurídico pertencente à própria pessoa que criou a situação de perigo;

c2) estado de necessidade agressivo: sacrifica-se bem de terceiro inocente, de pessoa que não criou a situação de perigo.

21.2. LEGÍTIMA DEFESA (ART. 25)

1. Conceito. Nos termos do art. 25, *caput*, do Código Penal, age em legítima defesa quem, usando moderadamente dos meios necessários, repele injusta agressão, atual ou iminente, a direito seu ou de outrem. Assim, diante de uma injusta agressão, não se exige o *commodus discessus*, ou seja, a simples e cômoda fuga do local. Por isso, se uma pessoa empunha uma faca e vai em direção à outra, e esta, para repelir a agressão, saca um revólver e mata o agressor, não comete crime, por estar acobertada pela legítima defesa.

2. Requisitos da legítima defesa

a) Existência de uma agressão. A agressão não pode ser confundida com uma simples provocação. Enquanto a provocação é mera turbação, de efeitos apenas psicológicos e emocionais, a agressão é o efetivo ataque contra os bens jurídicos de alguém.

A legítima defesa pressupõe a agressão consistente em um ataque provocado e praticado por pessoa humana. Ataques de animais não autorizam legítima defesa. Quem mata animal alheio que contra ele investe age em estado de necessidade. Observe-se, contudo, que, se o animal irracional é instigado por uma pessoa, pode-se falar em legítima defesa, visto que o animal aí serviu de instrumento para a ação humana.

b) A agressão deve ser injusta. A injustiça da agressão exigida pelo texto legal está empregada no sentido de agressão ilícita, pois, caso contrário, não haveria justificativa para a legítima defesa. A ilicitude da agressão deve ser auferida de forma objetiva, independentemente de se questionar se o agressor tinha ciência de seu caráter ilícito. Desse modo, cabe, por exemplo, legítima defesa contra agressão de inimputável, seja ele deficiente mental, menor de idade etc.

Nessa mesma linha de raciocínio, admite-se também:

a) Legítima defesa putativa contra legítima defesa putativa. Legítima defesa putativa é aquela imaginada por erro. Os agentes imaginam haver agressão injusta quando na realidade esta inexiste. É o que ocorre, por exemplo, quando dois desafetos se encontram e, equivocadamente, acham que serão agredidos um pelo outro.

b) Legítima defesa real de legítima defesa putativa. Ex.: uma pessoa atira em um parente que está entrando em sua casa, supondo tratar-se de um assalto. O parente, que também está armado, reage e mata o primeiro agressor.

c) Legítima defesa putativa de legítima defesa real. Ex.: A vai agredir B. A joga B no chão. B, em legítima defesa real, imobiliza A. Nesse instante, chega C e, desconhecendo que B está em legítima defesa real, o ataca agindo em legítima defesa putativa de A (legítima defesa de terceiro).

d) Legítima defesa contra agressão culposa. Isso porque ainda que a agressão seja culposa, sendo ela também ilícita, contra ela cabe a excludente.

Por outro lado, não se admite:

a) legítima defesa real de legítima defesa real;

b) legítima defesa real de estado de necessidade real;

c) legítima defesa real de exercício regular de direito real;

d) legítima defesa real de estrito cumprimento do dever legal real.

Isso porque em nenhum desses casos tem-se agressão injusta, ilícita.

c) A agressão deve ser **atual** ou **iminente**. Agressão atual é a que está ocorrendo. Agressão iminente é a que está prestes a ocorrer. A lei não admite legítima defesa contra agressão futura (suposta) ou passada.

d) Que a agressão seja dirigida à proteção de **direito próprio ou de terceiro**. Admite-se a legítima defesa no resguardo de qualquer bem jurídico: vida, integridade corporal, patrimônio etc.

Deve, entretanto, haver proporcionalidade entre os bens jurídicos em conflito. Assim, não há como aceitar-se legítima defesa na prática de um homicídio apenas porque alguém ofendeu o agente com palavras de baixo calão.

Em 12 de março de 2021, o Plenário da Corte Suprema, no julgamento da Arguição de Descumprimento de Preceito Fundamental (ADPF) 779, por votação unânime, reconheceu a inconstitucionalidade da tese da legítima defesa da honra e proibiu sua utilização em processos que versem sobre a agressão ou morte de mulheres por seus atuais ou ex-companheiros, por contrariar o preceito constitucional da dignidade da pessoa humana. Por essa razão, os defensores estão proibidos de sustentar mencionada tese em plenário, sob pena de nulidade.

A legítima defesa de terceiro pode voltar-se inclusive contra o próprio terceiro, como no caso em que se agride um suicida para evitar que ele se mate.

De acordo com o parágrafo único do art. 25, acrescentado no Código Penal pela Lei n. 13.964/2019, observados os requisitos previstos no *caput*, considera-se também em legítima defesa o agente de segurança pública que repele agressão ou risco de agressão à vítima mantida refém durante a prática de crime. A inclusão desse parágrafo tem por finalidade deixar claro que não comete crime de homicídio, por estar agindo em legítima defesa de terceiro, o agente de segurança pública que efetua disparo de arma de fogo contra o criminoso que mantém a vítima como refém.

e) Utilização dos **meios necessários**. Meios necessários são os meios menos lesivos, ou seja, menos vulneráveis à disposição do agente no momento da agressão. Ex.: uma pessoa tem um porrete e uma arma de fogo quando começa a ser agredida. Ora, se ela pode conter o agressor com o porrete, não deve utilizar a arma de fogo para tanto.

Se o meio é desnecessário, não há que se cogitar em excesso, pois descaracteriza-se a legítima defesa.

f) **Moderação**. Encontrado o meio necessário para repelir a injusta agressão, o sujeito deve agir com moderação, ou seja, não ir além do necessário para proteger o bem jurídico agredido.

g) **Elemento subjetivo**. Tal como ocorre no estado de necessidade (e nas demais excludentes), só poderá ser reconhecida a legítima defesa se ficar demonstrado que o agente tinha ciência de que estava agindo acobertado por ela, ou seja, que estava ciente da presença de seus requisitos.

Direito Penal – Parte Geral

3. Excesso (art. 23, parágrafo único). É a intensificação desnecessária de uma conduta inicialmente justificada. O excesso sempre pressupõe um início de situação justificante. A princípio, o agente estava agindo coberto por uma excludente, mas, em seguida, a extrapola.

O excesso pode ser:

a) Doloso. Descaracteriza a legítima defesa a partir do momento em que é empregado o excesso, e o agente responde dolosamente pelo resultado que produzir. Ex.: uma pessoa que inicialmente estava em legítima defesa consegue desarmar o agressor e, na sequência, o mata. Responde por crime de homicídio doloso.

b) Culposo (ou excesso inconsciente, ou não intencional). É o excesso que deriva de culpa em relação à moderação, e, para alguns doutrinadores, também quanto à escolha dos meios necessários. Nesse caso, o agente responde por crime culposo. Trata-se também de hipótese de culpa **imprópria**.

O excesso, doloso ou culposo, é também aplicável nas demais excludentes de ilicitude (estado de necessidade, estrito cumprimento do dever legal, exercício regular de direito etc.).

4. Outras nomenclaturas quanto ao excesso

a) Legítima defesa sucessiva. É a repulsa do agressor inicial contra o excesso. Assim, a pessoa que estava inicialmente se defendendo, no momento do excesso, passa a ser considerada agressora, de forma a permitir legítima defesa por parte do primeiro agressor.

b) Legítima defesa subjetiva. É o excesso por erro de tipo escusável, ou seja, quando o agente, por erro, supõe ainda existir a agressão e, por isso, excede-se. Nesse caso, excluem-se o dolo e a culpa (art. 20, § 1º, 1ª parte).

5. Diferenças entre o estado de necessidade e a legítima defesa. São inúmeras as diferenças. As principais são as seguintes:

a) no estado de necessidade, há um conflito entre bens jurídicos; na legítima defesa, ocorre uma repulsa contra um ataque;

b) no estado de necessidade, o bem é exposto a risco; na legítima defesa, o bem sofre uma agressão atual ou iminente;

c) no estado de necessidade, o perigo pode ser proveniente de conduta humana ou animal; na legítima defesa, a agressão deve ser humana;

d) no estado de necessidade, a conduta pode atingir bem jurídico de terceiro inocente; na legítima defesa, a conduta pode ser dirigida apenas contra o agressor.

21.3. EXERCÍCIO REGULAR DE DIREITO (ART. 23, III)

Consiste na atuação do agente dentro dos limites conferidos pelo ordenamento legal. O sujeito não comete crime por estar exercitando uma prerrogativa a ele conferida pela lei. Exs.: na recusa em depor em juízo por parte de quem tem o dever legal de guardar sigilo; na intervenção cirúrgica (desde que haja consentimento do paciente ou de seu representante legal); nas lesões esportivas, desde que respeitadas as regras do esporte etc.

A palavra "direito" foi empregada em sentido amplo, de forma a abranger todas as espécies de direito subjetivo, penal ou extrapenal.

O exercício **abusivo** do direito faz desaparecer a excludente.

1. Ofendículos. São aparatos **visíveis** destinados à defesa da propriedade ou de qualquer outro bem jurídico. Exs.: pontas de lança em portão; cacos de vidro em cima de um muro; tela elétrica com aviso. O uso de ofendículos é lícito, desde que não coloquem em risco pessoas não agressoras.

Quanto à natureza destes, há duas opiniões:

1ª) Há **legítima defesa** preordenada. Existe a legítima defesa porque o aparato só funcionará quando houver agressão, e é preordenada porque foi posta anteriormente a esta.

2ª) Não há crime, pois há **exercício regular do direito** de defesa de bens jurídicos. Não se poderia cogitar de legítima defesa por não haver agressão atual ou iminente.

2. Defesa mecânica predisposta. São aparatos ocultos que têm a mesma finalidade dos ofendículos. Podem, dependendo das circunstâncias, caracterizar algum crime culposo. Ex.: colocar uma tela elétrica sem aviso. Se alguém encosta e sofre lesão, o responsável pela colocação da tela responde por lesão culposa.

21.4. ESTRITO CUMPRIMENTO DO DEVER LEGAL (ART. 23, III)

Não há crime quando o agente atua no estrito cumprimento de um dever legal. Esse dever deve constar de lei, decretos, regulamentos ou atos administrativos fundados em lei e que sejam de caráter geral. Exs.: oficial de justiça que apreende bens para penhora; policial que lesiona assaltante em fuga etc.

Como a excludente exige o **estrito** cumprimento do dever, deve-se ressaltar que haverá crime quando o agente extrapolar os limites deste.

22 CONSENTIMENTO DO OFENDIDO

Alguns crimes pressupõem o dissenso, explícito ou implícito, como requisito do tipo penal e, assim, só se tipificam quando, no caso concreto, não existe o consentimento. Exs.: crime de violação de domicílio (art. 150): entrar ou permanecer contra a vontade de quem de direito em casa alheia; crime de estupro (art. 213): constranger alguém à conjunção carnal ou a outro ato libidinoso, mediante violência ou grave ameaça. A palavra "constranger" é sinônima de obrigar, de fazer contra a vontade. Em tais crimes, portanto, o consentimento da vítima exclui a própria tipicidade. Em outros delitos, entretanto, o dissenso não é elementar.

Qual seria então a relevância do consentimento nesses crimes?

Se o bem for disponível (patrimônio, p. ex.) e a vítima capaz (maior de idade e sã), o consentimento atuará como causa supralegal de exclusão da ilicitude. Ex.: uma pessoa, maior de idade, permite que outra destrua objetos seus. O fato é típico, mas não é antijurídico por parte de quem destrói.

23 DESCRIMINANTES PUTATIVAS (ART. 20, § 1º)

Conforme já estudado, mesmo que um fato seja típico, não haverá crime se estiver presente alguma das excludentes de antijuridicidade previstas na lei: legítima defesa, estado de necessidade, estrito cumprimento do dever legal, exercício regular de direito ou outras previstas na Parte Especial do Código Penal. Descriminantes, portanto, são essas causas que excluem a ilicitude da conduta. Para o reconhecimento de cada uma dessas excludentes, a lei exige a coexistência de certos requisitos. Quando todos os requisitos estiverem presentes, poderá dizer-se que o agente atuou em legítima defesa real, estado de necessidade real etc. Acontece que é possível que o sujeito, em face das circunstâncias, suponha estarem presentes tais requisitos, quando, em verdade, não estão. A essa situação dá-se o nome de legítima defesa putativa, estado de necessidade putativo etc. A palavra "putativa" é sinônima de algo imaginário, suposto. Por isso descriminante putativa é a excludente de antijuridicidade imaginária.

Direito Penal – Parte Geral

Quais suas consequências?

Segundo Damásio de Jesus, devem ser seguidas algumas regras, de acordo com a espécie de equívoco do agente. Assim, o erro, que leva a situação imaginária, pode ser:

a) Referente aos **pressupostos de fato** da causa excludente de ilicitude. Nesse caso, a doutrina chama a hipótese de **descriminante putativa por erro de tipo** (permissivo). Não se deve confundir essa nomenclatura com a do próprio **erro de tipo** já estudado. Com efeito, existem normas penais incriminadoras (tipos penais) e normas penais permissivas (excludentes de ilicitude). Todas elas possuem requisitos (elementos componentes) que devem estar presentes no caso concreto para seu aperfeiçoamento. Assim, o art. 155 do Código Penal, que é uma norma penal incriminadora, descreve o delito de furto com os seguintes elementos: 1) subtração (conduta); 2) coisa alheia móvel (objeto material); 3) para si ou para outrem (ânimo de assenhoreamento definitivo – elemento subjetivo). Portanto, quando o agente se apodera de um objeto alheio, pensando que o objeto é seu, há erro de tipo (erro quanto a um dos elementos necessários para a existência do delito) e, assim, não há crime por falta de dolo. Da mesma forma, mas com um raciocínio inverso, temos que a legítima defesa (art. 25) possui os seguintes requisitos: 1) intenção de repelir injusta agressão, atual ou iminente; 2) utilização dos meios necessários; 3) utilização dos meios moderados. Ora, é possível que, no caso concreto, o agente suponha estar sendo vítima de injusta agressão (equívoco quanto a um dos elementos componentes da excludente; erro quanto a elemento do tipo permissivo) e, por isso, venha a matar alguém. Ex.: um filho que estuda e mora em outra cidade volta para a casa dos pais de madrugada sem avisar. Abre a porta com sua chave. O pai ouve o barulho e supõe ser um assaltante, vindo a desferir um disparo de arma de fogo, que provoca a morte do filho. O pai imaginou estar havendo uma injusta agressão ao seu patrimônio, mas o fez, por estar em erro (supondo algo que não ocorria).

O art. 20, § 1º, do Código Penal soluciona a questão estabelecendo que, se o erro foi plenamente justificado pelas circunstâncias, fica o agente isento de pena (excluem-se, portanto, o dolo e a culpa). Se, entretanto, o erro era evitável, o agente responderá por crime culposo. No exemplo estudado, deverá o juiz analisar se o erro do pai, ao atirar no filho, era evitável ou inevitável. Se concluir que o erro era inevitável, não será aplicada a pena. Se evitável, o pai responderá por homicídio culposo (por ser a vítima seu filho, poderá, entretanto, obter o perdão judicial – art. 121, § 5º, do CP).

b) Referente aos **limites** da excludente de ilicitude, supondo o agente, em face disso, a licitude do fato. Nesse caso, a doutrina diz haver descriminante putativa por **erro de proibição**. O agente tem perfeita noção do que está ocorrendo (não há erro quanto à situação fática, como no caso anterior), mas supõe que tal hipótese está abrangida pela excludente, quando, em verdade, não está. Aqui devem ser seguidas as regras do erro de proibição (que serão analisadas adiante) previstas no art. 21 do Código Penal, visto que o erro de proibição se refere ao erro sobre a **ilicitude** do fato, que se pode referir a erro quanto à ilicitude em relação a uma norma penal incriminadora (erro de proibição propriamente dito) ou em relação a uma norma penal permissiva (descriminante putativa por erro de proibição).

Nos termos do art. 21 do Código Penal, o desconhecimento da lei é inescusável. Excepcionalmente, entretanto, o mesmo dispositivo estabelece que, havendo erro **inevitável** quanto à ilicitude do fato (erro de proibição e descriminante putativa por erro de proibição), estará excluída a culpabilidade por ausência da potencial consciência da ilicitude (que se verá adiante ser justamente um dos elementos componentes da culpabilidade). Se o erro, contudo, era evitável, responderá o sujeito pelo crime, com a pena reduzida de 1/6 a 1/3.

Não se confunda erro sobre a ilicitude do fato com erro em relação ao próprio fato. Neste, o agente se equivoca em relação ao que está acontecendo, enquanto naquele o agente sabe perfeitamente o que está ocorrendo, mas se equivoca quanto a ser lícita ou ilícita a conduta.

Quadro sinótico – Ilicitude

Conceito	É a relação de antagonismo que se estabelece entre o fato típico e o ordenamento jurídico. Todo fato típico, em regra, é ilícito, exceto se estiver presente alguma das excludentes de ilicitude elencadas na lei penal, hipótese em que o fato não será considerado criminoso.
Excludentes de ilicitudes	Existem quatro excludentes elencadas na Parte Geral do Código Penal: a) estado de necessidade; b) legítima defesa; c) estrito cumprimento do dever legal; d) exercício regular de direito.

Quadro sinótico – Estado de necessidade

Conceito	Considera-se em estado de necessidade quem pratica o fato criminoso para salvar de perigo atual, que não provocou por sua vontade, nem podia por outro modo evitar, direito próprio ou alheio, cujo sacrifício, nas circunstâncias, não era razoável exigir-se. Em suma, existe estado de necessidade quando alguém, para salvar bem jurídico próprio ou de terceiro, sacrifica outro bem jurídico. Exige-se, ainda, para o reconhecimento da excludente o conhecimento da situação justificante pelo agente.
Espécies	a) quanto à titularidade – estado de necessidade próprio ou de terceiro; b) quanto ao elemento subjetivo do agente – estado de necessidade real ou putativo; c) quanto ao terceiro que sofre a ofensa – estado de necessidade defensivo ou agressivo.

Quadro sinótico – Legítima defesa

Conceito	Age em legítima defesa quem, usando moderadamente os meios necessários, repele injusta agressão, atual ou iminente, a direito seu ou de outrem. Só se admite a excludente se ficar demonstrado que o agente tinha ciência de que estava agindo acobertado por ela.
Admite-se	a) legítima defesa putativa contra legítima defesa putativa (aquela imaginada por erro); b) legítima defesa real de legítima defesa putativa; c) legítima defesa putativa de legítima defesa real; d) legítima defesa contra agressão culposa. Não se admite, por não ser injusta, a agressão – legítima defesa real de legítima defesa real, estado de necessidade real, estrito cumprimento do dever real ou exercício regular de direito real.
Espécies	a) quanto à titularidade – legítima defesa própria ou de terceiro; b) quanto ao elemento subjetivo do agente – legítima defesa real ou putativa.
Diferenças entre o estado de necessidade e a legítima defesa	a) no estado de necessidade, há conflito entre bens jurídicos; na legítima defesa, ocorre repulsa contra ataque; b) no estado de necessidade, o bem é exposto a risco; na legítima defesa, o bem sofre uma agressão atual ou iminente; c) no estado de necessidade, o perigo pode ser proveniente de conduta humana ou animal; na legítima defesa, a agressão deve ser humana; d) no estado de necessidade, a conduta pode atingir bem jurídico de terceiro inocente; na legítima defesa, a conduta pode ser dirigida apenas contra o agressor.

Direito Penal – Parte Geral

Quadro sinótico – Exercício regular de direito

Conceito	Consiste na atuação do agente dentro dos limites conferidos pelo ordenamento legal. O sujeito não comete crime por estar apenas exercitando uma prerrogativa a ele conferida pela lei. Ex.: médico que realiza cirurgia plástica com autorização do paciente ou de seu representante legal não pode ser processado por lesões corporais, exceto se tiver havido erro na cirurgia.

Quadro sinótico – Estrito cumprimento do dever legal

Conceito	A conduta do agente enquadra-se em um tipo penal, porém está autorizada por lei, decretos, regulamentos ou atos administrativos fundados em lei e que sejam de caráter geral.

Quadro sinótico – Excesso

Conceito e consequências	Em qualquer das excludentes de ilicitude, é possível que o agente responda pelo excesso doloso ou culposo. O excesso é a intensificação desnecessária de uma conduta inicialmente justificada, ou seja, o agente estava, inicialmente, agindo acobertado por uma das excludentes de ilicitude, mas, em seguida, extrapola seus limites, devendo responder por crime doloso ou culposo, dependendo de ter sido o excesso intencional ou não. No caso de excesso culposo, a culpa é denominada imprópria.

Quadro sinótico – Consentimento do ofendido

Consequências	Nos crimes em que o dissenso é elementar, o consentimento torna o fato atípico. Naqueles em que o dissenso não é elementar, o consentimento será causa supralegal de exclusão da ilicitude, desde que se trate de bem disponível e vítima capaz. Por isso, não há crime de dano quando pessoa maior de idade autoriza outra a destruir bem de sua propriedade.

Quadro sinótico – Discriminantes putativas

Conceito	Ocorre quando o sujeito, por erro, supõe estarem presentes os requisitos de uma excludente de ilicitude. Trata-se, portanto, de uma excludente putativa, suposta.
Consequência	Se o erro era inevitável, o agente fica isento de pena (art. 20, § 1º). Se o erro era evitável, tendo o erro derivado de culpa, o agente responde por crime culposo. Trata-se também de espécie de culpa imprópria, em que o agente é punido por crime culposo apesar de ter agido com dolo.

24 CULPABILIDADE

1. Teorias acerca da culpabilidade

a) **Teoria psicológica**. A culpabilidade é a relação psíquica do agente com o fato, na forma de dolo ou de culpa. A culpabilidade, portanto, confunde-se com o dolo e a culpa, sendo pressupostos destes a imputabilidade e a exigibilidade de conduta diversa.

b) **Teoria psicológico-normativa**. O dolo e a culpa não são espécies da culpabilidade, mas apenas elementos integrantes desta, ao lado da imputabilidade, da consciência da ilicitude e da exigibilidade de conduta diversa. Sem esses elementos a conduta não é considerada reprovável ou censurável e, assim, não há crime.

c) **Teoria normativa pura**. É a teoria defendida pela escola finalista (atualmente adotada por nossa legislação penal). Por essa teoria, já estudada anteriormente, o dolo e a culpa migram da culpabilidade para a conduta (primeiro elemento do fato típico). O conteúdo da culpabilidade fica, portanto, esvaziado com a retirada do dolo e da culpa, passando a constituir mero juízo de reprovação ao autor da infração.

Para essa teoria, a culpabilidade, que não é requisito do crime, mas simples **pressuposto da aplicação da pena**, possui os seguintes elementos:

a) imputabilidade;

b) potencial consciência da ilicitude;

c) exigibilidade de conduta diversa.

As pessoas são presumidamente culpáveis, presunção que deixa de existir se estiver presente alguma circunstância que exclua a culpabilidade (chamadas também de **dirimentes**).

Título III
DA IMPUTABILIDADE PENAL

1 IMPUTABILIDADE

1. Conceito. É a possibilidade de atribuir a alguém a responsabilidade por algum fato, ou seja, o conjunto de condições pessoais que dá ao agente a capacidade para lhe ser juridicamente imputada a prática de uma infração penal.

O Código Penal não define a imputabilidade. Ao contrário, enumera apenas as hipóteses de inimputabilidade.

2 INIMPUTABILIDADE

Em princípio, todos são imputáveis, exceto aqueles abrangidos pelas hipóteses de inimputabilidade enumeradas na lei, que são as seguintes:

a) doença mental ou desenvolvimento mental incompleto ou retardado;

b) menoridade;

c) embriaguez completa, proveniente de caso fortuito ou força maior;

d) dependência de substância entorpecente ou efeito de substância entorpecente ou que determine dependência física ou psíquica proveniente de caso fortuito ou força maior.

1. Critérios para a definição da inimputabilidade

a) **Biológico**. Leva em conta apenas o desenvolvimento mental do acusado (quer em face de problemas mentais ou da idade do agente).

b) **Psicológico**. Considera apenas se o agente, ao tempo da ação ou omissão, tinha a capacidade de entendimento e autodeterminação.

c) **Biopsicológico**. Considera inimputável aquele que, em razão de sua condição mental (causa), era, ao tempo da ação ou omissão, totalmente incapaz de entender o caráter ilícito do fato e de determinar-se de acordo com tal entendimento (consequência).

2.1. DOENÇA MENTAL OU DESENVOLVIMENTO MENTAL INCOMPLETO OU RETARDADO (ART. 26, *CAPUT*)

O art. 26, *caput*, do Código Penal, adotando o critério **biopsicológico**, estabelece que é "isento de pena (inimputável) o agente que, por doença mental ou por desenvolvimento mental incompleto ou retardado, era, ao tempo da ação ou da omissão, inteiramente incapaz de entender o caráter ilícito do fato ou de determinar-se de acordo com esse entendimento". Nesse caso, o juiz absolve o réu (art. 386, VI, do CPP) e aplica a medida de segurança – absolvição imprópria.

A lei presume a periculosidade do inimputável que comete infração penal (probabilidade de tornar a delinquir).

São, em verdade, dois os requisitos que devem coexistir:

a) **Doença mental ou desenvolvimento mental incompleto ou retardado**. A doença mental abrange a demência, psicose maníaco-depressiva, histeria, paranoia, psicose traumática por alcoolismo, esquizofrenia etc. O desenvolvimento mental incompleto ocorre em relação aos menores de idade (para os quais, entretanto, existe regra própria no art. 27) e silvícolas não adaptados à vida em sociedade. Desenvolvimento mental retardado é

característico em pessoas oligofrênicas (idiotas, imbecis, débeis mentais) e nos surdos-
-mudos (dependendo do caso).

b) **Que, ao tempo da ação ou omissão, tenham retirado do agente toda a capacidade de entendimento e de autodeterminação.**

Como já mencionado, adotou-se quanto aos doentes mentais o critério **biopsicológico**.

Semi-imputabilidade. Nos termos do art. 26, parágrafo único, do Código Penal, se, em razão da doença mental ou do desenvolvimento mental incompleto ou retardado, o agente, ao tempo da ação ou omissão, estava parcialmente privado de sua capacidade de entender o caráter ilícito do fato e de determinar-se de acordo com tal entendimento, a pena será reduzida de 1/3 a 2/3. Nesse caso, o agente é chamado de semi-imputável, pois perde apenas **parcialmente** a capacidade de entendimento e de autodeterminação. Se os peritos concluírem que o semi-imputável não necessita de tratamento, o juiz manterá a pena privativa de liberdade (com o redutor já mencionado); contudo, se declararem que o tratamento se faz necessário, visando evitar que ele torne a delinquir, o juiz converterá a pena em medida de segurança. Neste caso, a sentença que aplica a medida de segurança tem natureza condenatória.

2.2. MENORIDADE (ART. 27)

Nos termos do art. 27 do Código Penal (consagrado também no art. 228 da CF), os menores de 18 anos são inimputáveis, ficando sujeitos às normas estabelecidas na legislação especial. Adotou-se, portanto, o critério biológico, que presume, de forma absoluta, ser o menor de 18 anos inteiramente incapaz de entender o caráter ilícito do fato e de determinar-se de acordo com esse entendimento.

A menoridade cessa no primeiro instante do dia em que o agente completa os 18 anos, ou seja, se o crime é praticado na data do 18º aniversário, o agente já é imputável e responde pelo crime.

A legislação especial que regulamenta as sanções aplicáveis aos menores inimputáveis é o Estatuto da Criança e do Adolescente (Lei n. 8.069/90), que prevê a aplicação de medidas **socioeducativas** aos adolescentes (pessoas com 12 anos ou mais e menores de 18 anos), consistentes em advertência, obrigação de reparar o dano, prestação de serviços à comunidade, liberdade assistida, semiliberdade ou internação, e a aplicação de medidas de proteção às **crianças** (menores de 12 anos) que venham a praticar fatos definidos como infração penal.

2.3. EMOÇÃO E PAIXÃO (ART. 28, I)

Estabelece o art. 28, I, que a emoção e a paixão **não excluem a imputabilidade**. Emoção é um estado súbito e passageiro de instabilidade psíquica, uma perturbação momentânea da afetividade. A paixão é um sentimento duradouro, caracterizado por uma afetividade permanente.

A emoção, apesar de não excluir o crime, pode funcionar como atenuante genérica (art. 65, III, c) ou como causa de diminuição de pena (art. 121, § 1º; art. 129, § 4º), desde que acompanhada de outros requisitos.

2.4. EMBRIAGUEZ (ART. 28, II)

É uma intoxicação aguda e passageira provocada pelo álcool ou por substância de efeitos análogos (cocaína, ópio etc.) que apresenta uma fase inicial de euforia, passando pela depressão e sono, podendo levar até ao coma.

Como pode ser a embriaguez, e quais as consequências em cada caso em relação à imputabilidade?

Direito Penal – Parte Geral

A embriaguez pode ser:

a) Não acidental:

a1) Voluntária. O agente quer embriagar-se. Pode ser completa, quando retira a capacidade de entendimento e autodeterminação, ou incompleta, quando não retira tal capacidade.

a2) Culposa. Completa ou incompleta. O agente não quer embriagar-se, mas, agindo imprudentemente, ingere doses excessivas e acaba embriagando-se.

Em todos os casos, não há exclusão da imputabilidade nos termos do art. 28, II, do Código Penal, que estabelece não excluir o crime a embriaguez voluntária ou culposa. Até na hipótese de embriaguez completa não fica excluído o crime, pois adotou-se a tese da *actio libera in causa*, segundo a qual o agente, ao se embriagar, sabia da possibilidade de praticar o delito e era livre para decidir. A doutrina ressalva, entretanto, que, excepcionalmente, se, nesse momento inicial, era imprevisível a ocorrência da situação que o levou à prática do ilícito, fica afastada a culpabilidade, para que não haja responsabilidade objetiva.

b) Acidental, proveniente de caso fortuito ou força maior. Se completa, exclui a imputabilidade, desde que, em razão dela, o agente, ao tempo da ação ou omissão, tenha ficado inteiramente incapacitado de entender o caráter ilícito do fato ou de determinar-se de acordo com esse entendimento (art. 28, § 1º). Ocorre caso fortuito, por exemplo, quando o sujeito está tomando determinado medicamento e, inadvertidamente, ingere bebida alcoólica, cujo efeito é potencializado em face dos remédios, fazendo com que uma pequena quantia de bebida o faça ficar em completo estado de embriaguez. Força maior existe quando o agente é obrigado a ingerir a bebida.

O art. 28, § 2º, do Código Penal, por sua vez, esclarece que a pena pode ser reduzida de 1/3 a 2/3, se o agente, por embriaguez, proveniente de caso fortuito ou força maior, não possuía, ao tempo da ação ou omissão, a plena capacidade de entender o caráter ilícito do fato ou de determinar-se de acordo com esse entendimento. Nesse caso, a embriaguez retirou apenas parcialmente a capacidade de entendimento.

c) Patológica. Se, em razão dela, era o agente, ao tempo da ação ou omissão, inteiramente incapaz de entender o caráter ilícito do fato ou de determinar-se de acordo com esse entendimento, estará excluída sua imputabilidade (aplica-se a regra do art. 26, *caput*). Se houver mera redução dessa capacidade, o agente responderá pelo crime, mas a pena será reduzida (art. 26, parágrafo único).

d) Preordenada. Quando o agente embriaga-se justamente para tomar coragem para a prática do delito. Atua como agravante genérica, nos termos do art. 61, II, *l*, do Código Penal.

2.5. DEPENDÊNCIA DE SUBSTÂNCIA ENTORPECENTE

Nos termos do art. 45, *caput*, da Lei n. 11.343/2006 (Lei Antidrogas), é isento de pena (inimputável) o agente que, em razão da dependência, ou sob o efeito de substância entorpecente ou que determine dependência física ou psíquica proveniente de caso fortuito ou força maior, era, ao tempo da ação ou omissão, qualquer que tenha sido a infração praticada (do Código Penal, da Lei Antidrogas ou qualquer outra lei), inteiramente incapaz de entender o caráter ilícito do fato ou de determinar-se de acordo com esse entendimento. Se a redução dessa capacidade for apenas parcial, o agente é considerado imputável, mas sua pena será reduzida de 1/3 a 2/3 (parágrafo único).

Veja-se que a inimputabilidade pode ocorrer em duas situações:

a) dependência de substância entorpecente;

b) estar o agente sob o efeito de substância entorpecente, proveniente de caso fortuito ou força maior.

3 POTENCIAL CONSCIÊNCIA DA ILICITUDE

Estabelece o art. 21 do Código Penal que o desconhecimento da lei é inescusável. Presume a lei, portanto, que todos são culpáveis. Ocorre que o mesmo art. 21, em sua 2ª parte, determina que o erro sobre a ilicitude do fato, se inevitável, isenta de pena, e, se evitável, poderá diminuí-la de 1/6 a 1/3.

O erro inevitável sobre a ilicitude do fato é o erro de proibição, que retira do agente a consciência da ilicitude e, por consequência, exclui a culpabilidade (isentando o réu de pena). O erro de proibição não possui relação com o desconhecimento da lei. Trata-se de erro sobre a ilicitude do fato e não sobre a lei. Não há erro acerca do fato (que é característica do erro de tipo), mas erro sobre a ilicitude do fato. Em outras palavras, o agente conhece a lei, mas se equivoca, entendendo que determinada conduta não está englobada por ela. Há uma errada compreensão acerca do significado da norma. O agente tem perfeita compreensão do fato, mas entende que este é lícito.

No erro de tipo, ao contrário, há erro quanto ao próprio fato (imaginar que objeto alheio é próprio, que mulher casada é solteira, que um homem é um animal etc.).

Veja-se que o erro evitável não exclui a culpabilidade, mas diminui a pena. De acordo com o art. 21, parágrafo único, "considera-se evitável o erro se o agente atua ou se omite sem a consciência da ilicitude do fato, quando lhe era possível, nas circunstâncias, ter ou atingir essa consciência".

4 EXIGIBILIDADE DE CONDUTA DIVERSA

Trata-se de elemento componente da culpabilidade fundado no princípio de que só devem ser punidas as condutas que poderiam ser evitadas. Assim, se, no caso concreto, era inexigível conduta diversa por parte do agente, fica excluída a sua culpabilidade (que o isenta de pena).

Como diz Fernando Capez, "a inevitabilidade não tem a força de excluir a vontade, que subsiste como força propulsora da conduta, mas certamente a vicia, de modo a tornar incabível qualquer censura ao agente".

A exigibilidade de conduta diversa pode ser excluída por dois motivos: a coação moral irresistível e a obediência hierárquica, ambas previstas no art. 22 do Código Penal.

5 COAÇÃO IRRESISTÍVEL (ART. 22)

A coação irresistível pode ser:

a) Física (vis absoluta). Que se dá com o emprego de violência física, quando uma pessoa obriga outra a praticar um crime. Ex.: forçar a mão da vítima para que ela aperte o gatilho de um revólver. Nesse caso, a violência física empregada retira totalmente a voluntariedade da ação, de modo que o coagido se apresenta como mero instrumento do coator e, assim, não existe fato típico (por ausência de seu primeiro requisito – a ação humana voluntária, a conduta).

b) Moral (vis relativa). É aquela decorrente do emprego de grave ameaça.

A coação moral, por sua vez, pode ser:

b1) Irresistível. É aquela que não poderia ser vencida, superada pelo agente no caso concreto. Nessa hipótese, há crime, pois existe um resquício de vontade por parte do coagido, mas o art. 22, 1ª parte, do Código Penal determina a exclusão da culpabilidade. A grave ameaça é o anúncio de um mal ao próprio coagido ou à pessoa a ele ligada. O coagido conserva sua liberdade de ação no aspecto físico, mas permanece psiquicamente vinculado em face da ameaça recebida.

Direito Penal – Parte Geral

O coator é quem responde pelo crime praticado pelo coagido.

b2) Resistível. Há crime, e o agente é culpável, havendo mero reconhecimento da atenuante genérica prevista no art. 65, III, c, do Código Penal.

6 OBEDIÊNCIA HIERÁRQUICA (ART. 22)

Existe ordem de superior hierárquico quando um funcionário de categoria superior determina a um subordinado que faça ou deixe de fazer algo. Se a ordem tem embasamento em lei, não existe crime, por estar o agente no estrito cumprimento de um dever legal. Sendo ela ilegal, duas situações podem ocorrer:

a) se a ordem for manifestamente ilegal (ilegalidade facilmente perceptível quanto ao seu teor), ambos responderão pelo crime.

b) se a ordem não for manifestamente ilegal (ilegalidade não perceptível, de acordo com o senso médio), exclui-se a culpabilidade do subordinado, respondendo pelo crime apenas o superior hierárquico.

A obediência hierárquica a que a lei se refere é aquela decorrente de relações de direito público, ou seja, a obediência de um funcionário público a uma ordem proferida por outro funcionário que, na hierarquia administrativa, lhe é superior.

A exclusão da culpabilidade só existe quando o subordinado observa estrita obediência à ordem emanada do superior. Assim, se a ordem era legal, e o subordinado se excede, vindo a cometer um crime, apenas ele pratica o delito.

Quadro sinótico – Culpabilidade

Noções	Para a teoria clássica, a culpabilidade integra o crime, englobando o dolo e a culpa, a imputabilidade e a exigibilidade de conduta diversa. Já para a teoria finalista, a culpabilidade não é requisito do crime, sendo que o dolo e a culpa integram a conduta e não a culpabilidade. Por esta orientação, a culpabilidade é composta pela imputabilidade, potencial consciência da ilicitude e exigibilidade de conduta diversa. As pessoas são presumidamente culpáveis, presunção que cessa se estiver presente alguma causa excludente de culpabilidade (dirimente).
Excludentes de culpabilidade	inimputabilidade; erro de proibição; coação moral irresistível; obediência hierárquica.

Quadro sinótico – Inimputabilidade

Pode decorrer de	doença mental ou desenvolvimento mental incompleto ou retardado que retirem por completo a capacidade de entendimento acerca do caráter ilícito do fato ou de autodeterminação de acordo com tal entendimento. Nesse caso, o juiz aplica medida de segurança, que pode ser a internação, se o crime for apenado com reclusão, ou tratamento ambulatorial, se apenado com detenção; menoridade penal (idade inferior a 18 anos); embriaguez completa proveniente de caso fortuito ou força maior; dependência de substância entorpecente ou efeito de seu uso decorrente de caso fortuito ou força maior, que retire por completo a capacidade de entendimento e autodeterminação. Se o réu for considerado inimputável em face de dependência, o juiz determinará que se submeta a tratamento. Observação: a emoção e a paixão não excluem a imputabilidade.

Quadro sinótico – Erro de proibição

Noções	Embora o desconhecimento da lei seja inescusável, o erro sobre a ilicitude do fato, se inevitável, retira do agente a consciência da ilicitude, e o isenta de pena. É o chamado erro de proibição. Se o erro era evitável, o réu será condenado, mas a pena poderá ser diminuída de 1/6 a 1/3.

Quadro sinótico – Coação moral

Noções	Ocorre quando o agente é coagido a cometer o ilícito penal. Se for considerada irresistível, a coação moral exclui a chamada "exigibilidade de conduta diversa", excluindo, destarte, a culpabilidade. O coator é quem responde pelo ato praticado pelo coagido. Tratando-se de coação moral considerada resistível, o agente é culpável havendo, porém, atenuante genérica do art. 65, III, c, do Código Penal.

Quadro sinótico – Obediência hierárquica

Noções	Afasta-se a culpabilidade quando um funcionário público realiza a conduta observando estritamente uma ordem não manifestamente ilegal de um superior hierárquico. Também nesse caso não era exigível conduta diversa.

Título IV
DO CONCURSO DE PESSOAS

Ocorre o concurso de pessoas (ou concurso de agentes, codelinquência) quando uma infração penal é cometida por duas ou mais pessoas.

Quanto ao concurso de pessoas, os crimes podem ser:

a) **Monossubjetivos**. Que podem ser cometidos por uma só pessoa. Ex.: homicídio. Nesse caso, não há concurso de agentes.

É possível, entretanto, que várias pessoas matem a vítima, hipótese em que haverá o concurso. O homicídio é, portanto, um crime de concurso **eventual**.

b) **Plurissubjetivos**. Que só podem ser praticados por duas ou mais pessoas. São, portanto, crimes de concurso **necessário**. Exs.: crime de associação criminosa (art. 288) e de rixa (art. 137), que exigem pelo menos três pessoas envolvidas.

Os crimes plurissubjetivos subdividem-se em:

a) **de condutas paralelas**: os agentes auxiliam-se mutuamente, visando um resultado comum (p. ex., crime de associação criminosa);

b) **de condutas convergentes**: as condutas dos agentes se encontram gerando imediatamente o resultado. O exemplo tradicionalmente utilizado era o do crime de adultério, que, todavia, foi revogado pela Lei n. 11.106/2005. Na realidade, contudo, o delito de adultério só seria considerado de concurso necessário se a outra parte soubesse que estava mantendo relação com pessoa casada;

c) **de condutas contrapostas**: as pessoas agem umas contra as outras (p. ex., crime de rixa, no qual três ou mais pessoas agridem-se mutuamente).

1. Autoria, coautoria e participação. O Código Penal adotou a teoria **restritiva**, segundo a qual autor é apenas aquele que executa a conduta típica descrita na lei, ou seja, quem realiza o verbo contido no tipo penal. Ex.: no homicídio, a conduta é "matar alguém" e, assim, autor do crime é aquele que, por exemplo, efetua disparos contra a vítima, coloca veneno em sua bebida etc.

Coautoria existe quando duas ou mais pessoas, conjuntamente, praticam a conduta descrita no tipo. Se duas pessoas, concomitantemente, efetuam disparos de arma de fogo contra a vítima, são elas coautoras do homicídio.

Há crimes cujo tipo penal descreve mais de uma conduta típica. O roubo, por exemplo, consiste em uma **subtração** praticada com emprego de **violência ou grave ameaça**. Nesse crime, portanto, é possível uma divisão de tarefas, ou seja, enquanto uma pessoa aponta o revólver para a vítima (grave ameaça), a outra tira a sua carteira (subtração). No caso, também há coautoria, pois ambos praticaram pelo menos uma das condutas típicas.

Na **participação**, o agente não comete qualquer das condutas típicas (verbos descritos na lei), mas de alguma outra forma concorre para o crime. O art. 29 do Código Penal estabelece que o agente que, de qualquer modo, concorre para um crime incide nas penas a este cominadas, na medida de sua culpabilidade. Assim, o partícipe responde pelo mesmo crime que o autor ou os coautores. Ex.: A empresta duas armas para B e C matarem D. Nessa hipótese, B e C são coautores do homicídio, e A é partícipe.

A participação pode ser:

a) **Moral**. Feita por induzimento ou instigação. No induzimento, o agente faz nascer a ideia do crime na mente do sujeito. Na instigação, o agente reforça a ideia do crime já existente no sujeito.

b) Material. O agente auxilia na prática do crime, de forma acessória, secundária. Ex.: emprestar uma arma para o homicida.

O art. 29 do Código Penal é uma norma de **extensão**, pois sem ela não seria possível a punição do partícipe, uma vez que ele não realiza a conduta descrita no tipo. Para o partícipe, portanto, ocorre adequação típica mediata ou indireta (pois exige-se uma norma de extensão). Quanto aos coautores, existe a adequação típica imediata ou direta, já que a conduta destes amolda-se na própria descrição típica existente na Parte Especial do Código Penal.

Observação: pela **teoria do domínio do fato**, autor é quem realiza a conduta típica e também quem não a realiza mas tem o domínio do fato, ou seja, controle pleno da situação, com poder de decidir sobre sua prática ou interrupção, bem como acerca de suas circunstâncias. Por essa corrente, o mandante pode ser considerado autor, enquanto pela teoria restritiva, adotada pelo nosso Código, o mandante é partícipe, porque não realiza ato de execução. A teoria do domínio do fato, contudo, possui relevância e, por consequência, aplicação concreta, para que possa ser tratado como "autor" de um crime o chamado "autor mediato", que, apesar de não realizar a conduta típica, pode ser assim denominado porque manipula terceiro, que não possui capacidade de discernimento, para que este realize a conduta típica, de modo que essa pessoa serve como instrumento para a efetivação do delito. Como diz Fernando Capez, "o executor atua sem vontade ou consciência, considerando-se, por essa razão, que a conduta principal foi realizada pelo autor mediato. Ex.: médico entrega uma injeção com veneno para a enfermeira aplicar no paciente, mentindo para ela ao dizer que se trata de medicamento. Ele é autor mediato do homicídio doloso, enquanto ela não pode ser punida por tal crime por ausência de dolo".

A teoria adotada no Brasil é a **restritiva**, segundo a qual autor é quem realiza a conduta descrita no tipo, porém, pode-se dizer que, em relação à autoria mediata, aplica-se a teoria do domínio do fato.

2. Participação impunível. Nos termos do art. 31 do Código Penal, o ajuste, a determinação, a instigação e o auxílio não são puníveis, quando o crime não chega a ser tentado. Assim, se uma pessoa estimula outra a cometer um crime, mas esta nem sequer chega a iniciar sua execução, o fato é atípico para ambas. Em suma, a participação não é punível quando aqueles que iam praticar efetivamente o crime não chegam a iniciar sua execução. Esse dispositivo demonstra que o mandante é partícipe, pois, se o executor contratado, após receber o dinheiro, fugir com os valores ou for preso por outra razão qualquer, sem iniciar a execução do homicídio, o mandante também não poderá ser punido, sendo aplicável, nesse aspecto, a teoria restritiva e não a do domínio do fato.

3. Teoria unitária ou monista. Quanto ao concurso de pessoas, esta foi a teoria adotada pelo Código Penal. Segundo ela, todos os que contribuem para um resultado delituoso devem responder pelo **mesmo** crime. O Código Penal, portanto, não adotou a teoria dualista (na qual há um crime para os autores e outro para os partícipes) nem a teoria pluralística (na qual cada um dos envolvidos responde por delito autônomo).

Veja-se, entretanto, que, apesar de o Código Penal ter adotado a teoria monista, existem algumas exceções na própria Parte Geral e outras na Parte Especial.

Com efeito, o § 2º do art. 29 trata da chamada **cooperação dolosamente distinta** ao estabelecer que, se algum dos concorrentes quis participar de crime menos grave, ser-lhe-á aplicada a pena deste. Assim, se duas pessoas combinam agredir outra e, durante a execução, uma delas resolve matar a vítima, sem que tenha havido anuência ou contribuição da outra, haverá apenas crime de lesões corporais por parte da que queria o resultado menos grave. Sua pena, entretanto, será aumentada em até 1/2 se o resultado mais grave era previsível na hipótese concreta (art. 29, § 2º, 2ª parte).

Direito Penal – Parte Geral

Já o § 1º do art. 29 dita que, se a participação for de menor importância, a pena poderá ser diminuída de 1/6 a 1/3. Essa chamada participação de menor importância tem natureza jurídica de causa de diminuição de pena e se aplica quando o juiz verifica, no caso concreto, que a contribuição do sujeito não merece a mesma pena da dos autores do crime, por ter sido ela secundária. Nesse caso, não há efetiva exceção à teoria unitária, pois o crime é o mesmo para todos, havendo apenas uma redução da pena para o partícipe.

Na Parte Especial do Código Penal, por sua vez, podem ser encontradas algumas outras exceções:

a) a gestante que consente na prática do aborto incide no art. 124, enquanto quem pratica a manobra abortiva com o consentimento da gestante infringe o art. 126, que tem pena maior;

b) o particular que oferece vantagem indevida ao funcionário público para que este, por exemplo, deixe de lavrar uma multa comete delito de corrupção ativa (art. 333), enquanto o funcionário que recebe a vantagem indevida oferecida comete crime de corrupção passiva (art. 317).

4. Requisitos para a existência do concurso de pessoas

a) Pluralidade de condutas, sem a qual não se pode pensar em concurso.

b) Relevância causal das condutas. Sem que haja essa relevância causal, não se pode cogitar que todos tenham contribuído para o crime.

c) Liame subjetivo. Significa que o partícipe deve ter ciência de estar colaborando para o resultado criminoso visado pelo outro. Segundo a melhor doutrina, é desnecessário o prévio ajuste entre as partes, bastando a unidade de desígnios, ou seja, que uma vontade adira à outra. Ex.: por desavenças anteriores, uma pessoa deixa a porta da casa da vítima aberta, e o ladrão se aproveita desse fato para praticar um furto. O autor da subtração não sabe que foi ajudado, mas quem ajudou é partícipe do furto.

d) Identidade de crime para todos os envolvidos. Havendo o liame subjetivo, todos os envolvidos devem responder pelo mesmo crime (fora as exceções já estudadas). Assim, se duas pessoas entram armadas em uma casa para roubar os moradores e uma delas consegue fugir levando alguns objetos, enquanto a outra é presa ainda dentro da residência, ambas responderão por roubo consumado.

Que é autoria colateral e autoria incerta?

Autoria colateral. Duas pessoas querem praticar um crime e agem ao mesmo tempo sem que uma saiba da intenção da outra e o resultado decorre da ação de apenas uma delas, que é identificada no caso concreto. Ex.: A e B querem matar C. A aguarda a vítima de um lado da estrada e B do outro lado. Quando a vítima passa, ambos atiram ao mesmo tempo, e a vítima é alvejada por apenas um dos disparos. No caso em tela, se ficar provado que a vítima morreu em virtude do tiro de A, este responde por homicídio consumado e B por tentativa de homicídio (não se trata de crime impossível porque a vítima estava viva no momento em que ambos os agentes apertaram o gatilho de suas armas). Não se fala aqui em coautoria ou participação, pois estas só se configuram quando há o liame subjetivo, ou seja, quando ambos sabem que estão concorrendo para um resultado comum. Assim, se houvesse liame subjetivo entre A e B, eles seriam coautores e ambos responderiam por homicídio consumado.

Autoria incerta. Ocorre quando, na autoria colateral, não se consegue apurar qual dos envolvidos provocou o resultado. Ex.: A e B querem matar C. Um não sabe da intenção do outro. Ambos disparam contra a vítima, que morre recebendo apenas um disparo, não se conseguindo, porém, apurar qual deles causou a morte. Esta é a autoria incerta.

Mas qual a solução neste caso?

1. Ambos respondem por crime consumado?
2. O fato é atípico para ambos?
3. Os dois respondem por tentativa?

Não há resposta totalmente correta em razão de não haver previsão legal a respeito, mas a única solução possível e aceita pela doutrina é a de que ambos devem responder por tentativa.

Autoria mediata. Na autoria mediata, o agente serve-se de pessoa sem discernimento para executar para ele o delito. O executor é usado como mero instrumento por atuar sem vontade ou sem consciência do que está fazendo e, por isso, só responde pelo crime o autor mediato. Não há, portanto, concurso de pessoas entre o executor e o autor mediato. Segundo Damásio de Jesus, a autoria mediata pode resultar de: 1º) ausência de capacidade em face de menoridade ou de doença mental. Ex.: induzir um menor com 4 anos de idade ou um deficiente mental a colocar veneno no copo da vítima; 2º) coação moral irresistível, em que o executor pratica o fato com a vontade submissa à do coator; 3º) erro de tipo escusável, provocado pelo terceiro, como no caso em que o autor mediato induz o executor a matar inocente, fazendo-o acreditar que se encontrava em legítima defesa; 4º) obediência hierárquica, em que o autor da ordem a sabe ilegal mas faz o executor crê-la legal.

1 COMUNICABILIDADE E INCOMUNICABILIDADE DE ELEMENTARES E CIRCUNSTÂNCIAS (ART. 30)

O art. 30 do Código Penal traça as seguintes regras:

a) As **circunstâncias e condições objetivas** (de caráter material) comunicam-se aos partícipes desde que estes conheçam tais circunstâncias ou condições.

Ressalte-se que **circunstâncias** são todos os dados acessórios que, agregados à figura típica, têm o condão de influir na fixação da pena. Ex.: agravantes e atenuantes genéricas, causas de aumento e diminuição da pena etc. Circunstâncias objetivas são aquelas ligadas a aspectos objetivos do delito, por exemplo, meio e modo de execução, lugar e momento do crime etc. Dizem respeito ao fato e não ao autor do crime. Assim, se duas pessoas praticam um crime com emprego de fogo, será reconhecida para ambas a agravante genérica do art. 61, II, *d*, do Código Penal.

b) As **circunstâncias ou condições subjetivas** (de caráter pessoal) não se comunicam aos partícipes, salvo quando forem elementares do crime, isto é, pertencentes ao próprio tipo penal. Assim, se duas pessoas matam a vítima e apenas uma delas agiu com o domínio de violenta emoção, somente para esta será aplicado o privilégio descrito no art. 121, § 1º, do Código Penal; se o filho e um amigo matam o pai, só o filho responde pela agravante genérica do art. 61, II, *e*, do Código Penal. Circunstâncias subjetivas são aquelas que se referem ao agente e não ao fato, como a reincidência, os motivos que levaram o sujeito a cometer o crime, parentesco com a vítima etc.

c) As **elementares**, sejam elas subjetivas ou objetivas, comunicam-se aos partícipes, desde que conhecidas por eles. Assim, se um funcionário público comete um crime de peculato juntamente com quem não é funcionário, ambos respondem pelo peculato, uma vez que "ser funcionário público" é elementar do crime.

Elementares são componentes essenciais da figura típica, sem as quais o delito não existe. Ex.: no crime de homicídio, as elementares são "matar alguém".

A conivência insere-se no nexo causal, como forma de participação?

A conivência consiste na omissão voluntária na realização de fato impeditivo do crime, na não informação à autoridade pública, ou na retirada do local onde o delito está sendo

Direito Penal – Parte Geral

cometido, quando **ausente o dever jurídico de agir** (pois, estando presente este, há crime nos termos do art. 13, § 2º). A conivência pode produzir um desses efeitos:

1) Constitui infração *per se stante* (não constituindo participação no crime do autor principal, mas infração autônoma). Ex.: suponha-se que um exímio nadador presencie a mãe lançar seu filho de tenra idade numa piscina e, sem qualquer risco pessoal, permite que a criança venha a falecer por afogamento. Não há falar em participação por omissão no crime de homicídio, pois não tinha o nadador o dever jurídico **específico** de impedir o evento. Todavia, como infringiu um dever **genérico** de assistência, responde por crime de omissão de socorro majorada pela morte (CP, art. 135, parágrafo único).

2) Não constitui participação no delito do autor principal nem infração autônoma. Ex.: o sujeito toma conhecimento de um furto a ser praticado pelo agente e não dá a *notitia* à autoridade policial, que poderia evitar sua prática. Cometido o furto, o omitente não é partícipe, nem responde por infração autônoma, pois não tinha obrigação legal de fazê-lo.

Pode-se falar em conivência posterior à prática do crime, no caso em que o sujeito, tomando conhecimento de um delito já cometido, não dá a *notitia criminis* à autoridade pública. Suponha-se que alguém tome conhecimento da prática de um delito (de ação penal pública incondicionada) no exercício de função pública e deixe de comunicar à autoridade competente. É partícipe do crime? Conforme já mencionado, a resposta é negativa, mas a pessoa responde por uma contravenção penal, denominada **omissão de comunicação de crime** (LCP, art. 66, I). E se um particular toma conhecimento de um crime e não o relata à autoridade competente? Responde pela contravenção? Não. Qual a razão da diferença? Ocorre que o particular **pode** denunciar a prática de um crime de ação pública, mas não tem a obrigação de fazê-lo. Aquele que exerce função pública, porém, tomando conhecimento, no exercício de suas atividades, da prática de um crime de ação penal pública incondicionada, tem o **dever de agir**, isto é, tem o **dever jurídico** (imposto pela norma contravencional) de comunicá-lo à autoridade competente, caracterizando, assim, a omissão do fato a contravenção penal.

Pode haver coautoria em crime culposo? E participação?

Sim, pode haver coautoria em crime culposo. A possibilidade de coautoria em crime culposo já constava da Exposição de Motivos do Código Penal de 1940. Dizia o Ministro Francisco Campos: "Fica solucionada, no sentido afirmativo, a questão sobre o concurso em crime culposo, pois, neste, tanto é possível a cooperação material quanto a cooperação psicológica, i. e., no caso de pluralidade de agentes, cada um destes, embora não querendo o evento final, tem consciência de cooperar na ação". Ex.: o passageiro de um veículo instiga o motorista a empregar velocidade excessiva; em consequência disso, ocorre um atropelamento culposo. Ambos respondem pelo crime.

Não se confunde, entretanto, a coautoria com a concorrência de culpas, pois nesta falta em relação a cada agente a consciência de contribuir para a eclosão do evento comum. Existe concorrência de culpas quando, por exemplo, duas pessoas dirigem seus veículos com imprudência, dando causa a um acidente com morte de terceiro, sem que tivessem ciência um da conduta do outro. Falta, nesse caso, o liame subjetivo.

A participação, por sua vez, não é admissível nos delitos culposos. O crime culposo tem o tipo aberto, sendo típica toda conduta que descumpre o dever objetivo de cuidado. É autor aquele que, violando esse dever, dá causa ao resultado. Como diz Welzel, autor de um delito culposo é aquele que mediante uma ação infringe o grau de cuidado requerido no caso concreto, produzindo de modo não doloso um resultado típico. Todo grau de causação de um resultado típico produzido não dolosamente, por uma ação que não observa o cuidado requerido no âmbito de relação, implica autoria do respectivo delito culposo e, assim, não existe diferença entre autores e partícipes no crime culposo, ou seja, toda classe de causação do resultado típico culposo é sinônimo de autoria. Por isso, quem instiga alguém a dirigir em excesso de velocidade não é partícipe, mas sim autor de uma imprudência, sendo também autor o próprio motorista (coautoria).

Quadro sinótico – Concurso de pessoas

Classificação	Monossubjetivos	Crimes que podem ser praticados por uma só pessoa ou por mais de uma em concurso eventual. Ex.: homicídio.
	Plurissubjetivos	Delitos que só podem ser cometidos por duas ou mais pessoas, sendo, por isso, também conhecidos como crimes de concurso necessário. Ex.: delito de associação criminosa. Nesses crimes, as condutas podem ser: a) paralelas, em que os agentes auxiliam-se mutuamente; b) convergentes, quando as condutas encontram-se gerando o resultado; c) contrapostas, em que os envolvidos agem uns contra os outros.
Coautoria		Existe quando duas ou mais pessoas praticam ato de execução do crime conjuntamente. Ex.: duas pessoas mantêm a cabeça da vítima sob a água para afogá-la. Na coautoria, a adequação típica é imediata.
Participação		Diz respeito àquele que não realiza ato de execução, mas, de alguma forma, concorre, intencionalmente, para o crime. Por consequência, responde pelo delito. Na participação, a adequação típica é mediata.
A participação pode ser	moral	quando o agente induz ou instiga outrem à prática do crime. Ex.: estímulo verbal para que outro mate a vítima;
	material	quando o agente auxilia na execução do crime, sem, todavia, realizar diretamente o ato de execução. Ex.: emprestar um revólver para o assassino, ciente de suas intenções.
Crimes de mão própria		São aqueles cuja conduta descrita no tipo penal só pode ser executada por uma única pessoa e, por isso, são incompatíveis com o instituto da coautoria. Admitem, entretanto, a participação. Ex.: dirigir veículo sem habilitação gerando perigo de dano.
Requisitos para a existência do concurso de pessoas		a) pluralidade de condutas; b) relevância causal das condutas; c) liame subjetivo; d) identidade de crimes para todos os envolvidos (salvo exceções).
Participação impunível		O ajuste, a determinação, a instigação e o auxílio não são puníveis quando não chega a iniciar-se a execução do crime.
Teoria unitária ou monista		Regra segundo a qual todos os envolvidos em um fato criminoso devem responder pelo mesmo crime.
Exceções		a) cooperação dolosamente distinta – no caso de concurso de agentes, caso um deles tenha tido intenção de participar de crime menos grave, responderá apenas por este; b) gestante que consente no aborto responde pelo crime do art. 124 do Código Penal, enquanto aquele que realiza o ato abortivo com o seu consentimento comete crime mais grave previsto no art. 126;

Direito Penal – Parte Geral

Exceções	c) crime de corrupção passiva para o funcionário público que recebe vantagem indevida e corrupção ativa para o particular que oferece tal vantagem. Observação: a participação de menor importância não constitui exceção à teoria monista, mas apenas causa de diminuição de pena em que haverá redução de 1/6 a 1/3 da reprimenda.
Autoria colateral	Ocorre quando duas pessoas querem cometer um mesmo tipo de crime contra a mesma vítima e agem ao mesmo tempo, sem que uma saiba da intenção da outra. Suponha-se que duas pessoas atirem na vítima ao mesmo tempo, sendo que uma delas acerta o disparo e a outra erra. Nesse caso, quem acertou responde por crime consumado e a outra por tentativa.
Autoria incerta	Ocorre quando, na autoria colateral, não se consegue apurar quem provocou o resultado, hipótese em que ambos respondem por crime tentado.
Autoria mediata	O agente serve-se de pessoa sem discernimento para executar para ele o delito. O executor é usado como mero instrumento por atuar sem vontade ou sem consciência do que está fazendo e, por isso, só responde pelo crime o autor mediato. Ex.: induzir uma criança a colocar veneno no copo da vítima.
Comunicabilidade das elementares	Nos termos do art. 30 do Código Penal, as elementares comunicam-se aos partícipes, quer sejam subjetivas ou objetivas, desde que conhecidas por eles.
Comunicabilidade das circunstâncias	Objetivas: Comunicam-se aos partícipes, desde que conhecidas por eles.
	Subjetivas: Não se comunicam.

Título V
DAS PENAS

Pena é a retribuição imposta pelo Estado em razão da prática de um ilícito penal e consiste na privação de bens jurídicos determinada pela lei, que visa à readaptação do criminoso ao convívio social e à prevenção em relação à prática de novas transgressões.

As penas previstas na legislação devem respeitar os seguintes princípios constitucionais:

a) **Da legalidade**. Não há pena sem prévia cominação legal (art. 5º, XXXIX). Significa que a pena deve estar prevista em lei vigente à época da prática do delito.

b) **Da individualização da pena**. A lei deve regular a individualização da pena de acordo com a culpabilidade e os méritos pessoais do acusado (art. 5º, XLVI).

c) **Da pessoalidade ou intranscendência**. A pena não pode passar da pessoa do condenado, podendo a obrigação de reparar o dano e a decretação de perdimento de bens ser, nos termos da lei, estendidas aos sucessores e contra eles executadas até o limite do valor do patrimônio transferido (art. 5º, XLV).

d) **Da vedação da pena de morte, penas cruéis, de caráter perpétuo, de banimento** ou **de trabalhos forçados** (art. 5º, XLVII). A pena de morte só é possível em situações específicas de guerra declarada.

e) **Da proporcionalidade**. A pena deve ser proporcional ao crime cometido (art. 5º, XLVI e XLVII).

Existem **três** teorias que procuram explicar as finalidades da pena:

a) Teoria **absoluta** ou da **retribuição**: a finalidade é **punir** o infrator pelo mal causado à vítima, seus familiares e coletividade. Como o próprio nome diz, a pena é uma retribuição.

b) Teoria **relativa** ou da **prevenção**: a finalidade da pena é a de intimidar, evitar que delitos sejam cometidos.

c) Teoria **mista** ou **conciliatória**: a pena tem duas finalidades, ou seja, **punir** e **prevenir**.

1 PENAS PRINCIPAIS (CAPS. I E II)

O art. 32 do Código Penal adotou as seguintes espécies de penas:

a) **privativas de liberdade**: reclusão e detenção (arts. 33 e s.);

b) **restritiva de direitos**: prestação pecuniária, perda de bens e valores, prestação de serviços à comunidade ou a entidades públicas, interdição temporária de direitos e limitação de fim de semana (art. 43);

c) **multa** (arts. 49 e s.).

1.1. PENAS PRIVATIVAS DE LIBERDADE (ART. 33)

As penas privativas de liberdade são as seguintes:

a) **Reclusão**: cumprida em regime fechado, semiaberto ou aberto.

b) **Detenção**: cumprida em regime semiaberto ou aberto, salvo a hipótese de transferência excepcional para o regime fechado.

c) **Prisão simples**: prevista apenas para as contravenções penais e pode ser cumprida nos regimes semiaberto ou aberto.

No desenvolvimento do Direito Penal, vários sistemas foram adotados em relação à pena privativa de liberdade. O sistema da **Filadélfia** caracterizava-se pelo isolamento do

Direito Penal – Parte Geral

preso em sua cela. No sistema de *Auburn*, o preso trabalhava durante o dia e se recolhia à noite. Pelo sistema inglês, a pena era cumprida em diversos estágios, havendo progressão de um regime inicial mais rigoroso para outras fases mais brandas, de acordo com os méritos do detento e com o cumprimento de determinado tempo da pena. Esse sistema progressivo foi adotado no Brasil, já que o art. 33, § 2º, do Código Penal estabelece que a pena deverá ser executada de forma progressiva, de acordo com os méritos do condenado, passando de um regime mais rigoroso para outro mais brando. O art. 33, § 1º, do Código Penal estabelece as seguintes hipóteses:

a) **Regime fechado**: a execução da pena se dá em estabelecimento de segurança máxima ou média.

b) **Regime semiaberto**: o sentenciado cumpre a pena em colônia agrícola, industrial ou estabelecimento similar.

c) **Regime aberto**: a pena é cumprida em casa do albergado ou estabelecimento adequado, ou seja, o sentenciado trabalha fora durante o dia e à noite se recolhe ao albergue.

De acordo com o art. 84, § 3º, da Lei de Execuções Penais, com a redação dada pela Lei n. 13.167/2015, os presos condenados ficarão separados de acordo com os seguintes critérios: I – condenados pela prática de crimes hediondos ou equiparados; II – reincidentes condenados pela prática de crimes cometidos com violência ou grave ameaça à pessoa; III – primários condenados pela prática de crimes cometidos com violência ou grave ameaça à pessoa; IV – demais condenados pela prática de outros crimes ou contravenções em situação diversa das previstas nos incisos I, II e III.

1.1.1. REGRAS DO REGIME FECHADO (ART. 34)

No início do cumprimento da pena, o condenado será submetido a exame criminológico de classificação e individualização (art. 34, *caput*). A pena é cumprida em penitenciária.

O condenado fica sujeito a trabalho no período diurno e isolamento durante o repouso noturno (§ 1º).

Dentro do estabelecimento, o trabalho será em comum, na conformidade com as ocupações anteriores do condenado, desde que compatíveis com a execução da pena (§ 2º).

O trabalho externo é permitido em obras públicas, desde que tomadas as cautelas para evitar a fuga (§ 3º).

O trabalho será sempre remunerado (art. 39).

Observação: a Lei n. 10.792/2003 alterou a redação do art. 52 da Lei de Execuções e criou o regime disciplinar diferenciado, aplicável aos criminosos mais perigosos. Posteriormente, o dispositivo foi novamente modificado pela Lei n. 13.964/2019. De acordo com o atual texto legal, tal regime pode ser imposto ao preso: **a)** que pratique crime doloso durante o cumprimento da pena e com isso ocasione subversão da ordem ou disciplina internas (art. 52, *caput*, da LEP); ou **b)** que apresente alto risco para a ordem e a segurança do estabelecimento penal ou da sociedade (art. 52, § 1º, I); ou **c)** sobre o qual recaiam fundadas suspeitas de envolvimento ou participação, a qualquer título, em organizações criminosas, associação criminosa ou milícia privada, independentemente da prática de falta grave (art. 52, § 1º, II).

Esse regime pode ser aplicado a condenados ou presos provisórios, nacionais ou estrangeiros, e suas características são as seguintes:

a) recolhimento em cela individual;

b) visitas quinzenais, de duas pessoas por vez, a serem realizadas em instalações equipadas para impedir o contato físico e a passagem de objetos, por pessoa da família ou, no caso de terceiro, autorizado judicialmente, com duração de duas horas. Tais visitas serão gravadas em sistema de áudio e vídeo e, com autorização judicial, fiscalizada por agente penitenciário;

c) direito à saída da cela por duas horas diárias para banho de sol, em grupos de até quatro presos, desde que não haja contato com presos do mesmo grupo criminoso;

d) entrevistas sempre monitoradas, exceto aquelas com seu defensor, em instalações equipadas para impedir o contato físico e a passagem de objetos, salvo expressa autorização judicial em contrário;

e) fiscalização do conteúdo de correspondência;

f) participação em audiências judiciais preferencialmente por videoconferência, garantindo-se a participação do defensor, no mesmo ambiente do preso.

A duração máxima desse regime diferenciado é de 2 anos, sem prejuízo de repetição da sanção, em caso de nova falta grave da mesma espécie (art. 52, I, da LEP).

O regime diferenciado poderá ser prorrogado sucessivamente, por período de 1 ano, se houver indícios de que o preso: I) continua apresentando alto risco para a ordem e a segurança do estabelecimento penal de origem ou da sociedade; ou, II) mantém os vínculos com a organização criminosa, associação criminosa ou milícia privada, considerados também o perfil criminal e a função desempenhada por ele no grupo criminoso, a operação duradoura do grupo, a superveniência de novos processos criminais e os resultados do tratamento penitenciário (art. 52, § 4º).

Existindo indícios de que o preso exerce liderança em organização criminosa, associação criminosa ou milícia privada, ou que tenha atuação criminosa em dois ou mais Estados da Federação, o regime disciplinar diferenciado será obrigatoriamente cumprido em estabelecimento prisional federal (art. 52, § 3º, da LEP). Em tal hipótese o regime diferenciado deverá contar com alta segurança interna e externa, principalmente no que diz respeito à necessidade de se evitar contado do preso com membros de sua organização criminosa, associação criminosa ou milícia privada (art. 52, § 5º).

O procedimento para inserção nesse regime diferenciado tem início mediante requerimento circunstanciado do diretor do presídio ou outra autoridade administrativa. O juiz, antes de decidir, deve ouvir o Ministério Público e o defensor do preso (art. 54, §§ 1º e 2º, da LEP). O prazo para o juiz proferir a decisão é de 15 dias.

1.1.2. REGRAS DO REGIME SEMIABERTO (ART. 35)

O condenado poderá também ser submetido a exame criminológico (arts. 35, *caput*, do CP e 8º da LEP).

O condenado fica sujeito a trabalho remunerado e em comum durante o dia em colônia penal agrícola, industrial ou similar (§ 1º).

É permitido o trabalho externo, bem como a frequência a cursos supletivos e profissionalizantes, de instrução de segundo grau ou superior (§ 2º).

O preso, no regime ora estudado, tem direito, com autorização judicial, à saída temporária da colônia, sem vigilância direta, com a finalidade de visitar familiares, frequentar cursos ou participar de outras atividades relevantes para a ressocialização por prazo não superior a 7 dias, renovável quatro vezes por ano, com prazo mínimo de 45 dias entre uma e outra (arts. 12, 123 e 124 da LEP). No caso de frequência a curso, é evidente que o tempo de saída será o suficiente para o cumprimento das atividades curriculares.

De acordo com a Súmula 520 do STJ, "o benefício da saída temporária no âmbito da execução penal é ato jurisdicional insuscetível de delegação à autoridade administrativa do estabelecimento prisional".

Direito Penal – Parte Geral

A Lei n. 12.258/2010 alterou diversos dispositivos da Lei de Execuções Penais e estabeleceu que o juiz, ao autorizar a saída temporária, poderá determinar a monitoração eletrônica do preso. Em tal hipótese, o desrespeito às regras da monitoração implicará a revogação da autorização e a possibilidade de o juiz decretar a regressão de regime.

O art. 122, § 2º, da Lei de Execuções Penais, inserido pela Lei n. 13.964/2019, veda a saída temporária ao condenado que cumpre pena pela prática de crime hediondo com resultado morte (latrocínio, homicídio qualificado etc.).

Por fim, os presos que cumprem pena em regime fechado ou semiaberto podem obter a chamada permissão de saída, mediante escolta, em caso de falecimento de cônjuge, companheira, ascendente, descendente, ou irmão, e em caso de necessidade de tratamento médico (art. 120 da LEP). Nessas hipóteses, a permissão é dada pelo diretor do estabelecimento onde o condenado se encontra preso.

1.1.3. REGRAS DO REGIME ABERTO (ART. 36)

O regime aberto baseia-se na autodisciplina e no senso de responsabilidade do condenado (art. 36), uma vez que este permanecerá fora do estabelecimento e sem vigilância para trabalhar, frequentar curso ou exercer outra atividade autorizada e, durante o período noturno e dias de folga, deverá recolher-se à prisão-albergue (§ 1º). O art. 117 da Lei de Execução Penal (Lei n. 7.210, de 11.07.1984) admite, em hipóteses excepcionais, que o sentenciado cumpra o regime aberto em prisão-albergue domiciliar. Nesse caso, o condenado deve recolher-se à sua residência durante o período noturno e dias de folga. Essa forma de prisão domiciliar é admissível quando se trata de pessoa maior de 70 anos, condenado acometido de doença grave, pessoa com filho menor ou doente mental ou, ainda, quando se trata de condenada gestante. A jurisprudência tem admitido também a prisão domiciliar fora das hipóteses do art. 117 quando não existe na comarca albergue no qual o sentenciado possa recolher-se. No caso de deferimento de prisão domiciliar, o juiz pode determinar o monitoramente eletrônico do preso e, no caso de descumprimento dos deveres (não permanecer na residência durante o período noturno ou aos finais de semana, destruir a tornozeleira eletrônica etc.), pode revogar o benefício, bem como determinar a regressão de regime, se assim entender necessário (art. 146-C da LEP).

O art. 115 da Lei de Execuções permite que o juiz, ao fixar o regime aberto, estabeleça condições especiais ao condenado. Estas condições especiais, contudo, não podem ser as penas restritivas de direitos do art. 44 do Código Penal (prestação de serviços à comunidade, por exemplo). Com efeito, conforme será adiante estudado, as penas restritivas de direitos têm caráter substitutivo da pena privativa de liberdade e, portanto, por falta de permissão legal não podem ser cumuladas com ela. Em suma, haveria a imposição de dupla penalidade se, além de cumprir pena no regime aberto (com a obrigação de permanecer durante a noite e fins de semana em caso do albergado), tivesse o acusado que prestar serviços à comunidade. Nesse sentido, a Súmula 493 do STJ: "É inadmissível a fixação de pena substitutiva (art. 44 do CP) como condição especial ao regime aberto". Excepcionalmente, caso não haja casa do albergado onde o acusado possa cumprir sua pena após a prolação da sentença que fixou o regime aberto ou da decisão que determinou a progressão para tal regime, poderá o juiz da execução substituir o cumprimento da pena privativa de liberdade por restritivas de direitos, conforme decidiu o Supremo Tribunal Federal com a aprovação da Súmula Vinculante 56.

O art. 95 da Lei de Execução dispõe que em todas as comarcas do país deve haver pelo menos uma casa do albergado, a qual deve conter, além dos aposentos para abrigar os presos, recinto adequado para cursos e palestras. Por sua vez, o art. 203, § 2º, da mesma lei previu prazo de 6 meses para aquisição ou desapropriação de prédios para a instalação de referidas casas. Acontece que, após várias décadas da aprovação da Lei n. 7.210/84 (Lei de Execução Penal), não existe casa do albergado em expressivo número de comarcas. Por essa razão, o Superior Tribunal de Justiça passou a determinar que os presos que devem iniciar sua pena em regime aberto ou que progridem para tal regime podem obter o direito à prisão albergue domiciliar, quando não existir casa do albergado na comarca, mesmo que não se enquadrem em quaisquer das hipóteses do art. 117 da Lei de Execução, que expressamente permite a prisão domiciliar aos que se encontram cumprindo pena em regime aberto nas seguintes hipóteses: a) condenado com mais de 70 anos; b) condenado acometido por doença grave; c) condenado que possui filho menor ou deficiente mental; d) condenada gestante.

No mesmo sentido, a Súmula Vinculante 56 do Supremo Tribunal Federal, aprovada em 29.06.2016: "a falta de estabelecimento penal adequado não autoriza a manutenção do condenado em regime prisional mais gravoso, devendo-se observar, nesta hipótese, os parâmetros fixados no RE 641.320/RS".

Em maio de 2016, ao dar parcial provimento ao referido RE 641.320, o Plenário da Corte Suprema fixou as seguintes diretrizes: "a) a falta de estabelecimento penal adequado não autoriza a manutenção do condenado em regime prisional mais gravoso; b) os juízes da execução penal poderão avaliar os estabelecimentos destinados aos regimes semiaberto e aberto, para qualificação como adequados a tais regimes. São aceitáveis estabelecimentos que não se qualifiquem como 'colônia agrícola, industrial' (regime semiaberto) ou 'casa de albergado ou estabelecimento adequado' (regime aberto) (art. 33, § 1º, alíneas *b* e *c*); c) havendo déficit de vagas, deverá determinar-se: (I) a saída antecipada de sentenciado no regime com falta de vagas; (II) a liberdade eletronicamente monitorada ao sentenciado que sai antecipadamente ou é posto em prisão domiciliar por falta de vagas; (III) o cumprimento de penas restritivas de direito e/ou estudo ao sentenciado que progride ao regime aberto. Até que sejam estruturadas as medidas alternativas propostas, poderá ser deferida a prisão domiciliar ao sentenciado" (RE 641.320, Rel. Min. Gilmar Mendes, Tribunal Pleno, j. 11.05.2016, acórdão eletrônico *DJe*-159, divul. 29.07.2016, public. 1º.08.2016).

A Lei n. 12.258/2010 alterou o art. 146 da Lei de Execução Penal e passou a admitir o monitoramento eletrônico de presos, normalmente feito por meio de pulseiras ou tornozeleiras dotadas de localizador, que estejam de saída temporária ou em prisão domiciliar. Em tal hipótese, o condenado será instruído acerca dos cuidados que deverá adotar com o equipamento eletrônico e dos seguintes deveres: I – receber visitas do servidor responsável pela monitoração eletrônica, responder aos seus contatos e cumprir suas orientações; II – abster-se de remover, de violar, de modificar, de danificar de qualquer forma o dispositivo de monitoração eletrônica ou de permitir que outrem o faça (art. 146-C). A violação de qualquer desses deveres autoriza o juiz, ouvidos o Ministério Público e a Defesa, a determinar a revogação da prisão domiciliar, a regredir o sentenciado ao regime semiaberto ou a dar advertência por escrito ao sentenciado (art. 146-C, parágrafo único).

1.1.4. REGIME INICIAL (ART. 33, *CAPUT*)

O juiz, ao prolatar a sentença e fixar o montante da pena, deve fixar o regime inicial para o seu cumprimento, de acordo com as regras do art. 33, § 2º, do Código Penal:

1. Para os crimes apenados com **reclusão**:

a) Se condenado a pena superior a 8 anos, deve começar a cumpri-la em regime fechado.

b) Se condenado a pena superior a 4 anos e não superior a 8 anos, poderá iniciá-la no regime semiaberto, desde que não seja reincidente. Se for reincidente, deve iniciar no regime fechado.

Direito Penal – Parte Geral

c) Se condenado a pena igual ou inferior a 4 anos, poderá iniciar o cumprimento em regime aberto, desde que não seja reincidente. Caso seja reincidente, o regime inicial será o fechado, ou o semiaberto se forem favoráveis as circunstâncias judiciais (Súmula 269 do STJ). Exs.: a) réu condenado a 3 anos de reclusão, por crime de furto. Possui uma única reincidência, nada havendo em seu desfavor além disso. De acordo com a Súmula 269, o regime inicial deve ser o semiaberto; b) réu igualmente condenado a 3 anos de reclusão por furto. É reincidente, ostentando diversas condenações anteriores definitivas. Em tal caso, o juiz pode fixar o regime inicial fechado, argumentando que as circunstâncias são desfavoráveis ao acusado.

Veja-se, outrossim, que o art. 33, § 3º, estabelece que, na fixação do regime inicial, o juiz deve atentar aos critérios descritos no art. 59 do Código Penal (personalidade do acusado, culpabilidade, conduta social, circunstâncias e consequências do crime). Assim, o *quantum* da pena não é um critério absoluto, sendo possível, por exemplo, que alguém seja condenado a 6 anos de reclusão e, mesmo sendo primário, o juiz fixe o regime inicial fechado por entender que o acusado tem péssima conduta social ou que o crime por ele cometido revestiu-se de determinada característica que o tornou mais gravoso que o normal.

Não se pode, ainda, esquecer do teor das Súmulas 718 e 719 do Supremo Tribunal Federal. A primeira diz que "a opinião do julgador sobre a gravidade em abstrato do crime não constitui motivação idônea para a imposição de regime mais severo do que o permitido segundo a pena aplicada", enquanto a segunda estabelece que "a imposição do regime de cumprimento mais severo do que a pena aplicada permitir exige motivação idônea".

Por sua vez, a Súmula 440 do STJ estabelece que "fixada a pena-base no mínimo legal, é vedado o estabelecimento de regime prisional mais gravoso do que o cabível em razão da sanção imposta, com base apenas na gravidade abstrata do delito". Assim, suponha-se um crime de roubo em que o juiz, na sentença, fixe a pena-base no mínimo legal (4 anos), por ser o réu primário e de bons antecedentes e por lhe serem favoráveis as demais circunstâncias. Antes da edição desta Súmula era comum que os juízes, na mesma situação, fixassem sempre o regime inicial fechado, argumentando que todo roubo é crime grave, o que não é mais possível, porque a pena-base foi fixada no mínimo e, para penas de 4 anos, o regime inicial é o aberto quando as circunstâncias pessoais do acusado forem favoráveis. De outro lado, se o juiz fixar a pena-base acima do mínimo, fundamentando que o roubador cometeu o crime, por exemplo, no interior de residência, com diversas agressões aos moradores, poderá fixar regime inicial mais severo, pois, nesse caso, ele não se baseou na gravidade em abstrato do delito e sim na gravidade diferenciada daquele roubo em concreto.

2. Para os crimes apenados com **detenção**:

a) Se condenado a pena superior a 4 anos ou se for reincidente, deve começar a cumpri-la em regime semiaberto.

b) Se condenado a pena igual ou inferior a 4 anos, poderá iniciar o cumprimento no regime aberto.

O art. 33, *caput*, estabelece que o regime inicial nos crimes apenados com detenção deve ser o aberto ou o semiaberto.

Os arts. 2º, § 1º, da Lei n. 8.072/90 e 1º, § 7º, da Lei n. 9.455/97 estabelecem que os condenados por crimes hediondos, tráfico ilícito de entorpecentes, terrorismo e tortura devem necessariamente iniciar o cumprimento da pena em regime fechado, independentemente do montante de pena aplicado na sentença. Acontece que o Plenário do Supremo Tribunal Federal, em 27 de junho de 2012, declarou, por oito votos contra três, a inconstitucionalidade deste dispositivo, por entender que a obrigatoriedade de regime inicial fechado para crimes com pena não superior a 8 anos fere o princípio constitucional da individualização da pena. Assim, mesmo para crimes hediondos, tráfico de drogas, terrorismo e tortura, o regime inicial só poderá ser o fechado (se a pena não for maior do que 8 anos), se o acusado for reincidente ou se as circunstâncias do caso concreto indicarem uma gravidade diferenciada daquele crime específico, o que deverá constar expressamente da fundamentação da sentença. Essa decisão ocorreu no julgamento do HC 111.840/ES. Em novembro de 2017, confirmando tal entendimento, o Supremo Tribunal Federal aprovou a tese 972, em sede de repercussão geral: "É inconstitucional a fixação *ex lege*, com base no art. 2º, § 1º, da Lei n. 8.072/90, do regime inicial fechado, devendo o julgador, quando da condenação, ater-se aos parâmetros previstos no art. 33 do Código Penal".

Observação: o art. 387, § 2º, do Código de Processo Penal, com redação dada pela Lei n. 12.736/2012, diz que o tempo de prisão provisória, de prisão administrativa ou de internação, no Brasil ou no estrangeiro, deve ser computado para fim de determinação do regime inicial. A respeito do tema e de suas polêmicas ver tópico 1.1.13.1. ("detração e fixação do regime inicial").

1.1.5. PROGRESSÃO DE REGIME (ART. 33, § 2º)

O art. 33, § 2º, do Código Penal dispõe que as penas privativas de liberdade devem ser executadas em forma progressiva com a transferência para regime menos rigoroso, a ser determinada pelo juiz, de acordo com o mérito do condenado. Segundo essa regra, o condenado deverá gradativamente passar de um regime mais rigoroso para regimes mais brandos, desde que preenchidos os requisitos legais, a fim de estimular e possibilitar a sua ressocialização.

A atual redação do art. 112 da Lei de Execuções Penais, modificada pela Lei n. 13.964/2019, exige requisitos **objetivos** e **subjetivos** para referida progressão.

O requisito objetivo é referente ao cumprimento de parte da pena imposta, ao passo que o subjetivo é relativo ao mérito do condenado no cumprimento da pena.

Antes do advento da Lei n. 13.964/2019, havia três regras quanto ao período de cumprimento de pena para a obtenção da progressão de regime: a) para condenados por crimes comuns, o período era de 1/6 (art. 112 da LEP); b) para pessoas primárias condenadas por crimes hediondos, o período era de 2/5 (art. 2º, § 2º, da Lei n. 8.072/90); c) para reincidentes condenados por crimes hediondos, o período era de 3/5 (art. 2º, § 2º, da Lei n. 8.072/90). Essas regras continuam valendo para pessoas que cometeram crime antes da entrada em vigor da Lei n. 13.964/2019.

Após o advento de tal Lei, que modificou a redação do art. 112 da Lei de Execuções Penais e revogou o art. 2º, § 2º, da Lei n. 8.072/90, passaram a existir variados prazos para a obtenção da progressão, conforme se verifica na relação abaixo, segundo a qual, para ter direito à progressão de regime, o condenado deve ter cumprido, ao menos:

I – 16% (dezesseis por cento) da pena, se for primário e o crime tiver sido cometido sem violência à pessoa ou grave ameaça. É o caso, por exemplo, de quem é primário e foi condenado por crime de furto, apropriação indébita, estelionato, importunação sexual, posse sexual mediante fraude, corrupção passiva, concussão etc.

O crime de homicídio culposo e de lesão corporal culposa enquadram-se nesta regra, pois a violência inerente a tais delitos não é intencional.

O crime de tráfico de drogas é cometido, em regra, sem o emprego de violência ou grave ameaça, mas por ser crime equiparado a hediondo pressupõe cumprimento de período mais elevado de pena (40% se o réu for primário, ou 60% se reincidente em crime hediondo ou equiparado). Observe-se, porém, que no julgamento do HC 118.533, Rel. Min. Cármen Lúcia, em 23.06.2016, o Plenário do STF decidiu que o tráfico privilegiado de drogas não possui natureza hedionda. Posteriormente, a Lei n. 13.964/2019 alterou o art. 112, § 5º, da

Direito Penal – Parte Geral

Lei de Execuções Penais, para deixar expresso que o tráfico privilegiado não se equipara aos crimes hediondos. Por tal razão, a progressão de regime se dará com o cumprimento de 16% da pena (no tráfico privilegiado o réu é necessariamente primário). Considera-se privilegiado o tráfico quando o agente é primário, tem bons antecedentes, não se dedica às atividades criminosas e não integra organização criminosa. Em tal hipótese, descrita no art. 33, § 4º, da Lei de Drogas, a pena do réu deve ser reduzida de 1/6 a 2/3 em relação à pena prevista para o tráfico de drogas comum (não privilegiado).

II – 20% (vinte por cento) da pena, se for reincidente em crime cometido sem violência à pessoa ou grave ameaça. O dispositivo *não* menciona reincidência *específica*, de modo que a regra se aplica tanto a quem foi condenado por furto e furto, como também a quem foi condenado anteriormente por roubo (que pressupõe violência ou grave ameaça) e depois por furto (crime sem violência ou grave ameaça). Não faria sentido o tempo de cumprimento de pena ser maior apenas no primeiro caso (furto e furto), que, inclusive, é menos grave. A interpretação da lei não pode levar a conclusões ilógicas e absurdas.

III – 25% (vinte e cinco por cento) da pena, se o apenado for primário e o crime tiver sido cometido com violência à pessoa ou grave ameaça. Exs.: pessoas primárias condenadas por homicídio simples, lesão corporal, roubo simples ou extorsão simples.

IV – 30% (trinta por cento) da pena, se for reincidente em crime cometido com violência à pessoa ou grave ameaça. Aplica-se às condenações por crimes cometidos com violência física ou grave ameaça, desde que o réu seja reincidente pela prática de qualquer crime anterior com emprego de violência física ou grave ameaça. Exs.: roubo simples e extorsão; homicídio simples e lesão corporal grave etc. De acordo com o Superior Tribunal de Justiça (*leading case* – REsp 1.910.240/MG), se o sentenciado for reincidente genérico (ex.: réu condenado por furto e depois por roubo), aplica-se o patamar do inciso anterior (25%).

V – 40% (quarenta por cento) da pena, se for condenado pela prática de crime hediondo ou equiparado, se for primário. Exs.: roubo majorado pela restrição da liberdade ou pelo emprego de arma de fogo ou arma de fogo de uso proibido ou restrito, extorsão qualificada pela restrição da liberdade, estupro, favorecimento da prostituição ou de outra forma de exploração sexual de criança ou adolescente ou de vulnerável, tráfico de drogas não privilegiado, tortura, terrorismo etc.

VI – 50% (cinquenta por cento) da pena, se for:

a) condenado pela prática de crime hediondo ou equiparado, com resultado morte, se for primário, vedado o livramento condicional. Exs: homicídio qualificado consumado, latrocínio consumado, estupro qualificado pela morte, tortura qualificada pela morte etc. Saliente-se que para crimes hediondos sem evento morte as regras são mais brandas do que quando há resultado morte. Por isso, embora o homicídio qualificado seja hediondo tanto na forma consumada quanto na tentada, as regras são distintas, conforme se verifica nos incisos V, VI, *a*, VII e VIII;

b) condenado por exercer o comando, individual ou coletivo, de organização criminosa estruturada para a prática de crime hediondo ou equiparado; ou

c) condenado pela prática do crime de constituição de milícia privada. Tal delito está previsto no art. 288-A do Código Penal. Consiste em "constituir, organizar, integrar, manter ou custear organização paramilitar, milícia particular, grupo ou esquadrão com a finalidade de praticar qualquer dos crimes previstos" no Código Penal. A pena é de reclusão, de 4 a 8 anos.

VII – 60% (sessenta por cento) da pena, se for reincidente na prática de crime hediondo ou equiparado.

Após grande controvérsia, o Superior Tribunal de Justiça (*leading case* – REsp 1.910.240/MG – Tema 1.084 da sistemática de recursos repetitivos) estabeleceu o seguinte entendimento: "É reconhecida a retroatividade do patamar estabelecido no art. 112, V, da Lei

n. 13.964/2019, àqueles apenados que, embora tenham cometido crime hediondo ou equiparado sem resultado morte, não sejam reincidentes em delito de natureza semelhante". Com isso, firmou entendimento de que o patamar de 60% somente pode ser aplicado se o sentenciado tiver sido condenado por dois crimes hediondos (reincidência específica na prática de delitos hediondos). Ex.: estupro e roubo majorado pelo emprego de arma de fogo. Caso se trate de reincidente genérico (condenação inicial por crime comum e posterior por crime hediondo), mencionada Corte Superior entende que, ante a ausência de previsão expressa no texto legal, deve ser aplicado o índice de 40%, previsto no inciso V. Posteriormente, o Plenário do Supremo Tribunal Federal firmou entendimento no mesmo sentido no julgamento do ARE 1.327.963, Rel. Min. Gilmar Mendes, j. 17.09.2021 – tema 1.169 em sede de repercussão geral.

VIII – 70% (setenta por cento) da pena, se for reincidente em crime hediondo ou equiparado com resultado morte, vedado o livramento condicional. É o caso, por exemplo, de quem é condenado por homicídio qualificado consumado, latrocínio consumado, estupro qualificado pela morte, tortura qualificada pela morte etc., após já ter sido condenado por outro crime hediondo com morte. O Superior Tribunal de Justiça (*leading case* – REsp 1.910.240/MG) firmou entendimento de que o patamar de 70% somente pode ser aplicado se o sentenciado tiver sido condenado por dois crimes hediondos com resultado morte (reincidência específica na prática de delitos hediondos com morte). Para a mencionada Corte Superior, se o réu foi condenado por crime hediondo com morte, mas havia sido condenado anteriormente por crime comum ou hediondo sem resultado morte, aplica-se o índice de 50% previsto no inciso VI, *a*, em razão da lacuna legal.

Saliente-se que para crimes hediondos sem evento morte as regras são mais brandas do que quando há resultado morte. Por isso, embora o homicídio qualificado seja hediondo tanto na forma consumada quanto na tentada, as regras são distintas, conforme se verifica nos incisos V, VI, *a*, VII e VIII.

Para a progressão do regime fechado para o semiaberto, o condenado deve ter cumprido o montante exigido da pena imposta na sentença ou do total de penas (no caso de várias execuções).

Para o deferimento da progressão de regime, o sentenciado deve ter demonstrado boa conduta carcerária (requisito subjetivo), comprovada pelo diretor do estabelecimento, respeitadas as normas que vedam a progressão.

A Lei n. 10.792/2003 alterou o art. 112 da Lei de Execução Penal, deixando de exigir parecer da Comissão Técnica de Classificação e exame criminológico para a progressão de regime, embora exista quem sustente a inconstitucionalidade da nova redação por ferir o princípio da individualização da pena. O STJ, entretanto, resolveu a questão por meio da Súmula 439, segundo a qual "admite-se o exame criminológico pelas peculiaridades do caso, desde que em decisão motivada". Em suma, o referido exame deixou de ser obrigatório, mas não está proibido, desde que justificada a sua necessidade pelas peculiaridades do caso e desde que o juiz expressamente faça constar na sua decisão quais são essas peculiaridades. No mesmo sentido, a Súmula Vinculante 26 do STF permite que o juiz determine a realização de exame criminológico antes de analisar a progressão de pena nos crimes hediondos e equiparados.

Os tribunais firmaram entendimento no sentido de que, quando for decretada a progressão do regime fechado para o semiaberto, mas não existir vaga para transferência imediata para a colônia penal, deve o condenado ser colocado em regime aberto, pois não pode ele ser prejudicado e ficar aguardando vaga no regime fechado (Súmula Vinculante 56): "a falta de estabelecimento penal adequado não autoriza a manutenção do condenado em regime prisional mais gravoso, devendo-se observar, nesta hipótese, os parâmetros fixados no RE 641.320/RS".

Direito Penal – Parte Geral

Para a progressão do regime semiaberto para o aberto, é necessário, inicialmente, o cumprimento da percentagem exigida pelo art. 112 do restante da pena (quando iniciada a execução no regime fechado) ou da mesma percentagem do total da pena (quando iniciado o cumprimento no semiaberto). Além disso, exige-se que o sentenciado tenha aceitado as condições do programa (da prisão-albergue), as impostas pelo juiz, que esteja trabalhando ou comprove a possibilidade de fazê-lo imediatamente e, por fim, que seus antecedentes e os exames a que se tenha submetido demonstrem que irá ajustar-se, com autodisciplina e senso de responsabilidade, ao novo regime.

As Cortes Superiores firmaram entendimento no sentido de que o marco para a progressão de regime é o da data em que o acusado preenche os requisitos legais e não a do início do cumprimento no regime anterior. Assim, se o acusado primário condenado por crime comum cumpriu 16% de sua pena no regime fechado em 15 de março de determinado ano, mas o juízo das execuções demorou a deferir a progressão e o sentenciado só foi para o regime semiaberto em 15 de dezembro daquele ano, o período de 16% que deve cumprir para progredir futuramente para o regime aberto conta-se a partir de 15 de março. De acordo com o STJ, o termo inicial para a nova progressão é a data em que o sentenciado preenche todos os requisitos para a progressão (objetivos e subjetivos). Nesse sentido: "Alinhando-se a novel orientação da eg. Suprema Corte, a Quinta Turma deste Tribunal Superior, no julgamento do AgRg no REsp n. 1.582.285/MS, de relatoria do e. Min. Ribeiro Dantas, evoluiu em seu entendimento "no sentido de que a data inicial para progressão de regime deve ser aquela em que o apenado preencheu os requisitos do art. 112 da Lei de Execução Penal, e não a data da efetiva inserção do reeducando no regime atual" (AgRg no REsp n. 1.582.285/MS, Quinta Turma, Rel. Min. Ribeiro Dantas, *DJe* de 24/8/2016). IV – Portanto, a data-base para verificação do implemento dos requisitos objetivo e subjetivo, previstos no art. 112 da Lei n. 7.210/1984, deverá ser definida de forma casuística, fixando-se como termo inicial o momento em que preenchido o último requisito pendente, seja ele o objetivo ou o subjetivo" (HC 526.825/SP, Rel. Min. Leopoldo de Arruda Raposo (desembargador convocado do TJ/PE), 5ª Turma, j. 12.11.2019, *DJe* 20.11.2019).

É vedada a progressão por saltos, ou seja, iniciado o cumprimento da pena em regime fechado, o sentenciado deve passar pelo regime semiaberto antes de ser colocado no regime aberto. Nesse sentido existe, inclusive, a Súmula 491 do STJ, publicada em agosto de 2012.

De acordo com o art. 112, § 3º, da Lei de Execuções Penais (com a redação dada pela Lei n. 13.769/2018), a progressão de regime para mulheres gestantes, mães ou responsáveis por crianças ou pessoas com deficiência pode se dar pelo cumprimento de 1/8 da pena, se o crime não tiver sido cometido com emprego de violência ou grave ameaça, se a sentenciada não tiver integrado organização criminosa, se for primária e tiver bom comportamento carcerário e não tiver cometido o crime contra filho ou dependente. Essa regra só vale para crimes comuns.

Nos termos do art. 112, § 2º, da Lei de Execuções Penais, com a redação dada pela Lei n. 13.964/2019, a decisão do juiz que determinar a progressão de regime será sempre motivada e precedida de manifestação do Ministério Público e do defensor.

O art. 33, § 4º, do Código Penal, introduzido pela Lei n. 10.763/2003, condiciona a progressão do regime de pessoa condenada por crime contra a administração pública à reparação do dano causado, ou à devolução do produto do ilícito praticado, com os acréscimos legais. O Plenário do Supremo Tribunal Federal considerou tal dispositivo constitucional: "É constitucional o art. 33, § 4º, do Código Penal, que condiciona a progressão de regime, no caso de crime contra a Administração Pública, à reparação do dano ou à devolução do produto do ilícito" (EP 22 ProgReg-AgR, Rel. Min. Roberto Barroso, Tribunal Pleno, j. 17.12.2014, processo eletrônico *DJe*-052, divul. 17.03.2015, public. 18.03.2015).

A Lei n. 8.072/90 (Lei dos Crimes Hediondos), em sua redação originária, estabelecia que, para os crimes hediondos, a tortura, o terrorismo e o tráfico de drogas, a pena deveria ser cumprida em regime integral fechado, ou seja, sem ter direito o condenado a progressão para regimes mais brandos. Durante quase 16 anos, o Supremo Tribunal Federal considerou constitucional essa vedação, tendo, inclusive, aprovado a Súmula 698 nesse sentido. Ocorre que, de modo surpreendente, ao julgar o HC 82.959/SP, em 23 de fevereiro de 2006, o mesmo Supremo Tribunal Federal, por maioria de votos, declarou a inconstitucionalidade da mencionada redação originária do art. 2º, § 1º, da Lei n. 8.072/90 (Lei dos Crimes Hediondos), por entender que a proibição de progressão de regime feria os princípios da individualização da pena e da dignidade humana. De acordo com o Supremo, o regime progressivo é um direito reconhecido na Constituição, embutido no princípio da individualização da pena. Com essa decisão, os condenados por crimes comuns ou por crimes hediondos poderiam obter a progressão com o mero cumprimento de 1/6 da pena, razão pela qual foi rapidamente apresentado projeto de lei que, aprovado, transformou-se na Lei n. 11.464, publicada em 29 de março de 2007. Esta lei alterou o art. 2º da Lei n. 8.072/90, estabelecendo as seguintes regras:

a) *o condenado por crimes hediondos ou delitos equiparados necessariamente deve iniciar a pena em regime fechado* (art. 2º, § 1º, da Lei n. 8.072/90).

Assim, mesmo que o réu fosse primário e a pena não superior a 8 anos, o juiz deveria determinar o início da pena em regime fechado.

Acontece que o Plenário do Supremo Tribunal Federal, em 27 de junho de 2012, declarou, por oito votos contra três, a inconstitucionalidade deste dispositivo por entender que a obrigatoriedade de regime inicial fechado para crimes com pena não superior a 8 anos também fere o princípio constitucional da individualização da pena. Assim, mesmo para crimes hediondos, tráfico de drogas, terrorismo e tortura, o regime inicial só poderá ser o fechado (quando a pena fixada não for maior do que 8 anos) se o acusado for reincidente ou se as circunstâncias do caso concreto indicarem uma gravidade diferenciada daquele crime específico, o que deverá constar expressamente da fundamentação da sentença. Essa decisão ocorreu no julgamento do HC 111.840/ES. Em novembro de 2017, confirmando tal entendimento, o Supremo Tribunal Federal aprovou a tese 972, em sede de repercussão geral: "É inconstitucional a fixação *ex lege*, com base no art. 2º, § 1º, da Lei n. 8.072/90, do regime inicial fechado, devendo o julgador, quando da condenação, ater-se aos parâmetros previstos no art. 33 do Código Penal".

b) *a progressão dar-se-á com o cumprimento mínimo de 2/5 da pena, se o sentenciado for primário, e de 3/5 se reincidente* (art. 2º, § 2º, da Lei n. 8.072/90).

Ocorre que esse dispositivo foi expressamente revogado pela Lei n. 13.964/2019, que, ao mesmo tempo, modificou a redação do art. 112 da Lei de Execuções Penais, e trouxe uma série de regras relativas à progressão de regime para crimes hediondos e equiparados.

Pelas regras atuais, a progressão pressupõe o cumprimento ao menos de:

1) 40% da pena, se for condenado pela prática de crime hediondo ou equiparado, se for primário (art. 112, V);

2) 50% da pena, se for condenado pela prática de crime hediondo ou equiparado, com resultado morte, se for primário, vedado o livramento condicional (art. 112, VI, *a*);

3) 60% da pena, se for reincidente na prática de crime hediondo ou equiparado (art. 112, VII);

4) 70% da pena, se for reincidente em crime hediondo ou equiparado com resultado morte, vedado o livramento condicional (art. 112, VIII).

Direito Penal – Parte Geral

Essas novas regras só valem para os crimes cometidos após a entrada em vigor da Lei n. 13.964/2019.

Note-se, pois, que, dependendo da época em que cometido o delito, há três possibilidades: a) para os condenados por crimes hediondos ou equiparados praticados antes de 29 de março de 2007 (data da entrada em vigor da Lei n. 11.464/2007), deve haver o cumprimento de 1/6 da pena – em razão da declaração da inconstitucionalidade da redação originária da Lei dos Crimes Hediondos que vedava a progressão de regime; b) cumprimento de 2/5 da pena, se primário, e 3/5 se reincidente, para fatos ocorridos da entrada em vigor da Lei n. 11.464/2007, em 29 de março de 2007, até o dia anterior à entrada em vigor da Lei n. 13.964/2019, em 23 de janeiro de 2020, exceto se as regras dessa última forem mais benéficas; c) as diversas regras atuais insertas no art. 112, V a VII, da Lei de Execuções Penais para fatos ocorridos após a entrada em vigor da Lei n. 13.964/2019).

A Súmula Vinculante 26 do Supremo Tribunal Federal ressalva que o juiz, a fim de verificar se o condenado por crime hediondo está apto para a progressão a regime mais brando, pode determinar a realização do exame criminológico. O texto da súmula é o seguinte: "Para efeito de progressão de regime no cumprimento da pena por crime hediondo, ou equiparado, o juízo da execução observará a inconstitucionalidade do art. 2º da Lei n. 8.072, de 25 de julho de 1990, sem prejuízo de avaliar se o condenado preenche, ou não, os requisitos objetivos e subjetivos do benefício, podendo determinar para tal fim, de modo fundamentado, a realização do exame criminológico". É evidente que a súmula se refere à redação originária do art. 2º da Lei n. 8.072/90. No mesmo sentido, existe a Súmula 471 do Superior Tribunal de Justiça.

De acordo com o art. 1º da Lei n. 8.072/90, constituem crimes hediondos, em suas formas consumadas ou tentadas: **a)** o homicídio praticado em atividade típica de grupo de extermínio, ainda que cometido por um só agente (art. 121 do CP); **b)** o homicídio qualificado (art. 121, § 2º); **c)** a lesão corporal dolosa de natureza gravíssima (art. 129, § 2º) e a lesão corporal seguida de morte (art. 129, § 3º), quando praticadas contra autoridade ou agente descrito nos arts. 142 e 144 da Constituição Federal, integrantes do sistema prisional e da Força Nacional de Segurança Pública, no exercício da função ou em decorrência dela, ou contra seu cônjuge, companheiro ou parente consanguíneo até terceiro grau, em razão dessa condição; **d)** o roubo circunstanciado pela restrição da liberdade da vítima (art. 157, § 2º, inciso V); **e)** o roubo circunstanciado pelo emprego de arma de fogo (art. 157, § 2º-A, inciso I) ou pelo emprego de arma de fogo de uso proibido ou restrito (art. 157, § 2º-B); **f)** o roubo qualificado pelo resultado lesão corporal grave ou morte (art. 157, § 3º); **g)** a extorsão qualificada pela restrição da liberdade da vítima, ocorrência de lesão corporal ou morte (art. 158, § 3º); **h)** a extorsão mediante sequestro (art. 159); **i)** o estupro (art. 213); **j)** o estupro de vulnerável (art. 217-A); **k)** a epidemia com resultado morte (art. 267, § 1º); **l)** a falsificação de produtos terapêuticos ou medicinais (art. 273); **m)** o favorecimento da prostituição ou de outra forma de exploração sexual de criança ou adolescente ou de vulnerável (art. 218-B, *caput*, e §§ 1º e 2º); **n)** o furto qualificado pelo emprego de explosivo ou de artefato análogo que cause perigo comum (art. 155, § 4º-A); **o)** o genocídio (art. 1º da Lei n. 2.889/56); **p)** a posse ou porte ilegal de arma de fogo de uso proibido (art. 16, § 2º, da Lei n. 10.826/2003); **q)** o comércio ilegal de armas de fogo (art. 17 da Lei n. 10.826/2003); **r)** o tráfico internacional de arma de fogo, acessório ou munição (art. 18 da Lei n. 10.826/2003); e **s)** o crime de organização criminosa, quando direcionado à prática de crime hediondo ou equiparado (art. 2º, *caput*, da Lei n. 12.850/2013).

São equiparados a hediondos: a tortura (Lei n. 9.455/97), o tráfico de drogas (Lei n. 11.343/2006) e o terrorismo (Lei n. 13.260/2016). Observe-se que no julgamento do HC 118.533, Rel. Min. Cármen Lúcia, em 23.06.2016, o Plenário do STF decidiu que o tráfico privilegiado de drogas não possui natureza hedionda. Posteriormente, a Lei n. 13.964/2019, inseriu no art. 112, § 5º, da Lei de Execuções Penais, previsão expressa no sentido de que o tráfico privilegiado não possui natureza equiparada à dos crimes hediondos. Por isso, a progressão de regime pode se dar com o cumprimento de 16% da pena imposta – ao passo que no tráfico comum (não privilegiado) a progressão pressupõe o cumprimento de 40% da pena. Considera-se privilegiado o tráfico quando o agente é primário, tem bons antecedentes, não se dedica às atividades criminosas e não integra organização criminosa. Em tal hipótese, descrita no art. 33, § 4º, da Lei de Drogas, a pena do réu será reduzida de 1/6 a 2/3.

O art. 2º, § 2º, da Lei n. 8.072/90 foi expressamente revogado pela Lei n. 13.964/2019. Tal dispositivo, em sua parte final, previa regras mais brandas para a progressão de regime – relativa a crimes hediondos ou equiparados – para mulheres gestantes, mães ou responsáveis por crianças ou pessoas com deficiência, se o crime não tivesse sido cometido com emprego de violência ou grave ameaça, se a sentenciada não integrasse organização criminosa, se fosse primária e tivesse bom comportamento carcerário e não tivesse cometido o crime contra filho ou dependente. Com a revogação do dispositivo, o tempo de cumprimento de pena para gestantes, mães ou responsáveis por crianças ou pessoas com deficiência, conseguirem progressão de regime em relação a crimes hediondos ou equiparados é o mesmo exigido para as demais pessoas exceto para crimes cometidos antes da entrada em vigor da Lei n. 13.964/2019.

De acordo com o art. 2º, § 9º, da Lei n. 12.850/2013, com a redação dada pela Lei n. 13.964/2019, o condenado expressamente em sentença por integrar organização criminosa ou por crime praticado por meio de organização criminosa não poderá progredir de regime de cumprimento de pena ou obter livramento condicional ou outros benefícios prisionais **se houver elementos probatórios que indiquem a manutenção do vínculo associativo**, ou seja, que ainda integra a organização.

1.1.6. REGRESSÃO DE REGIME

É a transferência do condenado para qualquer dos regimes mais rigorosos, nas hipóteses previstas em lei.

Nos termos do art. 118 da Lei de Execução Penal, a regressão deve-se dar:

a) Quando o agente praticar fato definido como crime doloso: para que seja decretada a regressão não é necessária a condenação transitada em julgado, basta a prática do delito. Nesse sentido, a Súmula 526 do STJ: "o reconhecimento de falta grave decorrente do cometimento de fato definido como crime doloso no cumprimento da pena prescinde do trânsito em julgado de sentença penal condenatória no processo penal instaurado para apuração do fato".

b) Quando o agente praticar falta grave: de acordo com o art. 50 da Lei de Execuções Penais, as hipóteses de falta grave para o preso que cumpre pena privativa de liberdade são as seguintes I – incitação ou participação em movimento para subverter a ordem ou disciplina; II – fuga; III – posse indevida de instrumento capaz de ofender a integridade física de outrem; IV – provocação de acidente do trabalho; V – descumprimento, no regime aberto, das condições impostas; VI – inobservância do dever de obediência ao servidor e respeito a qualquer pessoa com quem deva relacionar-se ou do dever de executar o trabalho, as tarefas ou ordens recebidas; VII – posse, utilização ou fornecimento de aparelho telefônico, rádio ou similar, que permita a comunicação com outros presos ou com o ambiente externo; VIII – recusar submeter-se ao procedimento de identificação do perfil genético (condenados por crime doloso praticado com violência grave contra a pessoa, bem como por crime contra a vida, a liberdade sexual ou por crime sexual contra vulnerável).

Em 13 de setembro de 2023, a 3ª Seção do Superior Tribunal de Justiça aprovou as seguintes súmulas: a) Súmula 660: "a posse, pelo apenado, de aparelho celular ou de seus

Direito Penal – Parte Geral

componentes essenciais constitui falta grave"; b) Súmula 661: "a falta grave prescinde da perícia do celular apreendido ou de seus componentes essenciais".

Como não existe prazo legal expressamente descrito em lei, o Superior Tribunal de Justiça firmou entendimento de que a apuração de falta grave prescreve em três anos por analogia ao art. 109, VI, do Código Penal (menor prazo prescricional previsto no Código em relação às penas privativas de liberdade).

Praticada a infração disciplinar (cometimento de crime doloso, falta grave etc.), deverá ser instaurado procedimento apuratório, no qual o acusado terá o direito de ser ouvido (exceto se estiver foragido), devendo o juiz proferir decisão fundamentada, decretando ou não a regressão. De acordo com a Súmula 533 do STJ, "para o reconhecimento da prática de falta disciplinar no âmbito da execução penal, é imprescindível a instauração de procedimento administrativo pelo diretor do estabelecimento prisional, assegurado o direito de defesa, a ser realizado por advogado constituído ou defensor público nomeado". De ver-se, todavia, que o Plenário da Corte Suprema, no julgamento do RE 972.598, Rel. Roberto Barroso, j. 04.05.2020 (Repercussão Geral – Tema 941), aprovou a seguinte tese: "A oitiva do condenado pelo Juízo da Execução Penal, em audiência de justificação realizada na presença do defensor e do Ministério Público, afasta a necessidade de prévio Procedimento Administrativo Disciplinar (PAD), assim como supre eventual ausência ou insuficiência de defesa técnica no PAD instaurado para apurar a prática de falta grave durante o cumprimento da pena".

Durante o procedimento apuratório, a autoridade administrativa poderá determinar o isolamento preventivo do faltoso pelo prazo máximo de 10 dias (art. 60 da LEP).

c) Quando o agente sofre nova condenação, cuja soma com a pena anterior torna incabível o regime atual.

Além disso, nos termos do art. 36, § 2º, do Código Penal, se o sentenciado estiver no regime aberto, dar-se-á a regressão se ele frustrar os fins da execução (parar de trabalhar, não comparecer à prisão-albergue etc.) ou se, podendo, não pagar a pena de multa cumulativamente imposta (existe forte entendimento doutrinário no sentido de que esta última hipótese foi implicitamente revogada pela Lei n. 9.268/96, que deixou de permitir a conversão da pena de multa em prisão). Será também possível a regressão de regime no caso de cumprimento da pena no regime aberto domiciliar, caso o condenado descumpra as condições do monitoramento eletrônico judicialmente determinado.

Observação: o art. 118, I, da Lei de Execução Penal dispõe que o preso que comete falta grave fica sujeito a regressão para regime mais rigoroso. Assim, se estiver no regime aberto irá para o semiaberto e se estiver neste regredirá para o fechado. Veja-se, entretanto, que não é possível regredir o preso que já está no regime fechado quando pratica a falta grave, uma vez que é o mais rigoroso existente. Assim, as Cortes Superiores firmaram entendimento de que, em tal caso, a contagem do prazo para a progressão deve reiniciar-se. O prazo, entretanto, deve ser contado com base no tempo remanescente de pena e não no tempo total imposto na sentença. Nesse sentido, a Súmula 534 do STJ: "a prática de falta grave interrompe a contagem do prazo para a progressão de regime de cumprimento de pena, o qual se reinicia a partir do cometimento dessa infração". Posteriormente, a Lei n. 13.964/2019 trouxe regra expressa no mesmo sentido com o seguinte teor: "o cometimento de falta grave durante a execução da pena privativa de liberdade interrompe o prazo para a obtenção da progressão no regime de cumprimento da pena, caso em que o reinício da contagem do requisito objetivo terá como base a pena remanescente" (art. 52, § 6º, da LEP).

Saliente-se que, se o condenado estiver no regime aberto ou semiaberto e cometer a falta grave, haverá a regressão para regime mais rigoroso (art. 118, I, da LEP), e a nova progressão terá como base o período remanescente de pena (art. 52, § 6º, da LEP).

Exemplo: o réu primário, condenado por crime comum, cometido sem violência ou grave ameaça, está cumprindo pena no regime semiaberto e está prestes a cumprir 16% de pena neste regime (art. 112, I, da LEP) e comete falta grave. Em tal situação, deve regredir ao regime fechado, iniciando-se nova contagem, ou seja, não basta que cumpra o que faltava para completar 16% no semiaberto. O novo período para obter o benefício, entretanto, deve levar em conta o restante da pena, e não o montante inicialmente imposto na sentença. Em suma, após a regressão o condenado deverá cumprir 16% da pena restante para obter a progressão. O índice de 16% foi mencionado no exemplo por se tratar de crime comum cometido sem violência ou grave ameaça e por ser o condenado primário. É claro que o índice poderá ser outro dependendo do tipo de crime praticado e do fato de o réu ser primário ou reincidente.

Por sua vez, a prática de falta grave não interrompe o prazo para fim de comutação de pena ou de indulto (Súmula 535 do STJ).

1.1.7. REGIME ESPECIAL (ART. 37)

Dispõe o art. 37 do Código Penal que as mulheres devem cumprir pena em estabelecimento próprio, observando-se os deveres e direitos inerentes à sua condição pessoal. Veja-se que a própria Constituição Federal estabelece que "a pena será cumprida em estabelecimentos distintos, de acordo com a natureza do delito, a idade e o **sexo** do apenado" (art. 5º, XLVIII). O art. 82, § 1º, da Lei de Execução Penal estabelece também que os maiores de 60 anos devem cumprir pena separadamente dos demais, em estabelecimento próprio e adequado à sua condição pessoal.

1.1.8. DIREITOS DO PRESO (ART. 38)

Estabelece o art. 38 do Código Penal que o preso conserva todos os direitos não atingidos pela perda da liberdade, impondo-se a todas as autoridades o respeito à sua integridade física e moral.

A Constituição Federal consagra que aos presos é assegurado o direito à integridade física e moral (art. 5º, XLIX). Assim, para assegurar tal proteção, o legislador tipificou como crime de tortura submeter "pessoa presa ou sujeita a medida de segurança a sofrimento físico ou mental, por intermédio da prática de ato não previsto em lei ou não resultante de medida legal" (art. 1º, § 1º, da Lei n. 9.455/97).

A Carta Magna também assegura aos presos que comprovarem insuficiência de recursos assistência jurídica integral (art. 5º, LXXIV), indenização por erro judiciário ou por permanência na prisão acima do tempo determinado (LXXV) e condições para que as presidiárias possam amamentar seus filhos (L).

Além disso, o art. 41 da Lei de Execução Penal estabelece que constituem direitos do preso: alimentação e vestuário; trabalho remunerado; previdência social; proporcionalidade na distribuição do tempo para o trabalho, descanso e recreação; exercício das atividades profissionais, intelectuais, artísticas e desportivas anteriores (desde que compatíveis com a execução da pena); assistência material, à saúde, jurídica, educacional, social e religiosa; proteção contra qualquer forma de sensacionalismo; entrevista pessoal e reservada com seu advogado; visita do cônjuge, companheira, parentes e amigos em dias determinados; ser chamado pelo próprio nome; igualdade de tratamento em relação aos outros presos (salvo quanto a peculiaridades da pena); audiência especial com o diretor do estabelecimento; representação e petição a qualquer autoridade, em defesa de direito; contato com o mundo exterior por meio de correspondência escrita, leitura e outros meios de informação que não comprometam a moral e os bons costumes. Nos termos do art. 42 da mesma lei, esses direitos também valem para os presos provisórios (em flagrante, por prisão preventiva e temporária) e para os submetidos à medida de segurança.

Direito Penal – Parte Geral

O condenado tem também o direito de receber, anualmente, atestado de pena a cumprir, sob pena de responsabilização da autoridade judiciária competente (art. 41, XVI, da LEP).

Não se deve esquecer, contudo, do disposto no art. 15, III, da Constituição Federal, no sentido de que haverá suspensão dos direitos políticos com a condenação criminal **transitada em julgado**, enquanto durarem seus efeitos. Os presos provisórios, portanto, têm direito a voto.

1.1.9. TRABALHO DO PRESO (ART. 39)

O art. 39 do Código Penal reza que o trabalho do preso será sempre remunerado, sendo-lhe garantidos os direitos da previdência social.

1.1.10. DA REMIÇÃO

O art. 126 da Lei de Execução Penal, com a redação dada pela Lei n. 12.433/2011, trata desse instituto estabelecendo que o condenado que cumpre pena no regime fechado ou semiaberto pode descontar, para cada 3 dias trabalhados ou 12 horas de frequência escolar, 1 dia no restante da pena. Se o condenado estudar 4 horas por dia e também trabalhar, o benefício poderá ser cumulado, ou seja, poderá descontar 2 dias da pena a cada 3 em que tenha estudado e concomitantemente trabalhado (art. 126, § 3º, da LEP). Além disso, o tempo a remir pelo estudo será acrescentado de 1/3 se o condenado concluir o ensino fundamental, médio ou superior, durante o cumprimento da pena, desde que a conclusão seja certificada pelo órgão competente de educação (art. 126, § 5º, da LEP). O estudo pode se dar pelo sistema presencial ou a distância.

O preso provisório que trabalhe ou estude antes da sentença terá direito à remição, caso condenado em definitivo (art. 126, § 7º, da LEP).

O preso impossibilitado, por acidente, de prosseguir no trabalho ou nos estudos, continuará a beneficiar-se com a remição (art. 126, § 4º, da LEP).

A remição deve ser declarada pelo juiz, ouvido o Ministério Público. Se o condenado, posteriormente, for punido com falta grave, o juiz poderá revogar até 1/3 do tempo remido (art. 127). O STF, por meio da Súmula Vinculante 9, havia decidido que a perda dos dias remidos pela prática de falta grave não era inconstitucional, e que a perda se referia a todos os dias trabalhados. Tal súmula perdeu a eficácia após a nova redação dada ao art. 127 pela Lei n. 12.433/2011.

De acordo com a Súmula 441 do STJ, a falta grave não interrompe o prazo para a obtenção do livramento condicional, ou seja, o condenado perde até 1/3 dos dias remidos, mas o restante da pena já cumprido (efetivamente ou por remição) é contado para a obtenção do livramento. De acordo com o art. 83, III, *b*, do Código Penal, com a redação dada pela Lei n. 13.964/2019, a prática de falta grave impede, por 12 meses, a obtenção do livramento. Assim, se o condenado cometer a falta grave quando faltar menos de 12 meses para atingir o prazo do benefício, deverá aguardar mais 12 meses.

Somente são computados os dias em que o preso desempenhar a jornada completa de trabalho, excluindo-se os feriados e finais de semana. Por sua vez, as 12 horas de estudo, que dão direito a 1 dia de remição, devem ser divididas ao menos em 3 dias (art. 126, § 1º, I, da LEP).

A autoridade administrativa (do presídio) deve encaminhar mensalmente ao Juízo das Execuções relatório descrevendo os dias trabalhados e estudados pelos condenados.

De acordo com a Súmula 562 do Superior Tribunal de Justiça, "é possível a remição de parte do tempo de execução da pena quando o condenado, em regime fechado ou semiaberto, desempenha atividade laborativa, ainda que extramuros".

Novidade da Lei n. 12.433/2011 é a possibilidade de o condenado que esteja em regime aberto ou em livramento condicional remir parte da execução da pena ou do período de prova pelo estudo (e não pelo trabalho, que é obrigação dos condenados em tais situações), nos termos do art. 126, § 6º, da Lei de Execuções Penais.

Tem sido também admitida a remição pela leitura e resenha de livros: "A jurisprudência deste Superior Tribunal de Justiça tem admitido que a norma do art. 126 da LEP, ao possibilitar a abreviação da pena, tem por objetivo a ressocialização do condenado, sendo possível o uso da analogia *in bonam partem*, que admita o benefício em comento em razão de atividades que não estejam expressas no texto legal, como no caso, a leitura e resenha de livros, nos termos da Recomendação n. 44/2013 do Conselho Nacional de Justiça" (STJ – HC 353.689/SP, Rel. Min. Felix Fischer, 5ª Turma, j. 14.06.2016, *DJe* 1º.08.2016). No mesmo sentido, dentre outros: STJ – HC 312.486/SP, Rel. Min. Sebastião Reis Júnior, j. 09.06.2015, *DJe* 22.06.2015.

A Recomendação n. 44/2013 do Conselho Nacional de Justiça regulamenta a remição pela leitura.

1.1.11. LEGISLAÇÃO ESPECIAL (ART. 40)

O art. 40 do Código Penal diz que a legislação especial regulará a matéria prevista nos arts. 38 (direitos do preso) e 39 (trabalho do preso), bem como especificará os deveres e direitos do preso, os critérios para revogação e transferência dos regimes e estabelecerá as infrações disciplinares e correspondentes sanções.

A lei especial que regulamenta tais temas é a Lei n. 7.210/84, chamada de Lei de Execução Penal, já mencionada.

1.1.12. SUPERVENIÊNCIA DE DOENÇA MENTAL (ART. 41)

O condenado a quem sobrevém doença mental durante o cumprimento da pena deverá ser recolhido a hospital de custódia e tratamento psiquiátrico ou, à falta, a outro estabelecimento adequado (art. 41 do CP).

1.1.13. DETRAÇÃO PENAL (ART. 42)

Detração é o cômputo, na pena privativa de liberdade e na medida de segurança, do tempo da prisão provisória cumprida no Brasil ou no estrangeiro, de prisão administrativa ou de internação em hospital de custódia ou tratamento psiquiátrico. Em outras palavras, significa que, se o sujeito permaneceu preso durante o processo, em razão de prisão em flagrante, preventiva ou qualquer outra forma de prisão provisória, o tempo de permanência no cárcere será descontado do tempo da pena privativa de liberdade imposta na sentença final. Assim, se alguém foi condenado a 3 anos e 6 meses e havia ficado preso por 6 meses aguardando a sentença, terá de cumprir apenas o restante da pena, ou seja, 3 anos.

A detração aplica-se qualquer que tenha sido o regime de cumprimento fixado na sentença (fechado, semiaberto ou aberto). Também se aplica a algumas penas restritivas de direitos (prestação de serviços à comunidade ou a entidades públicas, interdição temporária de direitos e limitação de fim de semana) porque estas substituem a pena privativa de liberdade pelo mesmo tempo aplicado na sentença (art. 55). Suponha-se que uma pessoa ficou presa 6 meses aguardando a sentença e foi condenada a 8 meses de detenção, sendo que o juiz substituiu a pena privativa de liberdade por prestação de serviços à comunidade (pena restritiva de direitos). A prestação de serviços teria de ser feita por 8 meses, mas, descontando-se o tempo em que o condenado ficou preso, terá de cumprir apenas os 2 meses faltantes.

Direito Penal – Parte Geral

Quanto à possibilidade de aplicação da detração à pena de multa, havia divergência acerca do tema, mas a reforma trazida pela Lei n. 9.268/96, que alterou a redação do art. 51 do Código Penal vedando a conversão da pena de multa em detenção, retirou os argumentos de quem sustentava a possibilidade da detração. Atualmente, portanto, entende-se ser incabível a detração quando se impõe pena de multa na sentença, até porque o art. 42 é taxativo e não menciona a possibilidade de detração em relação à multa.

Em relação ao *sursis*, também é incabível a detração porque se trata de pena substitutiva que não guarda proporção com a pena privativa de liberdade aplicada na sentença. Com efeito, o *sursis* é aplicado por um período de 2 a 4 anos para substituir pena privativa de liberdade não superior a 2 anos. Assim, se alguém é condenado a 1 ano de reclusão e o juiz concede o *sursis* por 2 anos, não pode ser descontado o tempo de prisão provisória. Veja-se, entretanto, que se o *sursis* for revogado a consequência será o cumprimento da pena originariamente imposta na sentença (1 ano). Nesse caso, poderá ser feita a detração.

Quanto à medida de segurança, é fácil notar que o art. 42 admite a detração. O problema é que na medida de segurança o juiz fixa apenas o prazo mínimo de seu cumprimento (1 a 3 anos), sendo que o período indeterminado perdura enquanto não for averiguada, mediante perícia médica, a cessação da periculosidade (art. 97, § 1º, do CP). Ora, se a perícia médica constatar que não houve a cessação da periculosidade, o juiz determinará a continuidade da internação até a próxima perícia e assim sucessivamente. Como, então, aplicar a detração? Entende-se que a detração será aplicada em relação ao prazo mínimo. Assim, se na sentença o juiz fixou o prazo de 1 ano para a realização da primeira perícia médica e o sentenciado já havia ficado preso ou internado provisoriamente por 3 meses, será esta realizada antes do prazo (9 meses), descontando-se o período de internação provisória.

1.1.13.1. Detração e fixação do regime inicial

O art. 387, § 2º, do Código de Processo Penal, com redação dada pela Lei n. 12.736/2012, diz que o juiz, ao proferir a sentença, deve levar em conta o tempo de prisão provisória, prisão administrativa ou internação (detração), no Brasil ou no estrangeiro, para a fixação do regime inicial. Surgiram, então, dois entendimentos:

a) Interpretação literal: o juiz simplesmente deve aplicar a pena seguindo o critério trifásico e, em seguida, descontar o tempo de prisão provisória para, com base no montante final, fixar o regime inicial.

A crítica que se faz a tal entendimento é a de que viola o princípio constitucional da individualização da pena e também o princípio da igualdade. É que, com base em tal interpretação, quem venha a ser condenado a 8 anos e 2 meses e já tenha ficado preso 4 meses, terá pena restante a cumprir 16% (supondo-se que se trate de crime comum cometido sem violência ou grave ameaça) da pena e preencher os requisitos subjetivos (bom comportamento na prisão etc.) é que iria para o semiaberto. Note-se que o menor índice para progressão de regime, previsto no art. 112, I, da Lei de Execuções Penais, é de 16% (réu primário, crime comum sem violência ou grave ameaça). Se aplicado esse índice no exemplo acima, o réu condenado a 8 anos e 2 meses, que não ficou preso provisoriamente, só poderia progredir após cumprir aproximadamente 16 meses de pena.

b) Interpretação lógico-sistemática e histórica: a intenção do legislador foi somente a de permitir que o juiz do processo de conhecimento, caso tenha em mãos a documentação necessária, aplique regime inicial mais brando mediante a satisfação dos requisitos exigidos para a progressão, de modo a evitar que os condenados fiquem em regime mais gravoso por mais tempo do que o necessário aguardando a execução provisória.

Observando a Exposição de Motivos do Projeto de Lei[1] (de iniciativa do Governo, assinada pelo Ministro da Justiça) e os pareceres das comissões da Câmara[2] e do Senado[3], percebe-se que foi exatamente isso o que foi debatido e aprovado, estando claro, inclusive, que não se trata de obrigação, e sim de faculdade do juiz sentenciante (cuidando-se, portanto, de competência concorrente com o juízo das execuções). Assim, se o magistrado, ao julgar procedente a ação penal, verificar que o acusado já teria tempo para a progressão e caso já exista nos autos comprovação dos requisitos subjetivos, poderá estabelecer o regime mais brando.

Se, entretanto, o juiz não tiver em mãos atestado de bom comportamento ou se entender que é pertinente a realização do exame criminológico, poderá deixar a análise para o juízo das execuções. Nada disso, contudo, precisará ser cogitado se o acusado não tiver cumprido o tempo mínimo de pena exigido pelo art. 112 da Lei de Execuções Penais por ocasião da sentença.

1.2. PENAS RESTRITIVAS DE DIREITOS (ART. 43)

As penas restritivas de direitos são **autônomas** e **substituem** a pena privativa de liberdade por certas restrições ou obrigações. Dessa forma, as restritivas têm caráter **substitutivo**, ou seja, não são previstas em abstrato no tipo penal e, assim, não podem ser aplicadas diretamente. Por isso, o juiz deve aplicar a pena privativa de liberdade e, presentes os requisitos legais, substituí-la pela restritiva (art. 54 do CP).

A Lei n. 9.714, de 25 de novembro de 1998, alterou profundamente alguns dispositivos do Código Penal, aumentando as espécies de penas restritivas de direitos e o seu âmbito de incidência. O art. 43 do Código Penal prevê, em sua atual redação, as seguintes penas restritivas de direitos: prestação pecuniária, perda de bens e valores, prestação de serviços à comunidade ou a entidades públicas, interdição temporária de direitos e limitação de fim de semana.

Nos termos do art. 55, as penas restritivas têm a mesma duração da pena privativa de liberdade aplicada (exceto nos casos de substituição por prestação pecuniária ou perda de bens e valores). Em razão disso, sendo alguém condenado, por exemplo, a 9 meses de detenção, o juiz poderá substituir a pena por exatos 9 meses de prestação de serviços à comunidade.

---

[1] "O que se almeja com o presente projeto, portanto, é que o abatimento da pena cumprida provisoriamente possa ser aplicada, também, pelo juiz do processo de conhecimento que exarar a sentença condenatória conferindo maior celeridade e racionalidade ao sistema de justiça criminal, evitando a permanência da pessoa presa em regime que já não mais corresponde à sua situação jurídica concreta."

[2] "Com efeito, a possibilidade de a detração ser reconhecida já pelo juiz que proferir a sentença condenatória, inclusive para fins de determinação do regime inicial do cumprimento da pena privativa de liberdade, fará justiça com o condenado que do instituto puder se beneficiar, evitando privações de liberdade por tempo maior do que o devido, e trará vantagens para a execução penal, aliviando o grave problema da superpopulação carcerária.

Note-se que não é revogado o art. 66, III, c, da Lei de Execução Penal, de tal sorte que ambos os juízos serão competentes para os fins pretendidos. Assim, o voto é pela constitucionalidade, juridicidade, boa técnica legislativa e, no mérito, pela aprovação do PL n. 2.784, de 2011, com a emenda oferecida em anexo." Sala da Comissão, em 18 de maio de 2012. Deputado Luiz Couto.

[3] "Quanto ao mérito, verificamos, de fato, que a atual redação do Código de Processo Penal acaba por exigir providência burocrática em tudo desnecessária.

É que compete ao juiz da execução analisar a possibilidade de progressão de regime com base no tempo de prisão cumprido. Assim, é na Vara das Execuções Penais que o recém-condenado deve deduzir o pedido próprio, que ainda tramitará por algum tempo, sendo que o juiz sentenciante possui na grande maioria das vezes todos os dados necessários à apreciação dessa pretensão." 31 de outubro de 2012. Relator Senador Romero Jucá.

Direito Penal – Parte Geral

Veja-se, também, que, por serem penas substitutivas, não podem ser aplicadas cumulativamente com a pena privativa de liberdade.

Os requisitos previstos no art. 44 do Código Penal para a aplicação das penas restritivas são os seguintes:

a) Que o crime seja culposo (qualquer que tenha sido a pena fixada), ou que, nos crimes dolosos, seja aplicada pelo juiz pena privativa de liberdade não superior a 4 anos, desde que o delito tenha sido cometido sem o emprego de violência ou de grave ameaça à pessoa (art. 44, I, do CP).

Observações:

1. Apesar de o crime de tráfico de entorpecentes não envolver necessariamente o emprego de violência ou grave ameaça, os condenados por esse tipo de infração penal não poderiam obter a substituição por pena restritiva de direitos por haver expressa vedação no art. 44, *caput*, da Lei n. 11.343/2006 (Lei Antidrogas). Ocorre que o Supremo Tribunal Federal, por maioria de votos, no julgamento em Plenário do HC 97.256/RS, em setembro de 2010, declarou a inconstitucionalidade desta proibição argumentando que ela fere o princípio da individualização da pena. Em suma, o Supremo entendeu que, se para todos os crimes cometidos sem violência ou grave ameaça, é possível a substituição se a pena fixada não superar 4 anos, não pode o legislador proibi-la aos traficantes, se a pena a ele fixada estiver dentro de tal patamar. É preciso lembrar que, em regra, a pena mínima prevista para o tráfico é de 5 anos (art. 33, *caput*, da Lei n. 11.343/2006), contudo, se o traficante for primário e de bons antecedentes, o juiz poderá reduzir essa pena de 1/6 a 2/3, desde que evidenciado que ele não se dedica costumeiramente ao tráfico e que não integra organização criminosa (art. 33, § 4º, da Lei). É exatamente nesses casos, em que a pena acaba sendo igual ou inferior a 4 anos, que a substituição por pena restritiva de direitos passou a ser admitida pelo STF.

> **ATENÇÃO**: vedação idêntica à substituição por pena restritiva de direitos existe no próprio art. 33, § 4º, da Lei Antidrogas, porém, perdeu também sua validade desde a referida decisão do Supremo Tribunal Federal. Nesse sentido, existe, inclusive, a Resolução n. 5 do Senado Federal, publicada em 16 de fevereiro de 2012: "é suspensa a execução da expressão 'vedada a conversão em penas restritivas de direitos' do § 4º do art. 33 da Lei n. 11.343, de 23 de agosto de 2006, declarada inconstitucional por decisão definitiva do Supremo Tribunal Federal nos autos do HC 97.256/RS".

2. Os crimes de lesões corporais de natureza leve (art. 129, *caput*), de constrangimento ilegal (art. 146) e de ameaça (art. 147), apesar de serem dolosos e cometidos com emprego de violência ou grave ameaça, não podem ser tidos como excluídos do benefício, uma vez que são considerados infrações de menor potencial ofensivo (pena não superior a 2 anos), admitindo-se em relação a eles a aplicação imediata de multa ou de pena restritiva de direitos até mesmo na audiência preliminar, antes do oferecimento da denúncia. Ora, com muito mais razão não se pode deixar de admitir o benefício ao final, por ocasião da sentença de mérito.

3. Crimes praticados com violência doméstica ou familiar contra a mulher. O art. 17 da Lei n. 11.340/2006, conhecida como Lei Maria da Penha, estabelece que "é vedada a aplicação, nos casos de violência doméstica ou familiar contra a mulher, de penas de cesta básica ou outras de prestação pecuniária, bem como a substituição de pena que implique o pagamento isolado de multa". Trata-se, em verdade, de vedação meramente parcial, pois a conversão em outras espécies de penas restritivas não foi proibida. Note-se que a lei se refere a violência doméstica, o que *a priori* excluiria todas as penas restritivas. Acontece que a palavra "violência" na Lei Maria da Penha foi utilizada de maneira genérica, abrangendo, além da violência contra a pessoa e a grave ameaça, condutas como furto, estelionato e apropriação indébita, dentre outras, contra a mulher, no âmbito doméstico ou familiar (art. 7º da Lei n. 11.340/2006). Assim, conclui-se que: 1) nos crimes com violência física efetiva ou grave ameaça contra a mulher, abrangidos pela Lei n. 11.340/2006, não se mostra cabível qualquer substituição por pena alternativa. De acordo com a Súmula 588 do Superior Tribunal de Justiça, "a prática de crime ou contravenção penal contra a mulher com violência ou grave ameaça no ambiente doméstico impossibilita a substituição da pena privativa de liberdade por restritiva de direitos". 2) nos crimes em que não haja violência real ou grave ameaça (furto, estelionato etc.), só não será cabível a substituição por pena de cesta básica ou outras pecuniárias, bem como a substituição por pena exclusiva de multa.

4. Nos crimes de homicídio culposo e lesão culposa grave ou gravíssima, se o agente conduzia veículo automotor com capacidade psicomotora alterada em razão da influência de álcool ou de outra substância psicoativa que determine dependência, o art. 312-B do Código de Trânsito Brasileiro veda expressamente a substituição por penas restritivas de direitos. Tal regra foi inserida pela Lei n. 14.071/2020.

b) Que o réu não seja reincidente em crime doloso (art. 44, II, do CP). Excepcionalmente, entretanto, o art. 44, § 3º, admite a substituição ao réu reincidente, desde que o juiz verifique a presença de dois requisitos: ser a medida recomendável no caso concreto em face da condenação anterior e que a reincidência não se tenha operado em virtude da prática do mesmo crime (reincidência específica – ainda que um crime seja simples e o outro qualificado). Em suma, se a reincidência for em crime doloso, a substituição não será cabível, nos termos expressos do art. 44, II, do Código Penal. Se, todavia, a reincidência não for em crime doloso (um crime doloso e um culposo; dois crimes culposos), o benefício será possível se a medida for socialmente recomendável e não se tratar de reincidência na prática do mesmo crime (ex.: dois homicídios culposos na direção de veículo automotor).

Este, contudo, não é o entendimento do Superior Tribunal de Justiça. Para tal Corte, a reincidência genérica em crime doloso não impede, por si só, a substituição. Veja-se: "1. Consoante o art. 44, § 3º, do CP, o condenado reincidente pode ter sua pena privativa de liberdade substituída por restritiva de direitos, se a medida for socialmente recomendável e a reincidência não se operar no mesmo crime. 2. Conforme o entendimento atualmente adotado pelas duas Turmas desta Terceira Seção – e que embasou a decisão agravada –, a reincidência em crimes da mesma espécie equivale à específica, para obstar a substituição da pena. 3. Toda atividade interpretativa parte da linguagem adotada no texto normativo, a qual, apesar da ocasional fluidez ou vagueza de seus termos, tem limites semânticos intransponíveis. Existe, afinal, uma distinção de significado entre 'mesmo crime' e 'crimes de mesma espécie'; se o legislador, no particular dispositivo legal em comento, optou pela primeira expressão, sua escolha democrática deve ser respeitada. 4. Apesar das possíveis incongruências práticas causadas pela redação legal, a vedação à analogia *in malam partem* impede que o Judiciário a corrija, já que isso restringiria a possibilidade de aplicação da pena substitutiva e, como tal, causaria maior gravame ao réu. 5. No caso concreto, apesar de não existir o óbice da reincidência específica tratada no art. 44, § 3º, do CP, a substituição não é recomendável, tendo em vista a anterior prática de crime violento (roubo). Precedentes das duas Turmas. 6. Agravo regimental desprovido, com a proposta da seguinte tese: a reincidência específica tratada no art. 44, § 3º, do CP, somente se aplica quando forem idênticos (e não apenas de mesma espécie) os crimes praticados" (AgRg no AREsp 1.716.664/SP, Rel. Min. Ribeiro Dantas, 3ª Seção, j. 25.08.2021, *DJe* 31.08.2021). Em suma, o Superior Tribunal de Justiça firmou entendimento de que apenas a reincidência no mesmo tipo penal constitui vedação expressa à substituição, como, por exemplo, se o réu foi condenado por furto e furto,

Direito Penal – Parte Geral

ou estelionato e estelionato. Caso, todavia, tenha sido condenado por furto e depois estelionato, em relação a este último crime, não há, em tese, vedação. A Corte Superior, contudo, ressalta que, em muitos casos, não será possível a substituição em face da reincidência genérica em crime doloso, se a medida não se mostrar suficiente no caso concreto (requisito que será analisado abaixo), devendo tal aspecto ser expressamente fundamentado na sentença. Ex.: pessoa multirreincidente, ou condenada primeiro por roubo (crime com violência ou grave ameaça) e furto.

c) A culpabilidade, os antecedentes, a conduta social e a personalidade do agente, bem como os motivos e as circunstâncias indicarem que essa substituição seja suficiente para a prevenção e repressão do crime (art. 44, III, do CP).

1.2.1. PRESTAÇÃO PECUNIÁRIA (ART. 45, § 1º)

Nos termos do art. 45, § 1º, a prestação pecuniária consiste no pagamento em dinheiro à vítima, a seus dependentes ou à entidade pública ou privada com destinação social, de importância fixada pelo juiz, não inferior a 1 salário mínimo nem superior a 360 salários mínimos. Ressalte-se que, caso haja concordância do beneficiário, a prestação pecuniária pode consistir em prestação de outra natureza (entrega de cestas básicas a entidades públicas ou privadas etc.).

No caso de prestação pecuniária paga à vítima ou a seus dependentes, o montante pago será descontado de eventual condenação em ação de reparação de danos proposta na área cível.

Não se deve confundir a pena restritiva de direitos denominada **prestação pecuniária** (cujo valor reverte em favor da vítima, seus dependentes ou entidades públicas ou particulares com destinação social) com a pena de **multa** (originária ou substitutiva), cujo valor reverte em favor do Fundo Penitenciário.

Observações:

a) O art. 17 da Lei n. 11.340/2006 estabelece que, nos crimes praticados mediante violência doméstica ou familiar contra mulher, é vedada a substituição da pena por prestação pecuniária ou pela entrega de cestas básicas.

b) O art. 226, § 2º, do ECA (Lei n. 8.069/90), com a redação dada pela Lei n. 14.344/2022, proíbe a aplicação de pena de prestação pecuniária ou de entrega de cestas básicas à pessoa condenada por crime que envolva violência doméstica ou familiar contra pessoas menores de 18 anos.

1.2.2. PERDA DE BENS OU VALORES (ART. 45, § 3º)

Refere-se a bens ou valores (títulos, ações) **pertencentes ao condenado** e que reverterão em favor do Fundo Penitenciário Nacional, tendo como teto – o que for maior – o montante do prejuízo causado ou o provento obtido pelo agente ou por terceiro em consequência da prática do crime.

Não se confunda o instituto em análise, que é **pena substitutiva**, com a perda em favor da União, tratada pelo art. 91, II, do Código Penal, que é **efeito secundário da condenação** (aplicado cumulativamente à pena privativa de liberdade ou de outra natureza), dos instrumentos do crime, que consistam em coisas cujo fabrico, alienação, uso, porte ou detenção constituam fato ilícito, ou do produto do crime ou de qualquer bem ou valor que constituam proveito auferido pelo agente com a prática do fato criminoso.

1.2.3. PRESTAÇÃO DE SERVIÇOS À COMUNIDADE OU ENTIDADES PÚBLICAS (ART. 46)

Consiste na atribuição ao condenado de tarefas **gratuitas** em entidades assistenciais, hospitais, escolas, orfanatos ou outros estabelecimentos congêneres, em programas comunitários ou estatais (art. 46, § 2º). A prestação dos serviços, portanto, não é remunerada.

O art. 46, *caput*, do Código Penal somente admite essa pena restritiva de direitos quando o réu for condenado a pena privativa de liberdade superior a 6 meses.

As tarefas serão atribuídas pelo juiz de acordo com as aptidões do condenado, devendo ser cumpridas à razão de **uma hora de tarefa por dia de condenação**, fixadas de forma a não prejudicar sua jornada normal de trabalho. Veja-se, porém, que o art. 46, § 4º, dispõe que, se a pena substituída for superior a 1 ano, é facultado ao condenado cumpri-la em período menor, nunca inferior à metade da pena originariamente imposta na sentença. Em suma, o agente poderá cumprir a pena mais rapidamente, perfazendo um maior número de horas-tarefa em espaço mais curto de tempo.

É o juiz da execução quem designa a entidade na qual o sentenciado prestará os serviços (art. 149 da LEP), devendo tal entidade encaminhar, mensalmente, ao Juízo das Execuções um relatório sobre o comparecimento e o aproveitamento do condenado (art. 150).

Quando se tratar de condenação por crime previsto no Código de Trânsito Brasileiro (Lei n. 9.503/97), o juiz deverá, caso considere presentes os requisitos legais para a substituição da pena privativa de liberdade por restritiva de direitos, observar a regra de seu art. 312-A (inserido pela Lei n. 13.281/2016), segundo o qual a pena restritiva deverá ser a de prestação de serviço à comunidade ou a entidades públicas, em uma das seguintes atividades: I – trabalho, aos fins de semana, em equipes de resgate dos corpos de bombeiros e em outras unidades móveis especializadas no atendimento a vítimas de trânsito; II – trabalho em unidades de pronto-socorro de hospitais da rede pública que recebem vítimas de acidente de trânsito e politraumatizados; III – trabalho em clínicas ou instituições especializadas na recuperação de acidentados de trânsito; IV – outras atividades relacionadas a resgate, atendimento e recuperação.

1.2.4. INTERDIÇÃO TEMPORÁRIA DE DIREITOS (ART. 47)

O art. 47 do Código Penal esclarece que as penas de interdição temporária de direitos são:

"I – proibição do exercício de cargo, função ou atividade pública, bem como de mandato eletivo;

II – proibição do exercício de profissão, atividade ou ofício que dependam de habilitação especial, de licença ou autorização do poder público;

III – suspensão de autorização ou de habilitação para dirigir veículo;

IV – proibição de frequentar determinados lugares;

V – proibição de inscrever-se em concurso, avaliação ou exame públicos".

O art. 56 do Código Penal, por sua vez, estabelece que "as penas de interdição, previstas nos incisos I e II do art. 47 deste Código, aplicam-se para todo o crime cometido no exercício de profissão, atividade, ofício, cargo ou função, sempre que houver violação dos deveres que lhes são inerentes".

Já o art. 57 reza que a interdição prevista no art. 47, III, do Código Penal aplica-se aos crimes culposos de trânsito. Observe-se, entretanto, que o atual Código de Trânsito Brasileiro (Lei n. 9.503/97) criou crimes específicos de homicídio e lesões corporais culposas na direção de veículo automotor, para os quais é prevista pena de suspensão ou proibição de obter Permissão para Dirigir ou Carteira de Habilitação, cumulativa com a pena privativa de liber-

Direito Penal – Parte Geral

dade, de tal forma que se encontra revogado o inciso III do art. 47 do Código Penal, no que se refere à suspensão da habilitação.

A proibição de frequentar determinados locais refere-se a bares, boates, casas de prostituição etc.

Por fim, a proibição de inscrever-se em concurso, avaliação ou exames públicos é modalidade de pena criada pela Lei n. 12.550/2011, destinada a pessoas condenadas por fraude em certame de interesse público (art. 311-A do CP).

1.2.5. LIMITAÇÃO DE FIM DE SEMANA (ART. 48)

Consiste na obrigação de permanecer, aos sábados e domingos, por 5 horas diárias, em casa do albergado ou outro estabelecimento adequado. Durante a permanência, poderão ser ministrados ao condenado cursos ou palestras ou atribuídas atividades educativas (parágrafo único).

1.2.6. REGRAS PARA A SUBSTITUIÇÃO (ART. 44, § 2º)

a) Se a pena fixada for igual ou inferior a 1 ano e o crime tiver sido cometido sem violência contra pessoa ou grave ameaça, a substituição pode ser feita por multa ou por uma pena restritiva de direitos (art. 44, § 2º, 1ª parte, do CP).

Se o delito envolver violência ou grave ameaça, poderá haver substituição por pena de multa somente se a pena fixada na sentença não for superior a 6 meses e desde que presentes os requisitos do art. 44, II e III, do Código Penal. Esta regra encontra-se no art. 60, § 2º, do Código Penal. Ex.: pessoa condenada a 3 meses de detenção por lesão corporal leve contra o próprio pai. Observação: há quem entenda que este art. 60, § 2º, do Código Penal foi tacitamente revogado pela Lei n. 9.714/98, que inseriu a regra descrita no parágrafo anterior admitindo a substituição por multa nas condenações até 1 ano. De ver-se, entretanto, que referido dispositivo trata de tema diverso, ou seja, de crimes que não envolvem violência contra pessoa ou grave ameaça.

b) Se a condenação for superior a 1 ano e não superior a 4 anos, poderá ser substituída por uma pena restritiva de direitos e multa ou por duas penas restritivas de direitos (art. 44, § 2º, 2ª parte, do CP).

Observação: com o advento da Lei n. 9.714/98, passou o juiz a ter uma série de opções por ocasião da lavratura da sentença. Assim, nas penas não superiores a 2 anos, poderá optar pela concessão do *sursis*, caso entenda ser a medida mais pertinente ao caso concreto. Poderá, ainda, apesar da primariedade do réu, entender que a substituição por multa, por pena restritiva de direitos ou pelo *sursis* é insuficiente e, assim, não proceder a estas, mantendo a pena privativa de liberdade em seu regime inicial aberto (para condenações não superiores a 4 anos).

1.2.7. RECONVERSÃO DA PENA RESTRITIVA DE DIREITOS EM PRIVATIVA DE LIBERDADE (ART. 44)

Estabelece o art. 44, § 4º, do Código Penal que haverá mencionada reconversão quando ocorrer o descumprimento injustificado da restrição imposta. Nesse caso, no cálculo da pena privativa de liberdade a ser executada será deduzido o tempo já cumprido da pena restritiva de direitos, respeitado o cumprimento de, no mínimo, 30 dias de detenção ou reclusão. Assim, se alguém condenado a 10 meses de detenção, após cumprir 6 meses da pena restritiva de direitos (limitação de fim de semana, p. ex.), passa a descumprir injustificadamente a pena imposta, terá de cumprir os 4 meses restantes de detenção.

Haverá também revogação quando o condenado praticar qualquer das faltas graves previstas no art. 51, II e III, da Lei de Execução Penal.

Por fim, o art. 44, § 5º, do Código Penal dispõe que, "sobrevindo condenação a **pena privativa de liberdade, por outro crime**, o juiz da execução decidirá sobre a conversão, podendo deixar de aplicá-la se for possível ao condenado cumprir a pena substitutiva anterior". Ex.: se havia sido aplicada pena substitutiva de prestação pecuniária e sobrevém condenação a pena privativa de liberdade por outro crime, nada impede que seja mantida a prestação pecuniária anteriormente fixada para o primeiro delito, pois a prisão em relação ao segundo não impede o cumprimento daquela. De outro lado, se havia sido condenado a pena de prestação de serviço à comunidade, tornar-se-á inviável seu cumprimento pela imposição de pena privativa de liberdade.

No julgamento do tema 1.106, em sede de recursos repetitivos, o Superior Tribunal de Justiça firmou entendimento no sentido de que a condenação posterior a pena privativa de liberdade em regime **aberto** torna possível o cumprimento simultâneo da pena restritiva imposta, qualquer que tenha sido, de modo que não gera a reconversão (REsp 1.918.287/MG, Rel. Min. Laurita Vaz, j. 27.04.2022).

Além disso, a 3ª Seção do Superior Tribunal de Justiça, também no julgamento do tema 1.106, em sede de recursos repetitivos, aprovou tese no sentido de que a condenação posterior a pena restritiva de direitos a quem já estava condenado a pena privativa de liberdade não gera a reconversão, ainda que as penas sejam incompatíveis. Em tal hipótese, de acordo com a Corte Superior, a pena restritiva deverá ser cumprida ao término da pena privativa de liberdade (REsp 1.918.287/MG, Rel. Min. Laurita Vaz, j. 27.04.2022). O fundamento da decisão foi o fato de que a lei somente prevê a reconversão na hipótese inversa (superveniência de pena privativa de liberdade a quem já estava condenado a pena restritiva de direitos incompatível).

1.3. PENA DE MULTA (ART. 49)

A reforma penal da Parte Geral de 1984 adotou o critério do dia-multa, revogando, assim, todos os dispositivos que fixavam a pena de multa em valores expressos em cruzeiros.

Existem duas espécies de multa:

a) aquela expressamente prevista no preceito secundário do tipo penal. Ex.: no crime de furto simples, a pena prevista no art. 155, *caput*, do Código Penal é reclusão, de 1 a 4 anos, e **multa**;

b) aquela aplicada em substituição a uma pena privativa de liberdade não superior a 1 ano (art. 44, § 2º, do CP). É chamada de multa substitutiva ou vicariante.

1.3.1. CÁLCULO DO VALOR DA MULTA (ART. 49, § 1º)

O juiz deve, inicialmente, fixar o número de dias-multa, que será no mínimo de 10 e no máximo de 360 (art. 49). Na fixação do *quantum* de dias-multa, o juiz deve levar em conta o critério trifásico descrito no art. 68 do Código Penal (circunstâncias judiciais, agravantes e atenuantes genéricas, e causas de aumento ou diminuição de pena).

Na sequência, deve fixar o valor de cada dia-multa, não podendo este ser inferior a 1/30 do maior salário mínimo mensal vigente no país, nem superior a 5 vezes esse salário (art. 49, § 1º). Na fixação desse valor, o juiz deve atentar à situação econômica do réu (art. 60). Em suma, a ideia do dia-multa é punir o agente com o pagamento de uma multa que tenha valor equivalente a um dia do seu trabalho. Assim, como o menor salário do país é o salário míni-

Direito Penal – Parte Geral

mo, o juiz deve fixar o valor do dia-multa em 1/30 desse mínimo exatamente quando o acusado percebe apenas tal salário por mês. Suponha-se que uma pessoa tenha remuneração mensal de 30 salários mínimos. Significa que o agente recebe, por dia, em torno de 1 salário mínimo e, assim, o valor de cada dia-multa deve ser exatamente de 1 salário mínimo.

Veja-se, ainda, que, mesmo sendo o valor do dia-multa fixado no patamar máximo, poderá ele ser ineficaz no caso concreto, ante a enorme riqueza do acusado. Por isso o art. 60, § 1º, estabelece que, nesses casos, poderá o juiz até triplicar o valor da multa.

1.3.2. ATUALIZAÇÃO DA MULTA (ART. 49, § 2º)

O § 2º do art. 49 estabelece que, por ocasião da execução, o valor da multa deve ser atualizado de acordo com os índices de correção monetária. Surgiram, então, várias correntes acerca do termo *a quo* (data inicial) para a atualização monetária, prevalecendo, atualmente, o entendimento do Superior Tribunal de Justiça, no sentido de que a atualização deve dar-se a partir da data do fato.

1.3.3. PAGAMENTO DA MULTA (ART. 50)

Transitada em julgado a sentença que impôs pena de multa, os autos vão para o contador judicial, que efetuará a atualização de seu valor. O juiz, após ouvir o Ministério Público, homologa tal valor e determina a intimação do condenado, para que, no prazo de 10 dias, efetue o pagamento.

A pedido do sentenciado, e conforme as circunstâncias, o juiz pode permitir o parcelamento da multa (art. 50, *caput*).

O § 1º do art. 50 permite, ainda, que a cobrança da multa seja efetuada mediante desconto no vencimento ou salário do condenado, desde que não incida sobre os recursos indispensáveis ao seu sustento e de sua família, quando:

a) aplicada isoladamente;

b) aplicada cumulativamente com pena restritiva de direitos;

c) concedida a suspensão condicional da pena.

Assim, efetuado o pagamento, por desconto nos vencimentos ou por ato do condenado, o juiz decretará a extinção da pena.

1.3.4. CONSEQUÊNCIAS DO NÃO PAGAMENTO DA PENA DE MULTA

A Lei n. 9.268/96 alterou profundamente a execução da pena de multa ao modificar o art. 51 do Código Penal e estabelecer que, com o trânsito em julgado da sentença condenatória, a multa será considerada dívida de valor, aplicando-se-lhe as normas da legislação relativa à dívida ativa da Fazenda Pública, inclusive no que concerne às causas interruptivas e suspensivas da prescrição. Assim, está vedada a conversão da pena de multa em detenção, no caso do seu não pagamento por condenado solvente (conforme permitia a antiga redação do art. 51 e seus §§ 1º e 2º, que estabeleciam a conversão na proporção de 1 dia de detenção por dia-multa fixado na sentença). Por isso, o Supremo Tribunal Federal aprovou a Súmula 693, estabelecendo que "não cabe *habeas corpus* contra decisão condenatória a pena de multa, ou relativo a processo em curso por infração penal a que a pena pecuniária seja a única cominada". É que, nesses casos, não existe mais a possibilidade de o condenado ser futuramente preso em decorrência de tal delito.

A nova redação do art. 51 do Código Penal fez surgir controvérsia a respeito do modo de execução da pena de multa, tendo surgido duas correntes.

A primeira sustentava que, como o art. 51 diz que devem ser aplicadas as normas relativas à dívida ativa, inclusive no que concerne às causas interruptivas e suspensivas da prescrição, o processo de execução deveria seguir integralmente a legislação tributária. Assim, a atribuição para promover a execução da multa seria da Fazenda Pública (Procuradoria Fiscal) e não mais do Ministério Público. A multa não mais teria caráter penal, devendo o seu valor ser inscrito na dívida ativa. Por isso, a competência para a execução seria do Juízo das Execuções Fiscais e não mais da Vara das Execuções Penais. O procedimento para a execução é também o da legislação tributária. Este o entendimento adotado no Superior Tribunal de Justiça, que, inclusive, aprovou a Súmula 521 nesse sentido: "A legitimidade para a execução fiscal de multa pendente de pagamento imposta em sentença condenatória é exclusiva da Procuradoria da Fazenda Pública".

A outra corrente aduz que a modificação no art. 51 teria trazido apenas duas modificações: vedação da conversão da pena de multa em detenção e adoção do procedimento executório da Lei de Execução Fiscal, inclusive quanto às causas interruptivas e suspensivas da prescrição da legislação tributária. Dessa forma, a atribuição para promover a execução continuaria sendo do Ministério Público, devendo esta tramitar junto à Vara das Execuções Criminais, mas de acordo com o procedimento da legislação tributária. Em 13 de dezembro de 2018, o Plenário do Supremo Tribunal Federal, no julgamento da ADI 3.150, firmou entendimento de que esta é a interpretação correta, de modo que a atribuição para a execução da pena de multa é do Ministério Público – perante a Vara das Execuções Criminais, pois a multa é de caráter penal. Apenas em caso de eventual inércia do Ministério Público, a Fazenda, supletivamente, pode promover a execução.

A Lei n. 13.964/2019 modificou novamente a redação do art. 51 do Código Penal para consagrar em definitivo este último entendimento, ou seja, a nova redação deixa expresso que a execução da multa deve ser feita no juízo das execuções penais, tendo, portanto, caráter penal.

1.3.5. VEDAÇÕES DE MULTA SUBSTITUTIVA

O art. 17 da Lei n. 11.340/2006 proíbe a substituição de pena que implique o pagamento isolado de multa nos crimes cometidos com violência doméstica ou familiar contra a mulher.

O art. 226, § 2º, do ECA (Lei n. 8.069/90), com a redação dada pela Lei n. 14.344/2022, proíbe a substituição da pena privativa de liberdade por pena exclusiva de multa quando o delito for praticado com violência doméstica ou familiar contra pessoa menor de 18 anos.

1.3.6. CUMULAÇÃO DE MULTAS

Há inúmeras infrações em que a pena privativa de liberdade é prevista em abstrato cumulativamente com a pena de multa, por exemplo, os crimes de usurpação de função pública (art. 328), cuja pena é de detenção de 3 meses a 2 anos, e multa, ou de prescrição culposa de droga (art. 38 da Lei n. 11.343/2006), cuja pena é de detenção de 6 meses a 2 anos, e multa. Suponha-se que o juiz aplique, no primeiro caso, pena de 3 meses de detenção e 10 dias-multa. Poderia ele converter os 3 meses de detenção em outros 10 dias-multa e somá-los à outra pena pecuniária? Damásio de Jesus (*Comentários ao Código Penal*, 2. ed., Saraiva, v. 2, p. 622) e Alberto Silva Franco (*Temas de direito penal – Breves anotações sobre a Lei n. 7.209/84*, Saraiva, p. 187) entendem que a pena substituta absorve a multa original, uma vez que o dispositivo faz menção ao art. 44, III, do Código Penal, que apenas permite a substituição quando as circunstâncias indicarem que ela é **suficiente**. Alexandre de Moraes e Gianpaolo Poggio Smanio, por outro lado, argumentam que, "como na lei se considera que

Direito Penal – Parte Geral

a reprovação do crime exige, abstratamente, além da pena privativa de liberdade, a sanção pecuniária, não poderá o magistrado ater-se somente à substituição da primeira, ignorando por completo a segunda" (*Legislação penal especial*, Atlas, p. 190). É esse também o nosso entendimento, pois, do contrário, uma das penas previstas em abstrato estaria simplesmente sendo deixada de lado. Assim, o juiz deverá aplicá-las cumulativamente.

Veja-se, entretanto, que nas hipóteses de cumulação previstas em lei especial deve-se levar em conta o teor da Súmula 171 do Superior Tribunal de Justiça: "Cominadas cumulativamente, em lei especial, penas privativas de liberdade e pecuniária, é defeso (**proibida**) a substituição da prisão por multa". O argumento para a edição de tal súmula é de que as leis especiais não preveem a possibilidade de substituição das penas privativas de liberdade por multa. Existem, porém, muitas críticas a ela, já que o art. 12 do Código Penal permite a aplicação supletiva de suas normas gerais às leis especiais.

2 DA APLICAÇÃO DA PENA (CAP. III)

O Código Penal, em seu art. 68, consagrou o critério **trifásico** para a fixação da pena, adotando a teoria defendida por Nélson Hungria. Assim, a pena-base será fixada atendendo--se aos critérios do art. 59 do Código Penal (circunstâncias judiciais); em seguida, serão consideradas as circunstâncias atenuantes e agravantes genéricas; por último, as causas de diminuição e de aumento de pena.

As qualificadoras não entram nas fases de fixação da pena, pois, com o reconhecimento de uma qualificadora, altera-se a própria pena em abstrato, partindo o juiz, já de início, de outros patamares. Assim, se o juiz reconhece um furto simples, iniciará a 1ª fase de fixação da pena tendo por base os limites desta previstos no art. 155, *caput*, do Código Penal, ou seja, reclusão, de 1 a 4 anos, e multa. Com o reconhecimento de uma qualificadora, o juiz iniciará a 1ª fase tendo em mente a pena de reclusão, de 2 a 8 anos, e multa, previstas no art. 155, § 4º, do Código Penal.

2.1. APLICAÇÃO DAS CIRCUNSTÂNCIAS JUDICIAIS (1ª FASE)

O juiz, ao julgar procedente a ação penal, deve fixar a pena, passando pelas três fases descritas no art. 68 do Código Penal.

Na 1ª fase, deverão ser consideradas as circunstâncias do art. 59, chamadas de circunstâncias judiciais ou inominadas, uma vez que não são elencadas taxativamente na lei, constituindo apenas um parâmetro para o magistrado, que, diante das características do caso concreto, deverá aplicá-las.

O art. 59 menciona as seguintes circunstâncias:

a) **Culpabilidade**. Refere-se ao grau de reprovabilidade da conduta, de acordo com as condições pessoais do agente e das características do crime.

b) **Antecedentes**. São os fatos bons ou maus da vida pregressa do autor do crime. Adiante estudaremos que a reincidência constitui agravante genérica, aplicada na 2ª fase da fixação da pena. Ocorre que a reincidência deixa de gerar efeitos após 5 anos do término do cumprimento da pena, passando tal condenação a ser considerada apenas para fim de reconhecimento de maus antecedentes. A Súmula 444 do STJ dispõe que "é vedada a utilização de inquéritos policiais e ações penais em curso para agravar a pena-base". Do mesmo modo, por lógica, também não podem ser considerados maus antecedentes os inquéritos já arquivados e ações penais nas quais o réu tenha sido absolvido.

Com relação aos atos infracionais cometidos por adolescentes que, após a maioridade, venham a cometer crime, o Superior Tribunal de Justiça tem decidido que não podem ser considerados maus antecedentes para a elevação da pena-base, tampouco podem ser utilizados para caracterizar personalidade voltada para a prática de crimes ou má conduta social. Nesse sentido: HC 663.705/SP, Rel. Min. Laurita Vaz, 6ª Turma, j. 22.03.2022.

c) **Conduta social**. Refere-se ao comportamento do agente em relação às suas atividades profissionais, relacionamento familiar e social etc. Na prática, as autoridades limitam-se a elaborar um questionário, respondido pelo próprio acusado, no qual este informa detalhes acerca de sua vida social, familiar e profissional. Tal questionário, entretanto, é de pouca valia.

d) **Personalidade**. O juiz deve analisar o temperamento e o caráter do acusado, levando ainda em conta a sua periculosidade. Personalidade, portanto, é a índole do sujeito, seu perfil psicológico e moral.

   O Superior Tribunal de Justiça, no julgamento do tema 1.077, em sede de recursos repetitivos, aprovou a seguinte tese: "Condenações criminais transitadas em julgado, não consideradas para caracterizar a reincidência, somente podem ser valoradas, na primeira fase da dosimetria, a título de antecedentes criminais, não se admitindo sua utilização para desabonar a personalidade ou a conduta social do agente" (REsp 1.794.854/DF, Rel. Min. Laurita Vaz, 3ª Seção, j. 23.06.2021, *DJe* 1º.07.2021).

e) **Motivos do crime**. São os precedentes psicológicos do crime, ou seja, os fatores que o desencadearam, que levaram o agente a cometê-lo. Se o motivo do crime constituir qualificadora, causa de aumento ou diminuição de pena ou, ainda, agravante ou atenuante genérica, não poderá ser considerado como circunstância judicial, para evitar o *bis in idem* (dupla exasperação pela mesma circunstância).

f) **Circunstâncias do crime**. Refere-se à maior ou menor gravidade do delito em razão do *modus operandi* no que diz respeito aos instrumentos do crime, tempo de sua duração, forma de abordagem, objeto material, local da infração etc. Ex.: não se pode apenar igualmente o assaltante que comete o roubo de um relógio por ação delituosa com duração inferior a 10 segundos e o que o comete no interior de residência, mantendo os moradores por diversas horas sob grave ameaça, enquanto recolhem os bens que serão subtraídos. É evidente que no último caso a pena-base deve ser fixada em patamar bem mais elevado.

g) **Consequências do crime**. Referem-se à maior ou menor intensidade da lesão produzida no bem jurídico em decorrência da infração penal. Exs.: no crime de lesões corporais culposas, a gravidade destas não altera a tipificação do crime, que se amolda sempre ao art. 129, § 6º, do Código Penal. Tal gravidade será, entretanto, considerada na fixação da pena-base, pois, quão mais graves as lesões, maiores as consequências do delito; no crime de extorsão mediante sequestro (art. 159), o pagamento do resgate é mero exaurimento, pois o crime já se havia consumado com a privação da liberdade da vítima. Acontece que a pena-base deve ser fixada em patamar mais elevado na hipótese em que os familiares da vítima efetivamente pagaram o resgate, pois, nesse caso, o crime se reveste de maior gravidade por terem sido efetivamente atingidos dois bens jurídicos (liberdade individual e patrimônio).

h) **Comportamento da vítima**. Se fica demonstrado que o comportamento anterior da vítima de alguma forma estimulou a prática do crime ou, de alguma outra maneira, influenciou negativamente o agente, a sua pena deverá ser abrandada.

   Essas circunstâncias descritas no art. 59 do Código Penal, além de servirem de fundamento para que o juiz possa fixar a pena-base, são também relevantes em outros aspectos. Assim, nos termos dos incisos I, III e IV desse artigo, deverão também ser consideradas para que o juiz escolha a pena aplicável dentre as cominadas (privativa de liberdade ou multa, p. ex.), para que fixe o regime inicial de cumprimento da pena privativa de liberdade e para que avalie a possibilidade de substituição da pena privativa de liberdade por outra espécie de pena nas hipóteses legais.

Direito Penal – Parte Geral

Além disso, os arts. 77, II, do Código Penal e 89 da Lei n. 9.099/95 estabelecem, respectivamente, que o *sursis* e a suspensão condicional do processo só serão aplicados quando as circunstâncias do art. 59 autorizarem a concessão do benefício, ou seja, quando forem favoráveis ao acusado.

Veja-se, por fim, que o art. 59, II, do Código Penal deixa claro que, nessa 1ª fase, o juiz jamais poderá sair dos limites legais previstos em abstrato para a infração penal, ou seja, a pena não pode ser fixada acima do máximo ou abaixo do mínimo legal.

2.2. APLICAÇÃO DAS AGRAVANTES E ATENUANTES GENÉRICAS (2ª FASE)

Fixada a pena-base com fundamento nas circunstâncias judiciais do art. 59, deve o juiz passar para a 2ª fase, qual seja a aplicação de eventuais agravantes ou atenuantes genéricas. As agravantes estão descritas nos arts. 61 e 62 do Código Penal, enquanto as atenuantes estão contidas nos arts. 65 e 66. O montante do aumento referente ao reconhecimento de agravante ou atenuante genérica fica a critério do juiz, não havendo, portanto, um índice preestabelecido. Na prática, o critério mais usual é aquele no qual o magistrado aumenta a pena em 1/6 para cada agravante reconhecida na sentença. Da mesma forma que ocorre com as circunstâncias do art. 59, não pode o juiz, ao reconhecer agravante ou atenuante genérica, fixar a pena acima ou abaixo do mínimo legal (Súmula 231 do STJ).

2.2.1. AGRAVANTES GENÉRICAS EM ESPÉCIE

O art. 61 do Código Penal reza que são circunstâncias que sempre agravam a pena (quando não constituem elementar ou qualificadora do crime):

inciso I) A reincidência. Nos termos do art. 63 do Código Penal, considera-se reincidente aquele que comete novo crime depois do trânsito em julgado de sentença que, no País ou no estrangeiro, o tenha condenado por crime anterior.

Não se pode esquecer, entretanto, da regra descrita no art. 7º da Lei das Contravenções Penais que, ao complementar o conceito de reincidência, estabeleceu verificar-se esta quando o agente pratica uma contravenção depois de passar em julgado a sentença que o tenha condenado, no Brasil ou no estrangeiro, por qualquer crime, ou, no Brasil, por motivo de contravenção.

Assim, pela legislação vigente, resultante da combinação dos dois dispositivos, temos as seguintes situações:

CONDENAÇÃO	NOVA INFRAÇÃO	ARTIGO
Contravenção praticada no Brasil	Contravenção	REINCIDENTE (art. 7º)
Contravenção praticada no exterior	Contravenção	NÃO REINCIDENTE (o art. 7º é omisso)
Contravenção	Crime	NÃO REINCIDENTE (o art. 63 é omisso)
Crime praticado no Brasil ou no exterior	Crime	REINCIDENTE (art. 63)
Crime praticado no Brasil ou no exterior	Contravenção	REINCIDENTE (art. 7º)

Além disso, não se deve esquecer o teor do art. 64, I, do estatuto penal, que prevê que a condenação anterior não prevalecerá, para fim de reincidência, após o decurso de 5 anos a partir da data do cumprimento da pena, computando-se nesse prazo, se for o caso, o período de prova do *sursis* ou do livramento condicional, se não tiver ocorrido revogação do benefício. Assim, se o agente foi condenado e o juiz concedeu o *sursis*, o prazo de 5 anos será contado a partir do início do período de prova, desde que o benefício não tenha sido revogado. Da mesma forma, se o condenado já havia cumprido parte da pena e obteve o livramento condicional, os efeitos da reincidência cessam após 5 anos, a contar da data em que ele obteve a liberdade, desde que não tenha sido revogado o benefício. Em ambas as hipóteses, havendo revogação do benefício, o prazo de 5 anos será contado da data em que o agente terminar de cumprir a pena.

Para fim de reconhecimento de reincidência não se consideram os crimes militares próprios e políticos (art. 64, II). Crimes militares próprios são aqueles descritos no Código Penal Militar, que não encontram descrição semelhante na legislação comum (deserção, insubordinação etc.).

O fato de o agente ter sido condenado por um crime apenas à pena de multa não exclui a reincidência. O condenado poderá, entretanto, obter o *sursis* (art. 77, § 1º).

O Superior Tribunal de Justiça firmou entendimento de que a condenação anterior por crime de porte de droga para consumo pessoal (art. 28 da Lei n. 11.343/2006) não gera reincidência, com o argumento de que tal crime não é apenado com pena privativa de liberdade. Nesse sentido: HC 453.437/SP, Rel. Min. Reynaldo Soares da Fonseca, 5ª Turma, j. 04.10.2018; REsp 1.672.654/SP, Rel. Min. Maria Thereza, 6ª Turma, j. 21.08.2018.

A prova de que alguém é reincidente é feita, em regra, por certidão judicial emitida pelo cartório da vara onde ocorreu a condenação transitada em julgado, uma vez que em tal certidão constam todos os dados necessários (data do crime e do trânsito em julgado para as partes, data do cumprimento da pena etc.). O Superior Tribunal de Justiça, todavia, possui inúmeros julgados que admitem que a prova da reincidência seja feita pela própria folha de antecedentes, contudo, desde que esta contenha todos os dados necessários, o que, na prática, nem sempre ocorre.

Em junho de 2019, o Superior Tribunal de Justiça, confirmando tal entendimento, publicou a Súmula 636, com o seguinte teor: "A folha de antecedentes criminais é documento suficiente a comprovar os maus antecedentes e a reincidência".

Além de agravar a pena, o reconhecimento da reincidência tem também outros efeitos:

a) impede a substituição da pena privativa de liberdade por pena restritiva de direitos (art. 44, II) ou por multa (art. 44, § 2º);

b) impede a concessão de *sursis*, caso se refira a reincidência por crime doloso (art. 77, I);

c) aumenta o prazo de cumprimento da pena para a obtenção do livramento condicional (art. 83, II);

d) impede a concessão do livramento condicional quando se trata de reincidência específica em crimes hediondos, terrorismo e tortura (art. 83, V). O art. 44, parágrafo único, da Lei n. 11.343/2006 (Lei Antidrogas) tem regra no mesmo sentido em relação ao crime de tráfico de drogas descrito no art. 33, *caput*, da mesma lei;

e) constitui causa obrigatória de revogação do *sursis*, caso a condenação seja por crime doloso (art. 81, I), e causa facultativa, na hipótese de condenação por crime culposo ou contravenção a pena privativa de liberdade ou restritiva de direitos (art. 81, § 1º), por outra infração praticada durante o período de prova;

Direito Penal – Parte Geral

f) constitui causa obrigatória de revogação do livramento condicional se o agente vem a ser condenado a pena privativa de liberdade por crime cometido durante o período de prova (art. 86, I);

g) interrompe a prescrição da pretensão executória (art. 117, VI);

h) aumenta em 1/3 o prazo da prescrição da pretensão executória (art. 110);

i) revoga a reabilitação quando o agente for condenado a pena que não seja de multa (art. 95);

j) impede o reconhecimento do privilégio nos crimes de furto, apropriação indébita, estelionato e receptação (arts. 155, § 2º, 170, 171, § 1º, e 180, § 5º);

k) obriga o condenado a iniciar o cumprimento da pena em regime mais gravoso (art. 33, § 2º);

l) impossibilita a transação penal nas infrações de menor potencial ofensivo (art. 76, § 2º, I, da Lei n. 9.099/95);

m) impede a suspensão condicional do processo (art. 89, *caput*, da Lei n. 9.099/95);

n) aumenta o prazo para a progressão de regime (art. 112 da LEP);

o) faz com que o condenado por tráfico de drogas não tenha direito à redução da pena de 1/6 a 2/3, ainda que não se dedique regularmente ao tráfico e não integre associação criminosa (art. 33, § 4º, da Lei n. 11.343/2006);

p) impede o acordo de não persecução penal (art. 28-A, § 2º, II, do CPP).

Veja-se, por fim, que o art. 120 do Código Penal determina que a sentença que concede o perdão judicial não induz à reincidência, ou seja, se, após a concessão do perdão, o agente comete novo crime, será considerado primário.

Nos termos da Súmula 241 do Superior Tribunal de Justiça, "a reincidência penal não pode ser considerada como circunstância agravante e, simultaneamente, como circunstância judicial".

Essa súmula evidentemente estabelece que uma mesma condenação, se reconhecida como agravante, não poderá ser utilizada também como circunstância judicial, pois tal atitude caracterizaria *bis in idem*. É claro, todavia, que é possível que uma condenação já atingida pelo prazo depurador de 5 anos (art. 64, I, do CP) seja considerada como maus antecedentes na 1ª fase da fixação da pena e, em seguida, outra condenação seja considerada para o reconhecimento da reincidência, agora na 2ª fase da aplicação da reprimenda.

De acordo com o art. 64, I, do Código Penal, decorridos 5 anos do cumprimento da pena do crime anterior ou de sua extinção por qualquer outro motivo (prescrição, por exemplo), o sujeito volta a ser primário. Assim, se o novo delito for cometido após esses 5 anos, o indivíduo será considerado portador de maus antecedentes, mas não reincidente. O Plenário do Supremo Tribunal Federal, por maioria, apreciando o tema 150 da repercussão geral, fixou a seguinte tese: "Não se aplica para o reconhecimento dos maus antecedentes o prazo quinquenal de prescrição da reincidência, previsto no art. 64, I, do Código Penal".

Há quem sustente, por fim, que o instituto da reincidência é inconstitucional porque a pena de um novo crime é agravada em razão de um crime anterior em relação ao qual o sujeito já cumpriu pena (ou deveria tê-la cumprido). Alegam, portanto, que a agravação constituiria *bis in idem*. Argumentam, basicamente, que, se o réu já foi condenado a um ano de reclusão por um furto, caso o juiz lhe aumente a pena agora que cometeu um homicídio, o novo aumento tem como razão de existir o mesmo furto anterior pelo qual ele já foi condenado. A realidade, todavia, é que o réu é condenado por ter cometido uma nova infração penal e, em relação a esta, seu comportamento é mais grave por ser pessoa já condenada, o que demonstra sua maior periculosidade em relação à coletividade, a merecer reprimenda

SINOPSES JURÍDICAS

mais severa. O instituto da reincidência, em verdade, atende ao reclamo constitucional que exige a individualização da pena. O Supremo Tribunal Federal e o Superior Tribunal de Justiça há tempos têm rechaçado a tese de inconstitucionalidade da reincidência. Em 2013 o Pleno do Supremo Tribunal Federal decidiu em definitivo que não existe qualquer inconstitucionalidade no instituto da reincidência como causa de agravação da pena. "*Habeas corpus*. Roubo. Condenação. 2. Pedido de afastamento da reincidência, ao argumento de inconstitucionalidade. *Bis in idem*. 3. Reconhecida a constitucionalidade da reincidência como agravante da pena (RE 453.000/RS). 4. O aumento pela reincidência está de acordo com o princípio da individualização da pena. Maior reprovabilidade ao agente que reitera na prática delitiva. 5. Ordem denegada" (HC 93.815, Rel. Min. Gilmar Mendes, Tribunal Pleno, j. 04.04.2013, acórdão eletrônico *DJe*-083, divul. 03.05.2013, public. 06.05.2013).

Inciso II) Ter o agente cometido o crime:

a) **Por motivo fútil ou torpe**. Fútil é o motivo insignificante, de pouca importância, ou seja, há grande desproporção entre o crime e a causa que o originou. A jurisprudência tem entendido que a ausência de prova quanto ao motivo não permite o reconhecimento dessa agravante. O ciúme não é sempre considerado motivo fútil, dependendo da situação concreta. Já a embriaguez em estágio avançado impossibilita o reconhecimento deste pela perturbação que provoca na mente humana.

Torpe é o motivo repugnante, vil, que demonstra depravação moral por parte do agente. Ex.: egoísmo, maldade etc. A vingança somente pode ser considerada torpe se originada por motivo dessa natureza.

b) **Para facilitar ou assegurar a execução, a ocultação, a impunidade ou a vantagem de outro crime**. Nessas agravantes, existe conexão entre os dois crimes (vínculo processual que determina a união de processos para julgamento). A conexão pode ser **teleológica**, quando um crime é cometido para facilitar ou assegurar a execução de outro crime (posterior ao primeiro), ou **consequencial**, quando um crime é praticado para garantir a ocultação, a impunidade ou a vantagem de outro crime (anterior).

c) **À traição, emboscada, dissimulação ou qualquer outro recurso que dificulte ou torne impossível a defesa do ofendido**. Nesse dispositivo, o legislador enumera agravantes genéricas referentes ao modo de execução.

Na traição, o agente aproveita-se da confiança que a vítima nele deposita para cometer o crime. Ocorre, portanto, uma deslealdade.

Emboscada (tocaia) ocorre quando o agente aguarda escondido a passagem da vítima por determinado local para contra ela cometer o ilícito penal.

Dissimulação é a utilização de artifícios para se aproximar da vítima (falsa prova de amizade, uso de disfarces etc.).

Por fim, o legislador refere-se genericamente a qualquer outro recurso que dificulte ou torne impossível a defesa da vítima, por exemplo, a surpresa.

d) **Com emprego de veneno, fogo, explosivo, tortura ou outro meio insidioso ou cruel, ou de que podia resultar perigo comum**. São todas as agravantes referentes ao meio empregado.

Algumas hipóteses dispensam comentários por ser evidente o significado (veneno, fogo, explosivo).

Na tortura e no meio cruel, o agente inflige um grave sofrimento físico ou psicológica à vítima.

Meio insidioso é o uso de fraude ou armadilha para que o crime seja cometido de tal forma que a vítima não perceba que está sendo atingida.

Direito Penal – Parte Geral

Perigo comum é aquele resultante de conduta que expõe a risco a vida ou o patrimônio de número indeterminado de pessoas.

e) **Contra ascendente, descendente, irmão ou cônjuge.** A necessidade do aumento surge em razão da insensibilidade moral do agente que pratica crime contra alguns dos parentes enumerados na lei. Abrange qualquer forma de parentesco (legítimo ou ilegítimo, consanguíneo ou civil). A agravante não se aplica nos crimes em que o parentesco seja elementar, qualificadora ou causa de aumento de pena, como no infanticídio, nos crimes contra a dignidade sexual etc. O aumento não pode ser aplicado no caso de crime praticado contra companheiro, já que a enumeração legal é taxativa e não pode ser interpretada em desfavor do réu.

f) **Com abuso de autoridade ou prevalecendo-se de relações domésticas, de coabitação ou de hospitalidade, ou com violência contra a mulher na forma da lei específica.** A *ratio* do aumento é a quebra da confiança que a vítima depositava no agente.

O abuso de autoridade se refere às relações privadas e não públicas para as quais existe lei especial.

Relações domésticas são aquelas criadas com os integrantes de uma família, podendo ser parentes, fora das hipóteses da alínea anterior (primos, tios), ou não. Exemplos: crime cometido pelo patrão contra a babá; ou pela babá contra a criança; pela empregada doméstica contra os patrões etc.

Relação de coabitação indica que autor e vítima moram sob o mesmo teto, com ânimo definitivo, enquanto relação de hospitalidade ocorre quando a vítima recebe alguém em sua casa para visita ou para permanência por certo período e este se aproveita da situação para cometer o crime contra ela.

A questão da violência doméstica contra a mulher foi inserida pela Lei n. 11.340/2006, conhecida como Lei Maria da Penha, e a agravante genérica só pode ter incidência caso não se trate de crime de lesão corporal, pois, em relação a este, foram criadas qualificadoras e causas de aumento de pena nos §§ 9º, 10 e 13 do art. 129, justamente para casos de violência doméstica. O dispositivo, contudo, pode ser aplicado a crimes como ameaça ou constrangimento ilegal, mas sua criação pela Lei n. 11.340/2006 era desnecessária, pois a violência contra cônjuge, ascendente ou descendente já era tratada na alínea anterior.

g) **Com abuso de poder ou violação de dever inerente a cargo, ofício, ministério ou profissão.** Nas primeiras hipóteses, o crime deve ter sido praticado por funcionário que exerce **cargo** ou **ofício** público e que, ao cometer o delito, desrespeitou os deveres inerentes às suas funções (tal dispositivo não se aplica quando ocorrer crime de abuso de autoridade previsto na Lei n. 13.869/2019).

Ministério se refere a atividades religiosas.

A palavra **profissão**, por sua vez, abrange qualquer atividade exercida por alguém como meio de vida.

h) **Contra criança, maior de 60 anos, enfermo ou mulher grávida.** Essas pessoas são mais vulneráveis, por possuir maior dificuldade de defesa em razão de suas condições físicas. Criança é a pessoa com menos de 12 anos, conforme dispõe o art. 2º do Estatuto da Criança e do Adolescente (Lei n. 8.069/90). A referência às vítimas com mais de 60 anos decorre de alteração feita na lei pelo Estatuto da Pessoa Idosa (Lei n. 10.741/2003), pois anteriormente o Código se referia a crime contra velho. Enferma é a pessoa que, em razão de doença, tem reduzida a sua capacidade de defesa. A agravante genérica referente ao estado de gravidez não se aplica ao crime de aborto por constituir elementar desse crime.

i) **Quando o ofendido estava na imediata proteção da autoridade.** O aumento é devido ante o desrespeito à autoridade e a maior audácia do agente.

SINOPSES JURÍDICAS

j) **Em ocasião de incêndio, naufrágio, inundação ou qualquer calamidade pública ou de desgraça particular do ofendido**. É evidente a necessidade de exacerbação da pena do agente insensível, que se aproveita das facilidades decorrentes de um momento de desgraça coletiva ou particular para cometer o delito.

k) **Em estado de embriaguez preordenada**. Hipótese em que o agente se embriaga justamente para afastar seus freios naturais e, assim, conseguir praticar o ilícito penal.

As agravantes genéricas do inciso II somente se aplicam aos crimes **dolosos**.

2.2.2. AGRAVANTES NO CASO DE CONCURSO DE PESSOAS

O art. 62 do Código Penal traz um rol de agravantes aplicáveis apenas às hipóteses de concurso de agentes. Assim, será agravada a pena de quem:

inciso I) Promove ou organiza a cooperação no crime ou dirige a atividade dos demais agentes. Nesse dispositivo, a lei pune o indivíduo que promove a união dos agentes ou que atua como líder do grupo. O aumento incide também sobre o mentor intelectual do crime, ainda que não tenha estado no local da prática do delito.

inciso II) Coage ou induz outrem à execução material do crime. Nessa hipótese, o agente emprega violência ou grave ameaça, ou, ainda, seu poder de insinuação, para levar alguém à prática direta do crime. Nessas situações, a agravante genérica incidirá apenas para o partícipe (pessoa que coagiu ou induziu), que, assim, terá pena mais elevada que a do autor direto do crime. No caso de coação, o agente responderá pelo crime praticado pelo executor direto (com a pena agravada) e pelo crime de tortura do art. 1º, I, *b*, da Lei n. 9.455/97: "Constranger alguém com emprego de violência ou grave ameaça, causando-lhe sofrimento físico ou mental, para provocar ação ou omissão criminosa".

inciso III) Instiga ou determina a cometer o crime alguém sujeito à sua autoridade ou não punível em virtude de condição ou qualidade pessoal. Instigar é reforçar a ideia preexistente. Determinar significa mandar, ordenar. Para que se aplique a agravante é necessário que a conduta recaia sobre pessoa que está sob a autoridade (pública ou particular) de quem instiga ou determina, ou sobre pessoa não punível em razão de condição ou qualidade pessoal (menoridade, doença mental, acobertado por escusa absolutória etc.).

inciso IV) Executa o crime, ou nele participa, mediante paga ou promessa de recompensa. A paga é prévia em relação à execução do crime. A recompensa é para entrega posterior, mas a agravante pode ser aplicada ainda que o autor daquela não a tenha efetivado após a prática do crime.

2.2.3. CIRCUNSTÂNCIAS ATENUANTES

As atenuantes genéricas estão previstas nos arts. 65 e 66. O reconhecimento da atenuante obriga à redução da pena, mas não pode fazer com que esta fique abaixo do mínimo legal. Assim, é comum que o juiz, na 1ª fase, fixe a pena-base no mínimo, hipótese em que o reconhecimento de uma atenuante em nada modificará a pena, que se encontra no menor patamar possível. No art. 65, existe um rol de atenuantes em espécie. Já o art. 66 descreve uma atenuante inominada, permitindo ao juiz reduzir a pena sempre que entender existir circunstância relevante, anterior ou posterior ao crime, não elencada no rol do art. 65.

O mencionado art. 65 descreve as seguintes atenuantes genéricas:

inciso I) Ser o agente menor de 21 anos, na data do fato, ou maior de 70 anos, na data da sentença. Em relação a esses últimos, refere-se o dispositivo à sentença de 1º grau. De acordo com a Súmula 74 do Superior Tribunal de Justiça, "para efeitos penais, o reconhecimento da menoridade do réu requer prova por documento hábil". Este documento pode ser

Direito Penal – Parte Geral

uma certidão de nascimento, um documento de identidade, carteira de habilitação etc. O Superior Tribunal de Justiça aceita também que a prova seja feita pela qualificação constante do termo de declarações colhido na delegacia de polícia ou pela própria folha de antecedentes juntada aos autos, na qual conste a data de nascimento do réu.

Conforme o texto legal, o que se leva em conta é a menoridade (de 21 anos) na data em que a infração penal for cometida.

inciso II) O desconhecimento da lei. Nos termos do art. 21, o desconhecimento da lei não isenta de pena, mas, conforme se percebe, pode servir para reduzi-la.

inciso III) Ter o agente:

a) **Cometido o crime por motivo de relevante valor social ou moral.** Valor moral diz respeito aos sentimentos relevantes do próprio agente, avaliados de acordo com o conceito médio de dignidade do grupo social, no que se refere ao aspecto ético. Valor social é o que interessa ao grupo social, à coletividade. O relevante valor social ou moral, se for reconhecido como privilégio do homicídio (art. 121, § 1º) ou das lesões corporais (art. 129, § 4º), não pode ser aplicado como atenuante genérica.

b) **Procurado, por sua espontânea vontade e com eficiência, logo após o crime, evitar-lhe ou minorar-lhe as consequências, ou ter, antes do julgamento, reparado o dano.** Não se deve confundir com o arrependimento eficaz do art. 15 do Código Penal, que somente ocorre quando o agente consegue evitar a consumação e, por isso, afasta o crime. Na atenuante genérica, o agente, **após a consumação**, tenta evitar ou minorar suas consequências.

Na 2ª parte, o dispositivo permite a redução da pena quando o agente repara o dano antes da sentença de **primeira instância**. Se a reparação do prejuízo ou a restituição do bem ocorrer antes do recebimento da denúncia ou queixa, por ato voluntário do agente, e a infração penal não envolver violência ou grave ameaça contra pessoa, será aplicável o instituto do arrependimento posterior, previsto no art. 16 do Código Penal, cuja consequência é a redução da pena de 1/3 a 2/3.

c) **Cometido o crime sob coação a que podia resistir, ou em cumprimento de ordem de autoridade superior, ou sob a influência de violenta emoção, provocada por ato injusto da vítima.** A coação moral deve ter sido resistível, hipótese em que o agente responde pelo crime, mas a pena é reduzida. Havendo coação moral irresistível, ficará afastada a culpabilidade do executor do delito, sendo punível apenas o responsável pela coação (art. 22 do CP). Da mesma forma, a obediência a ordem superior manifestamente ilegal implica redução da pena, mas, se a ordem não for manifestamente ilegal, afasta-se a culpabilidade, conforme estabelece o mesmo art. 22 do Código Penal.

O fato de ter sido o delito cometido por quem se encontra sob a influência de violenta emoção, provocada por ato injusto da vítima, também gera a atenuação da pena. Havendo, entretanto, injusta **agressão** por parte da vítima, não existirá crime em face da legítima defesa, se presentes os demais requisitos do art. 23 do Código Penal.

Os crimes de homicídio doloso e lesão dolosa, por sua vez, possuem uma hipótese de privilégio que também se caracteriza pela violenta emoção (arts. 121, § 1º, e 129, § 4º). O privilégio, entretanto, diferencia-se da atenuante genérica porque exige que o agente esteja sob o domínio (e não sob a mera influência) de violenta emoção e porque a morte deve ter sido praticada **logo após** a injusta provocação (requisito dispensável na atenuante).

d) **Confessado espontaneamente, perante a autoridade, a autoria do crime.** Antes da reforma da Parte Geral, feita pela Lei n. 7.209/84, a confissão só configurava atenuante se a **autoria** fosse **ignorada** ou **imputada a outrem.** Esses requisitos foram excluídos do texto legal, de modo que, atualmente, ainda que todas as provas colhidas indiquem o réu como autor do delito e este, ao ser interrogado ao final da ação, confesse aquilo que todos já disseram, ou seja, que ele é o autor do crime, a atenuante será cabível.

É necessário, ainda, que o réu confesse **a espécie de ato criminoso narrado na acusação**. Assim, se ele confessa que estava com a droga descrita na denúncia, alegando, contudo, que o fazia para uso próprio, mas o restante da prova demonstra que sua intenção era mesmo o **tráfico**, o juiz, ao condená-lo por esse último crime, não poderá reconhecer a atenuante. Em maio de 2019, o Superior Tribunal de Justiça aprovou a Súmula 630, com o seguinte teor: "A incidência da atenuante da confissão espontânea no crime de tráfico ilícito de entorpecentes exige o reconhecimento da traficância pelo acusado, não bastando a mera admissão da posse ou propriedade para uso próprio".

Saliente-se que a confissão pode ter ocorrido perante a autoridade policial ou perante o juiz. De ver-se, contudo, que é pacífico que **não se aplica** a atenuante se o réu confessou o crime perante o delegado, mas, em juízo, **retratou-se**, negando a prática do ilícito diante do magistrado, exceto se o juiz tiver expressamente mencionado em sua decisão como **fundamento** para a condenação a confissão extrajudicial. Existe igualmente entendimento de que, se o réu confessa o delito perante o delegado, mas se torna revel em juízo, a confissão anterior atenua a pena somente se tiver sido **utilizada pelo juiz como um dos argumentos** a justificar a condenação. Nesse sentido, a Súmula 545 do STJ: "quando a confissão for utilizada para a formação do convencimento do julgador, o réu fará jus à atenuante prevista no art. 65, III, d, do Código Penal". De acordo com a Corte Superior, a atenuante deverá ser aplicada se o juiz utilizou a confissão como fundamento para a condenação, pouco importando que tenha sido espontânea ou não, total ou parcial, ou mesmo que tenha ocorrido só na fase policial, com posterior retratação em juízo.

A doutrina costuma salientar que a confissão **qualificada**, em que o réu assume a autoria do delito, mas alega ter agido acobertado por excludente de ilicitude não demonstrada pelo restante da prova, **não atenua a pena**. O Superior Tribunal de Justiça, todavia, passou a entender que até mesmo a confissão qualificada pode atenuar a pena, **desde que tenha sido utilizada expressamente pelo juiz como fundamento para a condenação**: HC 439.019/PB, Rel. Min. Jorge Mussi, 5ª Turma, j. 26.06.2018, *DJe* 1º.08.2018; AgRg no REsp 1.690.840/ES, Rel. Min. Maria Thereza de Assis Moura, 6ª Turma, j. 19.06.2018, *DJe* 29.06.2018.

e) **Cometido o crime sob a influência de multidão em tumulto, se não a provocou**. É o que ocorre, por exemplo, em brigas envolvendo grande número de pessoas etc.

2.2.4. CONCURSO DE CIRCUNSTÂNCIAS AGRAVANTES E ATENUANTES

Nos termos do art. 67 do Código Penal, no concurso de circunstâncias agravantes e atenuantes, a pena deve aproximar-se do limite indicado pelas circunstâncias **preponderantes**, entendendo-se como tais as que resultam dos motivos determinantes do crime, da personalidade do agente e da reincidência.

O dispositivo tem por finalidade esclarecer que o juiz, ao reconhecer uma agravante e uma atenuante genérica, não deve simplesmente compensar uma pela outra. O magistrado deve, em verdade, dar maior valor às chamadas circunstâncias preponderantes (quer seja a agravante, quer seja a atenuante). Essa análise deve ser feita caso a caso, mas o legislador esclareceu no dispositivo que as circunstâncias preponderantes são as de caráter subjetivo (motivos do crime, personalidade do agente etc.).

As Turmas Criminais do Superior Tribunal de Justiça firmaram entendimento de que a **confissão** também é circunstância preponderante, entendimento que encontrou óbice no Supremo Tribunal Federal, que continua, de modo reiterado, decidindo que a confissão não

Direito Penal – Parte Geral

se insere dentre as circunstâncias preponderantes por falta de previsão legal, já que não mencionada no art. 67 do Código Penal.

Em junho de 2022, a 3ª Seção do Superior Tribunal de Justiça modificou a tese relativa ao tema 585, em sede de recursos repetitivos, que passou a ter a seguinte redação: "É possível, na segunda fase da dosimetria da pena, a compensação integral da atenuante da confissão espontânea com a agravante da reincidência, seja ela específica ou não. Todavia, nos casos de multirreincidência, deve ser reconhecida a preponderância da agravante prevista no art. 61, I, do Código Penal, sendo admissível a sua compensação proporcional com a atenuante da confissão espontânea, em estrito atendimento aos princípios da individualização da pena e da proporcionalidade". Em suma, para o Superior Tribunal de Justiça, é possível a compensação integral da atenuante da confissão com a agravante da reincidência genérica ou específica, contudo, em se tratando de réu multirreincidente, a compensação deve ser parcial.

2.3. APLICAÇÃO DAS CAUSAS DE AUMENTO E DE DIMINUIÇÃO DE PENA (3ª FASE)

As causas de aumento e de diminuição da pena podem estar previstas na Parte Geral ou na Parte Especial do Código Penal e devem ser aplicadas pelo juiz na terceira e última fase da fixação da pena.

Identifica-se uma causa de aumento quando a lei se utiliza de índice de soma ou de multiplicação a ser aplicado sobre a pena. Exs.: no concurso formal, a pena é aumentada de 1/6 a 1/2 (art. 70); no homicídio doloso, a pena é aumentada de 1/3, se a vítima é maior de 60 anos (art. 121, § 4º); no aborto a pena é aplicada em dobro, se a manobra abortiva causa a morte da gestante (art. 127).

As causas de diminuição de pena caracterizam-se pela utilização de índice de redução a ser aplicado sobre a pena fixada na fase anterior. Exs.: na tentativa, a pena é reduzida de 1/3 a 2/3 (art. 14, parágrafo único); no arrependimento posterior, a pena também é reduzida de 1/3 a 2/3 (art. 16); no homicídio privilegiado, a pena é reduzida de 1/6 a 1/3 (art. 121, § 1º).

É importante salientar que, com o reconhecimento de causa de aumento ou de diminuição de pena, o juiz pode aplicar pena superior à máxima ou inferior à mínima previstas em abstrato.

O art. 68, parágrafo único, do Código Penal traça uma regra de extrema importância, no sentido de que, no concurso de causas de aumento ou de diminuição de pena previstas na parte especial, pode o juiz limitar-se a um só aumento ou a uma só diminuição, prevalecendo, todavia, a causa que mais aumente ou diminua.

Em decorrência desse dispositivo, teremos as seguintes hipóteses:

a) Se forem reconhecidas duas causas de aumento, uma da Parte Geral e outra da Parte Especial, ambas serão aplicadas, sendo que o segundo índice deve incidir sobre a pena resultante do primeiro aumento. Ex.: roubo praticado mediante restrição de liberdade e em concurso formal. O juiz fixa a pena-base, por exemplo, em 4 anos e a aumenta em 1/3 em face da restrição da liberdade, atingindo 5 anos e 4 meses. Na sequência, aplicará, sobre esse montante, um aumento de 1/6 em razão do concurso formal, atingindo a pena de 6 anos, 2 meses e 20 dias. Igual procedimento deve ser adotado quando o juiz reconhecer uma causa de diminuição de pena da Parte Geral e outra da parte Especial (homicídio privilegiado tentado, p. ex.).

b) Se o juiz reconhecer uma causa de aumento e uma causa de diminuição (da Parte Geral ou da Parte Especial), deverá aplicar ambos os índices.

c) Se o juiz reconhecer duas ou mais causas de aumento, estando elas descritas na Parte Especial, o magistrado poderá efetuar um único aumento, aplicando, todavia, a causa que mais exaspere a pena. Ex.: no roubo, a pena deve ser aumentada de 1/3 até metade se o crime for cometido mediante restrição da liberdade da vítima (art. 157, § 2º, V) e de 2/3 se houver emprego de arma de fogo de uso permitido (art. 157, § 2º-A, I). O juiz poderá aplicar apenas o último aumento, que é o maior. De ver-se, todavia, que a 3ª Seção do Superior Tribunal de Justiça, no julgamento do HC 463.434/MT, Rel. Min. Reynaldo Soares da Fonseca, 3ª Seção, j. 25.11.2020, *DJe* 18.12.2020, firmou entendimento de que, nesses casos, a outra causa de aumento poderá ser levada em consideração na primeira fase da dosimetria como circunstância judicial do art. 59 do Código Penal.

Essa mesma regra deve ser aplicada quando o juiz reconhecer duas causas de diminuição previstas na Parte Especial do Código Penal.

Observação: na última hipótese (duas ou mais causas de aumento ou de diminuição previstas na Parte Especial), o art. 68, parágrafo único, do Código Penal diz que o juiz pode limitar-se a um só aumento ou redução, estabelecendo, assim, tratar-se de faculdade de o juiz escolher se aplicará apenas uma ou mais causas de aumento. Firmou-se, contudo, na doutrina, entendimento de que a regra é a aplicação de um único aumento ou diminuição, devendo o juiz fundamentar expressamente na sentença as eventuais razões que o levaram a aplicar ambos os índices. Em outras palavras, é até possível que o juiz aplique ambas as causas de aumento da Parte Especial, desde que tal providência seja justificada pela gravidade diferenciada das majorantes reconhecidas no caso concreto. Ex.: um roubo cometido por 30 pessoas com emprego de arma de fogo, em que o juiz aplique o aumento de 2/3 pelo uso da arma de fogo e depois aumente de mais 1/3 até a metade pelo concurso diferenciado de pessoas (número extremamente elevado de roubadores).

Por outro lado, é possível que o juiz reconheça duas ou mais qualificadoras em um mesmo crime. Nesse caso, não existe previsão legal acerca da forma de aplicação da pena, sendo a questão solucionada pela doutrina e pela jurisprudência: o juiz deve utilizar-se de uma delas para qualificar o crime e das demais como agravantes genéricas (caso previstas no rol dos arts. 61 e 62) ou como circunstâncias judiciais. Ex.: suponha-se um crime de homicídio qualificado pelo motivo fútil e pelo emprego de fogo. O juiz considera o motivo fútil para qualificar o delito (art. 121, § 2º, II) e o emprego de fogo como agravante genérica (art. 61, II, *d*), ou vice-versa. Não há nenhuma contradição nessa solução, uma vez que o art. 61, ao dizer que "são circunstâncias que sempre agravam a pena, quando não constituem ou qualificam o crime", está apenas proibindo que a mesma circunstância, a um só tempo, qualifique e funcione como agravante genérica. Ora, no caso de duas qualificadoras, apenas uma está servindo para qualificar, e a outra, portanto, pode servir de agravante (já que não será utilizada como qualificadora).

Suponha-se, agora, um crime de furto qualificado pelo rompimento de obstáculo e pela escalada. O juiz pode utilizar-se do rompimento de obstáculo para qualificar o crime (art. 155, § 4º, I), mas não poderá valer-se da escalada como agravante genérica porque não existe menção à essa hipótese nos arts. 61 e 62 do Código Penal. Assim, a escalada deverá ser considerada como circunstância judicial do art. 59 (circunstâncias do crime).

2.4. OUTRAS PROVIDÊNCIAS NA FIXAÇÃO DA PENA

Fixado o *quantum* da pena, após passar pelas três fases mencionadas no art. 68, *caput*, do Código Penal, deverá o juiz fixar o regime inicial do cumprimento da pena, de acordo com as regras estudadas no art. 33. Na sequência, deverá o magistrado aferir a possibilidade de concessão do *sursis* ou da substituição da pena privativa de liberdade por pena restritiva de direitos ou multa, de acordo com os requisitos legais:

1. Nos crimes dolosos:

a) se foi aplicada pena privativa de liberdade até 1 ano, o juiz pode substituí-la por multa, por uma pena restritiva de direitos, ou pelo *sursis*;

Direito Penal – Parte Geral

b) se a pena aplicada foi superior a 1 ano, e não superior a 2 anos, o juiz pode substituí-la por uma pena restritiva de direitos e multa, por duas restritivas de direitos ou, ainda, conceder o *sursis*;

c) sendo aplicada pena superior a 2 anos, e não superior a 4 anos, o juiz pode substituí-la por uma pena restritiva de direitos e multa, ou por duas penas restritivas de direitos.

2. Nos crimes culposos:

a) não sendo superior a 1 ano, pode efetuar a substituição por multa, por uma pena restritiva de direitos, ou pelo *sursis*;

b) sendo superior a 1 ano, e não superior a 2 anos, o juiz pode substituí-la por uma pena restritiva de direitos e multa, por duas restritivas de direitos ou, ainda, conceder o *sursis*;

c) qualquer que seja o total da pena privativa de liberdade aplicada, desde que superior a 2 anos, o juiz pode substituí-la por uma restritiva de direitos e multa, ou por duas restritivas de direitos.

Quadro sinótico – Pena

Conceito	É a retribuição imposta pelo Estado em razão da prática de um ilícito penal consistente na privação de bens jurídicos determinada pela lei, que visa à readaptação do criminoso ao convívio social e à prevenção em relação à prática de novas transgressões.	
Princípios	da legalidade; da individualização da pena; da pessoalidade ou intranscendência; da vedação da pena de morte, de penas cruéis, de caráter perpétuo ou de trabalhos forçados; da proporcionalidade.	
Penas principais	privativas de liberdade	reclusão; detenção.
	restritivas de direitos	prestação pecuniária; perda de bens e valores; prestação de serviços à comunidade ou às entidades públicas; interdição temporária de direitos; limitação de fim de semana.
	multa	

Quadro sinótico – Penas privativas de liberdade

Espécies	reclusão	cumprida em regime fechado, semiaberto ou aberto;
	detenção	cumprida em regime semiaberto ou aberto, salvo transferência excepcional para o regime fechado;
	prisão simples	cabível apenas nas contravenções penais, podendo ser cumprida em regime semiaberto ou aberto.
Regime fechado	A execução se dá em estabelecimento de segurança máxima ou média.	
Regime semiaberto	O sentenciado cumpre pena em colônia penal agrícola, industrial ou em estabelecimento similar.	

SINOPSES JURÍDICAS

Regime aberto	A pena é cumprida em casa do albergado ou estabelecimento adequado, ou seja, o condenado trabalha fora durante o dia e à noite se recolhe ao albergue.	
Regime inicial	Crimes apenados com reclusão	se a pena for superior a 8 anos, o regime inicial é o fechado; se a pena for superior a 4 e não superior a 8 anos, o regime inicial é o semiaberto, exceto se o acusado for reincidente, quando o regime será o fechado;
		se a pena for igual ou inferior a 4 anos, o regime inicial poderá ser o aberto, salvo se o condenado for reincidente, hipótese em que o juiz deve optar pelo regime semiaberto ou fechado, dependendo da gravidade do caso.
	Crimes apenados com detenção	se a pena for superior a 4 anos ou se o réu for reincidente, o regime inicial é o semiaberto; pena igual ou inferior a 4 anos, o regime inicial será o aberto.
Regime inicial	Montante da pena como critério relativo na fixação do regime inicial	De acordo com o art. 33, § 3º, do Código Penal, o juiz poderá fixar regime inicial diverso daqueles já estudados, que se baseiam no montante da pena e na reincidência, se assim se mostrar necessário em razão da personalidade do acusado, sua conduta social, circunstâncias e consequências do crime etc.
	Crimes hediondos, tráfico de drogas, terrorismo e tortura	Nos termos do art. 2º, § 1º, da Lei n. 8.072, o regime inicial nesses crimes é sempre o fechado, independentemente da pena fixada e da primariedade do condenado. O STF, contudo, ao julgar em Plenário o HC 111.840/ES, decidiu que esse dispositivo é inconstitucional, de modo que o regime inicial só poderá ser o fechado se o acusado for reincidente ou se a gravidade do caso concreto justificar a medida.
Progressão de regime	Para a progressão de pena, o sentenciado deve ter cumprido ao menos: I – 16% (dezesseis por cento) da pena, se o apenado for primário e o crime tiver sido cometido sem violência à pessoa ou grave ameaça; II – 20% (vinte por cento) da pena, se o apenado for reincidente em crime cometido sem violência à pessoa ou grave ameaça; III – 25% (vinte e cinco por cento) da pena, se o apenado for primário e o crime tiver sido cometido com violência à pessoa ou grave ameaça; IV – 30% (trinta por cento) da pena, se o apenado for reincidente em crime cometido com violência à pessoa ou grave ameaça; V – 40% (quarenta por cento) da pena, se o apenado for condenado pela prática de crime hediondo ou equiparado, se for primário; VI – 50% (cinquenta por cento) da pena, se o apenado for: a) condenado pela prática de crime hediondo ou equiparado, com resultado morte, se for primário, vedado o livramento condicional; b) condenado por exercer o comando, individual ou coletivo, de organização criminosa estruturada para a prática de crime hediondo ou equiparado; ou c) condenado pela prática do crime de constituição de milícia privada; VII – 60% (sessenta por cento) da pena, se o apenado for reincidente na prática de crime hediondo ou equiparado; VIII – 70% (setenta por cento) da pena, se o apenado for reincidente em crime hediondo ou equiparado com resultado morte, vedado o livramento condicional. É ainda necessário que preencha os requisitos subjetivos, como, por exemplo, bom comportamento carcerário. Observação: quando se tratar de crime contra a Administração Pública, a progressão de regime está condicionada à reparação do dano causado ou devolução do produto do crime.	

Direito Penal – Parte Geral

Regressão de regime	quando o agente praticar fato definido como crime doloso; quando cometer falta grave, como fuga, participação em rebelião, posse de arma ou de telefone celular etc.; quando o sentenciado sofrer nova condenação que, somada à anterior, torne incabível o regime atual; se o condenado estiver no regime aberto, dar-se-á ainda a regressão se ele frustrar os fins da execução (parar de trabalhar, não comparecer à prisão-albergue etc.) ou se não pagar a multa cumulativamente imposta.
Remição	O condenado que cumpre pena no regime fechado ou semiaberto pode descontar, para cada 3 dias trabalhados ou 12 horas estudadas, 1 dia no restante da pena. Não se computam fins de semana e feriados não trabalhados. Os condenados que estejam em regime aberto ou em livramento condicional também podem remir tempo da condenação pelo estudo. O benefício deve ser declarado pelo juiz da execução, após ouvido o Ministério Público. Se o condenado, posteriormente, cometer falta grave, o juiz poderá revogar até 1/3 do tempo já remido.
Detração	É o cômputo na pena privativa de liberdade e na medida de segurança do tempo de prisão provisória, no Brasil ou no estrangeiro, ou de internação em hospital de custódia ou tratamento psiquiátrico. Aplica-se, também, a algumas penas restritivas de direitos aplicadas em substituição à pena original, como no caso da prestação de serviços à comunidade, interdição temporária de direitos e limitação de fim de semana. Não se aplica à pena de multa e ao *sursis*.

Quadro sinótico – Penas restritivas de direitos

Conceito	As penas restritivas de direitos são autônomas e substituem a pena privativa de liberdade por certas restrições ou obrigações. Dessa forma, as restritivas têm caráter substitutivo, ou seja, não são previstas em abstrato no tipo penal e, assim, não podem ser aplicadas diretamente, devendo o juiz, inicialmente aplicar a pena privativa de liberdade e, presentes os requisitos, substituí-la pela restritiva. Salvo na substituição por prestação pecuniária e perda de bens, a pena restritiva tem a mesma duração da pena privativa de liberdade aplicada na sentença.
Requisitos	a) que o crime seja culposo, qualquer que seja a pena, ou, se doloso, que a pena aplicada na sentença não seja superior a 4 anos (desde que o delito não tenha sido cometido com violência ou grave ameaça à pessoa); b) que o réu não seja reincidente em crime doloso, salvo se, em face da condenação anterior, a medida for socialmente recomendável, e a reincidência não seja pela prática do mesmo crime; c) que a culpabilidade, os antecedentes, a conduta social e a personalidade do agente, bem como os motivos e circunstâncias do crime indiquem que a substituição é suficiente.
Prestação pecuniária	Consiste no pagamento em dinheiro à vítima, a seus dependentes ou à entidade pública ou privada com destinação social de importância fixada pelo juiz, não inferior a 1 salário mínimo e não superior a 360 salários mínimos. Caso haja concordância do beneficiário, a prestação pode consistir em prestação de outra natureza, como entrega de cestas básicas. Se a prestação for direcionada à vítima ou a seus dependentes, o montante será descontado em caso de eventual condenação à reparação de danos na esfera cível.
Perda de bens ou valores	Refere-se a bens ou valores pertencentes ao condenado e que reverterão em favor do Fundo Penitenciário, tendo como teto – o que for maior – o montante do prejuízo causado ou o proveito obtido pelo agente ou por terceiro em decorrência do delito.

SINOPSES JURÍDICAS

Prestação de serviços	Consiste na atribuição ao condenado de tarefas gratuitas em entidades assistenciais, hospitais, escolas, orfanatos ou estabelecimentos congêneres, em programas comunitários ou estatais. Somente é admissível se a pena fixada na sentença for superior a 6 meses. O condenado deverá cumprir 1 hora de tarefa por dia de condenação.
Interdição temporária de direitos	Pode consistir em: proibição do exercício de cargo, função ou atividade pública, bem como de mandato eletivo; proibição do exercício de profissão, atividade ou ofício que dependam de habilitação especial, de licença ou autorização do poder público; proibição de frequentar determinados lugares. **Observação:** a suspensão de habilitação para dirigir veículos, prevista originariamente no art. 47, III, do Código Penal, atualmente é regulamentada pelo Código de Trânsito Brasileiro.
Limitação de fim de semana	Consiste na obrigação de permanecer, aos sábados e domingos, por 5 horas diárias, em casa do albergado ou outro estabelecimento adequado.
Regras para substituição	Se a pena fixada for igual ou inferior a 1 ano, a pena poderá ser substituída por multa ou por uma pena restritiva de direitos. Não poderá, entretanto, ser aplicada a prestação de serviços à comunidade se a pena for inferior a 6 meses. Se a condenação for superior a 1 ano e não superior a 4 anos nos crimes dolosos, a pena poderá ser substituída por uma pena de multa e uma restritiva de direitos ou duas restritivas de direitos.
Conversão da pena restritiva em privativa de liberdade	Quando ocorrer o descumprimento injustificado da medida imposta. Nesse caso, o tempo já cumprido da pena restritiva será descontado do montante da pena privativa de liberdade, devendo, todavia, o sentenciado cumprir ao menos 30 dias da pena privativa. Se o sentenciado cometer falta grave prevista na Lei de Execuções Penais. Se sobrevier condenação à pena privativa de liberdade por outro crime e o juiz entender que isso torna inviável o cumprimento da pena restritiva anteriormente imposta.

Quadro sinótico – Pena de multa

Espécies	Multa prevista no próprio tipo penal. Ex.: a pena do furto, que é de reclusão, de 1 a 4 anos, e multa. Multa aplicada em substituição a pena privativa de liberdade aplicada na sentença não superior a 1 ano. É chamada de multa vicariante.
Valor e pagamento	O juiz deve fixar o número de dias-multa que será no mínimo de 10 e no máximo de 360, de acordo com o critério trifásico do art. 68 do Código Penal. Em seguida, deve fixar o valor de cada dia-multa, que será, no mínimo, de 1/30 do maior salário mínimo vigente no país e, no máximo, de 5 salários mínimos, de acordo com a condição econômica do condenado. Se o juiz, porém, entender que o valor ainda é insuficiente poderá até triplicar o valor do dia-multa.
Valor e pagamento	O valor da multa deve passar por correção monetária a contar da data do fato. Efetuado o pagamento, por desconto nos vencimentos ou por ato do condenado, a pena será declarada extinta.
Não pagamento da multa	Devem ser aplicadas as normas relativas à dívida ativa, inclusive no que concerne às causas interruptivas e suspensivas da prescrição. A execução deve ser promovida pela pelo Ministério Público na Vara das Execuções Criminais, sendo vedada a conversão em pena privativa de liberdade.

Direito Penal – Parte Geral

Quadro sinótico – aplicação da pena

Fixação da pena	a) Inicialmente o juiz deve decidir qual pena irá aplicar dentre as cominadas (privativa de liberdade ou multa, ou ambas). b) Em seguida, deve fixar o montante da pena, dentro dos limites legais, utilizando-se para isso do critério trifásico do art. 68 do Código Penal. c) Na sequência, o juiz deve fixar o regime inicial da pena privativa de liberdade. d) Por fim, verificará se é cabível a substituição da pena privativa de liberdade por restritiva de direitos, multa ou, ainda, o cabimento do *sursis*.
Critério trifásico	Utilizado para estabelecer o montante da pena. 1ª fase – fixação da pena-base de acordo com as chamadas circunstâncias judiciais do art. 59 do Código Penal, que se referem à culpabilidade do réu, seus antecedentes, conduta social, personalidade, motivos, circunstâncias e consequências do crime, bem como comportamento da vítima. 2ª fase – apreciação das agravantes e atenuantes genéricas dos arts. 61, 62, 65 e 66 do Código Penal. O aumento ou a redução ocorrem com base na pena-base fixada na fase anterior, e o seu montante fica a critério do juiz, não havendo um índice preestabelecido. Nessa fase, todavia, não é possível que a pena alcance índice inferior ao mínimo legal ou superior ao máximo (Súmula 231 do STJ). Caso o juiz reconheça uma agravante e uma atenuante, só deve compensar uma com outra se não estiver presente uma das circunstâncias preponderantes elencadas no art. 67 do Código Penal. De acordo com este dispositivo, preponderantes são as agravantes ou atenuantes que se referem aos motivos do crime, personalidade do agente e reincidência. 3ª fase – aplicação das causas de aumento e de diminuição de pena previstas na Parte Geral e na Parte Especial do Código. Identifica-se uma causa de aumento quando a lei se utiliza de um índice de soma ou de multiplicação a ser aplicado sobre a pena. Ex.: a pena será aumentada em 1/3, ou a pena será aplicada em dobro. Já nas causas de diminuição a lei menciona um índice de redução. Ex.: na tentativa, a pena será reduzida de 1/3 a 2/3. De acordo com o art. 68, parágrafo único, se o juiz reconhecer duas causas de aumento ou duas causas de diminuição, deve aplicar ambas, exceto se estiverem previstas na Parte Especial do Código, hipótese em que o juiz pode se limitar a um só aumento ou diminuição, prevalecendo, todavia, o maior índice.

3 DO CONCURSO DE CRIMES

Quando uma pessoa pratica duas ou mais infrações penais, estamos diante do concurso de crimes, que, nos termos dos arts. 69 a 71, pode ser de três espécies: concurso material (art. 69), concurso formal (art. 70) e crime continuado (art. 71).

3.1. CONCURSO MATERIAL (ART. 69)

Nos termos do art. 69, dá-se o concurso material quando o agente, mediante **duas ou mais ações ou omissões**, comete **dois ou mais crimes**, idênticos ou não. Quando isso ocorrer, as penas deverão ser **somadas**. Normalmente os crimes são apurados no mesmo processo, mas, quando isso não for possível, a soma das penas será feita na Vara das Execuções Criminais.

A regra do concurso material não se aplica, entretanto, quando estiverem presentes os requisitos do crime continuado (crimes da mesma espécie, praticados nas mesmas condições de tempo, local e modo de execução), que serão estudados adiante.

Assim, ausente qualquer dos requisitos do crime continuado, poderá ser aplicada a regra do concurso material, desde que o agente tenha praticado duas ou mais condutas que impliquem o reconhecimento de dois ou mais crimes.

O concurso material, também chamado de concurso real, pode ser homogêneo, quando os crimes praticados forem idênticos (dois roubos, p. ex.), ou heterogêneo, quando os crimes não forem idênticos (um homicídio e um estupro, p. ex.).

O art. 69, *caput*, em sua parte final, esclarece que, no caso de aplicação cumulativa de penas de reclusão e de detenção, executa-se primeiro aquela.

O § 1º do art. 69, por sua vez, determina que, sendo aplicada pena privativa de liberdade, não suspensa (sem aplicação de *sursis*), por um dos crimes, em relação aos demais, não será cabível a substituição da pena privativa de liberdade por restritiva de direitos. A finalidade deste dispositivo era afirmar que, no caso de concurso material, se o condenado tivesse de cumprir pena privativa de liberdade por um dos delitos, em relação ao outro não caberia pena restritiva de direitos. Acontece que a Lei n. 9.714/98 alterou o capítulo das penas, criando algumas novas modalidades de penas restritivas de direitos, que podem ser cumpridas concomitantemente com a pena de prisão. Por isso o art. 44, § 5º, do Código Penal estabelece que, quando o condenado já estiver cumprindo pena restritiva e sobrevier condenação a pena privativa de liberdade por outro crime, o juiz da execução deverá decidir a respeito da revogação da pena restritiva, podendo deixar de decretá-la, se for possível ao condenado cumprir a pena substitutiva anterior. Assim, atualmente é possível, ao contrário do que diz o art. 69, § 1º (que sofreu revogação tácita), que o juiz, em casos de concurso material, aplique para um dos delitos pena privativa de liberdade – a ser cumprida efetivamente em prisão – e, em relação ao outro, realize a substituição por pena restritiva de direitos compatível com o cumprimento da pena privativa de liberdade. Ex.: crime de lesão grave em que o juiz fixe pena de 2 anos e não possa substituir por pena restritiva de direitos porque envolve violência física, com condenação concomitante por delito de posse ilegal de arma de fogo, para o qual seja fixada pena de 1 ano, hipótese em que o juiz pode, em tese, substituir a última pena por prestação pecuniária.

Já o § 2º dispõe que, sendo aplicadas duas penas restritivas de direitos (em substituição às penas privativas de liberdade), o condenado as cumprirá simultaneamente, se forem compatíveis, ou sucessivamente, se não for possível o cumprimento simultâneo.

3.2. CONCURSO FORMAL (ART. 70)

Nos termos do art. 70, *caput*, do Código Penal, ocorre quando o agente, mediante **uma única ação ou omissão**, pratica dois ou mais crimes. Nesse caso, se os crimes forem idênticos (concurso formal homogêneo), será aplicada uma só pena, aumentada de 1/6 a 1/2. Ex.: agindo com imprudência, o agente provoca um acidente, no qual morrem duas pessoas. Assim, o juiz aplica a pena de um homicídio culposo, no patamar de 1 ano (supondo-se que o magistrado tenha aplicado a pena mínima), e, na sequência, aumenta-a de 1/6 (p. ex.), chegando à pena de 1 ano e 2 meses de detenção. Se, entretanto, os crimes cometidos não forem idênticos (concurso formal heterogêneo), o juiz aplicará a pena do crime mais grave, aumentada, também, de 1/6 a 1/2. Ex.: em um só contexto, o agente profere ofensas que caracterizam calúnia e injúria contra a vítima. Nesse caso, o juiz aplica a pena de calúnia (crime mais grave) e a aumenta de 1/6 a 1/2, deixando de aplicar a pena referente à injúria.

Na hipótese do concurso formal heterogêneo, é possível que ocorra uma injusta distorção na aplicação da pena. Com efeito, imagine-se o crime de estupro (art. 213) em concurso formal com o crime de perigo de contágio de moléstia venérea (art. 130, *caput*). Suponha-se, então, que o juiz fixe a pena mínima para os dois crimes: no estupro, o mínimo é de 6 anos, e, no crime de perigo, a pena mínima é de 3 meses. Ora, se as penas fossem somadas, atingiríamos o total de 6 anos e 3 meses, mas, de acordo com a regra do art. 70, *caput*, chegaríamos à pena de 7 anos (6 anos do estupro, aumentada em 1/6). Nesse caso, a regra do concurso formal, criada para beneficiar o acusado, estaria a prejudicá-lo. Atento a esse detalhe, o art. 70, em seu parágrafo único, estabeleceu que a pena resultante da aplicação do concurso

Direito Penal – Parte Geral

formal não pode ser superior àquela cabível no caso de soma das penas. Por isso, sempre que o montante da pena, decorrente da aplicação do aumento de 1/6 a 1/2 (referente ao concurso formal), resultar em *quantum* superior à soma das penas, deverá ser desconsiderado tal índice e aplicada a pena resultante da soma. A essa hipótese deu-se o nome de concurso material benéfico.

Veja-se, também, que a criação do instituto do concurso formal poderia servir de estímulo a criminosos inescrupulosos, que, visando benefícios na aplicação da pena, poderiam utilizar-se de subterfúgios na execução do delito. Suponha-se que A, querendo matar B e C, os tranque em uma casa e nela coloque fogo, matando-os ao mesmo tempo. Não seria justo, nesse caso, a aplicação de uma só pena aumentada de 1/6 a 1/2. O legislador, atento à tal hipótese, criou, na 2ª parte do art. 70, *caput*, o concurso formal impróprio (ou imperfeito), no qual as penas serão somadas (como no concurso material) sempre que o agente, com uma só ação ou omissão dolosa, praticar dois ou mais crimes, cujos resultados ele intencionalmente visava (autonomia de desígnios em relação aos resultados).

Assim, pode-se dizer que o concurso formal traz duas hipóteses diversas de aplicação da pena:

a) no concurso formal próprio (ou perfeito), no qual o agente não tem autonomia de desígnios em relação aos resultados, aplica-se uma só pena aumentada de 1/6 a 1/2. A escolha do índice de aumento pelo juiz deve levar em conta o número de infrações: quanto maior o número de delitos cometidos em concurso formal, maior deve ser esse índice.

A jurisprudência tem adotado o seguinte critério:

2 crimes	aumento de 1/6
3 crimes	aumento de 1/5
4 crimes	aumento de 1/4
5 crimes	aumento de 1/3
6 crimes ou mais	aumento de 1/2

b) no concurso formal impróprio (ou imperfeito), no qual o agente atua de forma dolosa e querendo provocar os dois ou mais resultados, as penas serão somadas.

É importante salientar, por fim, que não se deve confundir o concurso formal com o conflito aparente de normas. No conflito aparente, a conduta (única) do agente amolda-se a dois ou mais tipos penais, mas, de acordo com regras já estudadas, ele responde por um só crime, devendo considerar-se uma infração penal absorvida pela outra. No concurso formal, há concurso de crimes, ou seja, com uma só conduta o agente comete efetivamente duas ou mais infrações e responde por elas.

O concurso formal é também conhecido como concurso ideal.

3.3. CRIME CONTINUADO (ART. 71)

No crime continuado, cuja definição encontra-se no art. 71, *caput*, do Código Penal, o agente, mediante duas ou mais ações ou omissões, pratica dois ou mais crimes, mas tem aplicada uma só pena, aumentada de 1/6 a 2/3, desde que presentes os seguintes requisitos:

a) Que os crimes cometidos sejam da mesma espécie. São aqueles previstos no mesmo tipo penal, simples ou qualificados, tentados ou consumados. Assim, pode haver crime continuado entre furto simples e furto qualificado.

Não se pode, portanto, cogitar de continuação delitiva entre roubo (art. 157) e extorsão (art. 158) ou entre furto (art. 155) e roubo (art. 157), pois esses delitos não estão no mesmo tipo penal.

No crime continuado, se os crimes tiverem a mesma pena, será aplicada uma só reprimenda, aumentada de 1/6 a 2/3. Se os crimes, entretanto, tiverem penas diversas (como no exemplo do furto simples e do furto qualificado já mencionado), será aplicada tão somente a pena do crime mais grave (furto qualificado) aumentada também de 1/6 a 2/3.

Existe opinião minoritária no sentido de que crimes da mesma espécie são aqueles cometidos mediante os mesmos modos de execução e que atinjam o mesmo bem jurídico. Assim, seria admissível o reconhecimento da continuidade delitiva entre o roubo e a extorsão, já que ambos são cometidos mediante violência ou grave ameaça e atingem o mesmo bem jurídico (patrimônio).

b) **Que os crimes tenham sido cometidos pelo mesmo modo de execução e outras semelhantes.** Por esse requisito não se pode aplicar a regra do crime continuado entre dois roubos quando, por exemplo, um delito for cometido mediante violência e o outro mediante grave ameaça exercida com emprego de arma.

c) **Que os crimes tenham sido cometidos nas mesmas condições de tempo.** A jurisprudência vem admitindo o reconhecimento do crime continuado quando, entre as infrações penais, não houver decorrido prazo superior a 30 dias.

d) **Que os crimes tenham sido cometidos nas mesmas condições de local.** Admite-se a continuidade delitiva quando os crimes foram praticados no mesmo local, em locais próximos ou, ainda, em bairros distintos da mesma cidade e até em cidades contíguas (vizinhas).

Para uma parte da doutrina, o Código Penal teria adotado a teoria puramente objetiva, ou seja, para o reconhecimento do crime continuado bastaria a presença dos requisitos acima mencionados, sem que se tenha de questionar o aspecto volitivo (subjetivo) do agente, uma vez que o art. 71 nada menciona a tal respeito. É a opinião, por exemplo, de Alberto Silva Franco.

Para outros, entretanto, o reconhecimento da continuidade delitiva pressupõe mais um requisito: a unidade de desígnios. Assim, para fazer jus ao benefício, deve o agente desejar praticar os crimes em continuidade, ou seja, ter a intenção de se aproveitar das mesmas relações e das mesmas oportunidades para cometê-los. É a teoria objetivo-subjetiva, segundo a qual existe crime continuado quando, por exemplo, o caixa de um estabelecimento subtrai diariamente certa quantia da firma, não o configurando, entretanto, a hipótese de assaltante que rouba aleatoriamente casas diversas, sem que haja qualquer vínculo entre os fatos, de forma a demonstrar que se trata de criminoso habitual, que não merece as benesses decorrentes do reconhecimento do crime continuado. É o entendimento adotado no Superior Tribunal de Justiça.

Não se deve, de qualquer forma, confundir crime continuado com crime habitual, já que a tipificação deste depende da reiteração de atos, enquanto na continuação delitiva cada conduta isoladamente já seria capaz de tipificar o ilícito penal, mas, em virtude de estarem presentes os requisitos legais, aplica-se uma só pena, aumentada de 1/6 a 2/3.

Por sua vez, o art. 71, em seu parágrafo único, possui uma regra diferente de aplicação da pena quando os crimes que compõem a continuação criminosa são dolosos, cometidos contra vítimas diferentes e com emprego de violência ou grave ameaça. Nesses casos, o juiz poderá até triplicar a pena de um dos crimes (se idênticos) ou do mais grave (se diversas as penas), considerando, para tanto, os antecedentes do acusado, sua conduta social, sua personalidade, bem como os motivos e circunstâncias dos crimes. É evidente que a hipótese de triplicar a pena só existirá se forem cometidos três ou mais crimes, pois, caso contrário, o crime continuado poderia acabar implicando pena maior do que o resultado da soma delas

Direito Penal – Parte Geral

(das penas). Assim, se foram praticados dois crimes, o juiz, no caso concreto, poderá apenas dobrar a pena.

O próprio parágrafo único ressalva, também aqui, a aplicação do concurso material benéfico (para que as penas sejam somadas), quando a aplicação do triplo da pena puder resultar em pena superior à eventual soma.

Nessa hipótese do parágrafo único, em que o juiz pode somar as penas, o instituto é chamado crime continuado **qualificado**, enquanto na modalidade do *caput*, em que é aplicada a pena do crime mais grave aumentada de 1/6 a 2/3, é denominado crime continuado **simples**. Neste, a escolha do índice de aumento pelo juiz deve levar em conta o número de infrações: quanto maior o número de delitos cometidos em continuidade, maior deve ser esse índice.

A jurisprudência tem adotado o seguinte critério:

2 crimes	aumento de 1/6
3 crimes	aumento de 1/5
4 crimes	aumento de 1/4
5 crimes	aumento de 1/3
6 crimes	aumento de 1/2
7 crimes ou mais	aumento de 2/3

No dia 13 de setembro de 2023, a 3ª Seção do Superior Tribunal de Justiça aprovou a Súmula 659 nesse sentido: "a fração de aumento em razão da prática de crime continuado deve ser fixada de acordo com o número de delitos cometidos, aplicando-se 1/6 pela prática de duas infrações, 1/5 para três, 1/4 para quatro, 1/3 para cinco, 1/2 para seis e 2/3 para sete ou mais infrações".

Nos termos da Súmula 711 do Supremo Tribunal Federal, a lei penal mais grave aplica-se ao crime continuado, se a sua vigência for anterior à cessação da continuidade.

3.4. A PENA DE MULTA NO CONCURSO DE CRIMES (ART. 72)

De acordo com o art. 72 do Código Penal, em caso de concurso de crimes, a pena de multa será aplicada distinta e integralmente, não se submetendo, pois, a índices de aumento. Assim, considerando, por exemplo, que o furto simples possui penas de reclusão, de 1 a 4 anos, e multa, caso seja reconhecido o concurso formal entre dois furtos, o juiz poderá aplicar a pena de 1 ano, por um dos crimes, e aumentá-la de 1/6, atingindo o patamar de 1 ano e 2 meses. Em relação às multas, entretanto, o juiz terá de fixar pelo menos 10 dias-multa para cada infração penal, multas que deverão ser somadas para atingir o total de 20 dias-multa. De acordo com o STJ, essa regra só vale para o concurso material e para o concurso formal. Em se tratando de crime continuado, deve ser aplicado o critério da exasperação, com o argumento de que, por ficção, a lei determina que seja o fato interpretado como crime único.

3.5. LIMITE DAS PENAS (ART. 75)

A Lei n. 13.964/2019, alterou a redação do art. 75, *caput*, do Código Penal. Antes da entrada em vigor de tal lei, o limite máximo de cumprimento de pena era de 30 anos. Pela atual redação, o tempo de cumprimento das penas privativas de liberdade não pode ser superior a 40 anos. Além disso, quando o agente for condenado, em processos distintos, a penas privativas de liberdade cuja soma seja superior a 40 anos, devem elas ser unificadas para atender ao limite máximo previsto no dispositivo (§ 1º).

Essa regra não obsta a aplicação de penas superiores a 40 anos, hipótese razoavelmente comum, quando o agente pratica vários crimes de intensa gravidade e a soma das penas atinge patamares muitas vezes superiores a 200 ou 300 anos. A lei veda apenas que o condenado cumpra mais de 40 anos de prisão em decorrência da pena imposta. Assim, sendo o réu condenado a 300 anos de reclusão, poderá permanecer no cárcere apenas por 40 anos. Veja-se, entretanto, que para o condenado conseguir o livramento condicional deve cumprir 1/3 da pena (em se tratando de crime comum). Essa terça parte evidentemente não pode ter por base o limite de 40 anos, pois, se assim fosse, a pessoa condenada a 300 anos acabaria obtendo a liberdade com 13 anos e 4 meses de cumprimento da pena. Por isso, o índice de 1/3 para a obtenção do livramento condicional deve ser aplicado sobre a pena total (300 anos no exemplo acima). Dessa forma, o benefício só seria cabível após 100 anos, fator que torna incabível o livramento na hipótese concreta, uma vez que, após 40 anos, o sentenciado obterá sua liberdade em definitivo em razão da regra do art. 75, *caput*. Comungando desse entendimento, o Supremo Tribunal Federal aprovou a Súmula 715, segundo a qual "a pena unificada para atender ao limite de 30 anos determinado pelo art. 75 do Código Penal não é considerada para a concessão de outros benefícios, como o livramento condicional ou regime mais favorável de execução". A súmula, por ser anterior à entrada em vigor da Lei n. 13.964/2019, menciona o limite de 30 anos, mas atualmente, conforme mencionado, o limite – é de 40 anos.

O art. 75, § 2º, do Código Penal reza que, sobrevindo condenação por fato posterior ao início do cumprimento da pena, far-se-á nova unificação, desprezando-se, para esse fim, o período de pena já cumprido. Ex.: suponha-se uma pessoa condenada a 40 anos, que tenha cumprido 15 anos de sua pena. Resta-lhe, portanto, cumprir outros 25 anos. Imagine-se, em seguida, que o sentenciado sofra condenação a 20 anos de reclusão pela morte de um companheiro de cela. Nesse caso, os 25 anos restantes da primeira condenação deverão ser somados aos 20 anos aplicados na segunda sentença, chegando-se a um total de 45 anos. Nesse caso, a partir da segunda condenação, terá o condenado de cumprir mais 40 anos de pena (para se respeitar o limite do art. 75). Essa regra é extremamente criticada pela doutrina, pois praticamente assegura a impunidade por crimes cometidos logo no início do cumprimento da pena.

3.6. CONCURSO DE INFRAÇÕES (ART. 76)

No concurso de infrações, executar-se-á inicialmente a pena mais grave (art. 76). Esse dispositivo se refere ao concurso entre crime e contravenção penal em que as penas de reclusão ou detenção devem ser executadas antes da pena de prisão simples referente à contravenção.

Quadro sinótico – Concurso de crimes
Concurso material (art. 69)

Conceito	É aquele em que o agente, mediante duas ações ou omissões, comete dois crimes idênticos ou não.
Consequência	É a soma das penas, lembrando-se, porém, de que o art. 75 do Código Penal limita o efetivo cumprimento da pena a 40 anos.
Espécies	a) concurso material homogêneo – quando os crimes praticados forem da mesma espécie e estiver ausente qualquer dos requisitos do crime continuado; b) concurso material heterogêneo – quando os delitos não forem idênticos.

Direito Penal – Parte Geral

Quadro sinótico – Concurso formal (art. 70)

Conceito	Ocorre quando o agente mediante uma única ação ou omissão pratica dois ou mais crimes. Se forem da mesma espécie, o concurso formal é chamado de homogêneo, mas se forem distintos, é chamado de heterogêneo.
Consequências	a) quando não há autonomia de desígnios (concurso formal próprio), o juiz aplica somente a pena mais alta, ou, se iguais, somente uma delas, aumentada de 1/6 até metade; b) se a ação ou omissão é dolosa e os crimes resultam de desígnios autônomos (concurso formal impróprio), as penas serão somadas.

Quadro sinótico – Crime continuado

Requisitos	a) que o agente, com duas ou mais ações ou omissões, tenham cometido dois ou mais crimes da mesma espécie (ainda que um seja na modalidade simples e o outro qualificado); b) que os crimes tenham sido cometidos pelo mesmo modo de execução; c) que tenham sido praticados nas mesmas condições de tempo (não pode ter decorrido mais de 30 dias entre um delito e outro); d) que tenham sido cometidos nas mesmas condições de local (na mesma cidade ou em cidades contíguas).
Consequências	a) o juiz aplica somente uma pena, se idênticas, ou somente a mais grave, se diversas, aumentadas de 1/6 a 2/3. Quanto maior o número de crimes, maior deve ser o aumento; b) se os crimes forem dolosos, contra vítimas diferentes e cometidos com violência ou grave ameaça, o juiz pode somar as penas, desde que não ultrapasse o triplo da pena do crime mais grave.
Concurso de crimes e pena de multa	Qualquer que seja a hipótese de concurso, as penas de multa serão sempre somadas.

4   DA SUSPENSÃO CONDICIONAL DA PENA (CAP. IV)

O *sursis*, que para alguns é direito subjetivo do réu e, para outros, forma de execução da pena, consiste na suspensão da pena privativa de liberdade por determinado tempo (período de prova), no qual o condenado deve sujeitar-se a algumas condições e, ao término de tal prazo, não tendo havido causa para revogação, será declarada extinta a pena.

A suspensão não se estende às penas restritivas de direitos nem à multa (art. 80).

O art. 77 do Código Penal estabelece os requisitos do *sursis*:

a) que a pena fixada na sentença não seja superior a 2 anos;

b) que o condenado não seja reincidente em crime doloso (a condenação anterior à pena de multa, ainda que por crime doloso, não obsta o benefício, conforme dispõe o § 1º);

c) que a culpabilidade, os antecedentes, a conduta social e a personalidade do agente, bem como os motivos e as circunstâncias do crime autorizem a concessão do benefício;

d) que não seja indicada ou cabível a substituição por pena restritiva de direitos. Esse requisito perdeu a razão de existir após o advento da Lei n. 9.714/98, que passou a permitir a substituição por pena restritiva de direitos nas penas privativas de liberdade não superiores a 4 anos.

Existe discussão quanto à possibilidade de conceder o *sursis* aos condenados por crimes hediondos, caso a pena fixada não exceda 2 anos. Ex.: tentativa de estupro simples. Como não há vedação expressa na lei, parte da doutrina e jurisprudência o entende cabível, com o fundamento de que não se pode negar benefícios que não estejam expressamente vedados. De outro lado, argumenta-se que o *sursis* é incompatível com o sistema mais severo da Lei dos Crimes Hediondos, já que seu art. 2º, § 1º, diz que a pena **será** cumprida em regime inicialmente fechado, demonstrando que se trata de uma ordem do legislador. Dessa forma, por se tratar de lei especial, estaria afastada a incidência do *sursis*. O STF e o STJ, todavia, têm adotado a 1ª posição, admitindo o *sursis*.

Em relação ao crime de tráfico de drogas existe vedação expressa no art. 44, *caput*, da Lei n. 11.343/2006. Veja-se, contudo, que, no julgamento do HC 118.533, Rel. Min. Cármen Lúcia, em 23.06.2016, o Plenário do STF decidiu que o tráfico privilegiado[4] de drogas não possui natureza hedionda, razão pela qual, em tal modalidade do delito, tem-se admitido a concessão do *sursis*: "É desproporcional e carece de razoabilidade a negativa de concessão de *sursis* em sede de tráfico privilegiado se já resta superada a própria vedação legal à conversão da pena, mormente após o julgado do Pretório Excelso que decidiu não se harmonizar a norma do parágrafo 4º com a hediondez do delito definido no *caput* e parágrafo 1º do artigo 33 da Lei de Tóxicos" (STJ – REsp 1.626.436/MG, Rel. Min. Maria Thereza de Assis Moura, 6ª Turma, j. 08.11.2016, *DJe* 22.11.2016). Posteriormente, a Lei n. 13.964/2019 alterou o art. 112, § 5º, da Lei de Execuções Penais, para deixar expresso que o tráfico privilegiado não se equipara aos crimes hediondos.

A revelia do acusado não impede a concessão do *sursis*.

O período de prova é de 2 a 4 anos, dependendo da gravidade do delito e das condições pessoais do agente. Nesse período, o condenado deverá sujeitar-se a certas condições: a) no primeiro ano deverá prestar serviços à comunidade ou sujeitar-se à limitação de fim de semana; b) durante todo o período, deverá observar outras condições que tenham sido fixadas pelo juiz na sentença, bem como não dar causa à revogação do benefício por nova condenação ou pela não reparação do dano causado pelo delito. Essas outras condições fixadas pelo juiz devem se mostrar adequadas ao fato e à situação pessoal do condenado. Além disso, é necessário que não sejam vexatórias e que não ofendam a dignidade e a liberdade de crença, filosófica ou política, do agente.

O juiz, ao prolatar a sentença, deve estabelecer todas as condições a que o condenado terá de se subordinar. Caso, todavia, não sejam especificadas as condições na sentença, o juízo das execuções poderá fazê-lo. O Superior Tribunal de Justiça entende que não há *reformatio in pejus* nesse caso, porque a suspensão da pena necessariamente deve ser **condicional**.

4.1. *SURSIS* ESPECIAL (ART. 78, § 2º)

Se o condenado houver reparado o dano, salvo impossibilidade de fazê-lo, e se as circunstâncias do art. 59 lhe forem **inteiramente** favoráveis, o juiz poderá aplicar o *sursis* especial, no qual o condenado terá de se submeter a condições menos rigorosas:

a) proibição de frequentar determinados lugares (bares, boates, locais onde se vendem bebidas alcoólicas etc.);

b) proibição de ausentar-se da comarca onde reside, sem autorização do juiz;

---

[4] Considera-se privilegiado o tráfico quando o agente é primário, tem bons antecedentes, não se dedica às atividades criminosas e não integra organização criminosa. Em tal hipótese, descrita no art. 33, § 4º, da Lei de Drogas, a pena do réu será reduzida de 1/6 a 2/3.

Direito Penal – Parte Geral

c) comparecimento pessoal e obrigatório a juízo, mensalmente, para informar e justificar suas atividades.

4.2. DA AUDIÊNCIA ADMONITÓRIA

Nos termos do art. 160 da Lei de Execução Penal, após o trânsito em julgado da sentença, o condenado será intimado para comparecer à audiência admonitória, na qual será cientificado das condições impostas e advertido das consequências de seu descumprimento. A ausência do condenado, intimado pessoalmente ou por edital, obriga o juiz a tornar sem efeito o benefício e executar a pena privativa de liberdade imposta na sentença (art. 705 do CPP).

4.3. CAUSAS DE REVOGAÇÃO OBRIGATÓRIA (ART. 81)

As causas de revogação podem ser obrigatórias ou facultativas. A revogação pressupõe que o sentenciado já esteja em período de prova, ou seja, que já tenha ocorrido a audiência admonitória.

As hipóteses de revogação obrigatória são as seguintes:

a) superveniência de condenação irrecorrível por crime doloso;

b) frustração da execução da pena de multa, no caso de condenado solvente (esse dispositivo encontra-se revogado pela nova redação do art. 51);

c) não reparação do dano, sem motivo justificado;

d) descumprimento das condições do art. 78, § 1º, do Código Penal (prestação de serviços à comunidade e limitação de fim de semana).

4.4. CAUSAS DE REVOGAÇÃO FACULTATIVA (ART. 81, § 1º)

a) Se o condenado descumpre qualquer das condições judiciais a que se refere o art. 79.

b) Se o condenado descumpre as condições do *sursis* especial mencionadas no art. 78, § 2º.

c) Superveniência de condenação por contravenção penal ou por crime culposo, exceto se imposta pena de multa.

Em qualquer caso, antes de decidir acerca da revogação, o juiz deve ouvir o sentenciado, para que este possa justificar-se, e o Ministério Público, para que opine a respeito.

4.5. PRORROGAÇÃO DO PERÍODO DE PROVA

a) Se o condenado, durante o período de prova, passa a ser processado por outro crime ou contravenção, considera-se prorrogado o prazo até o julgamento definitivo (trânsito em julgado) do novo processo (art. 81, § 2º). Assim, se o agente vier a ser condenado, poderá dar-se a revogação do *sursis*, hipótese em que o agente terá de cumprir a pena privativa de liberdade originariamente imposta na sentença. Se, entretanto, vier a ser absolvido, o juiz decretará a extinção da pena referente ao processo no qual foi concedida a suspensão condicional desta.

Observe-se que, durante o prazo de prorrogação, o condenado fica desobrigado de cumprir as condições do *sursis*.

b) Nas hipóteses de revogação facultativa, o juiz pode, em vez de decretá-la, prorrogar o período de prova até o máximo, se este não foi o fixado na sentença (art. 81, § 3º).

4.6. *SURSIS* ETÁRIO OU HUMANITÁRIO (EM RAZÃO DE DOENÇA GRAVE)

Se o condenado tiver idade superior a 70 anos na data da sentença ou tiver sérios problemas de saúde (doença grave, invalidez) e for condenado a pena não superior a 4 anos, o juiz poderá também conceder o *sursis*, mas, nesse caso, o período de prova será de 4 a 6 anos. As demais regras, contudo, são idênticas.

4.7. CUMPRIMENTO DAS CONDIÇÕES

Decorrido integralmente o período de prova, sem que tenha havido revogação, o juiz decretará a extinção da pena (art. 82).

4.8. DISTINÇÃO ENTRE A SUSPENSÃO CONDICIONAL DA PENA (*SURSIS*) E A SUSPENSÃO CONDICIONAL DO PROCESSO

Na suspensão condicional da pena, o réu é condenado a pena privativa de liberdade e, por estarem presentes os requisitos legais, o juiz suspende essa pena, submetendo o sentenciado a um período de prova, no qual ele deve observar certas condições. Como existe condenação, caso o sujeito venha a cometer novo crime, será considerado reincidente.

Na suspensão condicional do processo, criada pelo art. 89 da Lei n. 9.099/95, o agente é acusado da prática de infração penal cuja pena mínima não excede a 1 ano e desde que não esteja sendo processado, que não tenha condenação anterior por outro crime e que estejam presentes os demais requisitos que autorizariam o *sursis* (art. 77 do CP), deverá o Ministério Público fazer uma proposta de suspensão do processo, por prazo de 2 a 4 anos, no qual o réu deve submeter-se a algumas condições: reparação do dano, salvo impossibilidade de fazê-lo; proibição de frequentar determinados locais; proibição de ausentar-se da comarca onde reside sem autorização do juiz e comparecimento mensal e obrigatório a juízo, para informar e justificar suas atividades.

Nos termos das Súmulas 723 do Supremo Tribunal Federal e 243 do Superior Tribunal de Justiça, não se admite o benefício da suspensão condicional do processo em relação às infrações penais praticadas em concurso material, concurso formal ou continuidade delitiva, quando a pena mínima cominada, seja pela soma, seja pela incidência da majorante, ultrapassar o limite de 1 ano.

Assim, após a elaboração da proposta pelo Ministério Público, o juiz deve intimar o réu para que se manifeste acerca dela (juntamente com seu defensor), e, se ambos a aceitarem, será ela submetida à homologação judicial. Feita a homologação, entrará o réu em período de prova e, ao final, caso não tenha havido revogação, decretará o juiz a extinção da **punibilidade** do agente. Dessa forma, decretada a extinção da punibilidade, caso o sujeito venha a cometer novo crime, não será considerado reincidente.

O juiz não pode conceder a suspensão condicional de ofício. Assim, caso o promotor se recuse a fazê-la, e o juiz discorde dos argumentos, deverá remeter os autos ao Procurador-Geral de Justiça, aplicando-se, por analogia, o art. 28 do Código de Processo Penal (Súmula 696 do STF). Este, então, poderá fazer a proposta ou designar outro promotor para fazê-la, ou insistir na recusa, hipótese em que o juiz estará obrigado a dar andamento na ação penal sem a suspensão condicional do processo.

Damásio de Jesus chama a suspensão condicional do processo de *sursis* processual.

Direito Penal – Parte Geral

Quadro sinótico – Suspensão condicional da pena (*sursis*)

Conceito	Consiste na suspensão da pena privativa de liberdade pelo prazo de 2 a 4 anos, período em que o condenado deve sujeitar-se a algumas condições, de modo que, ao término de tal prazo, não tendo havido causa para revogação, será declarada extinta a pena. Tal benefício, todavia, não se estende às penas restritivas de direito e multa.
Requisitos	a) que a pena fixada na sentença não seja superior a 2 anos; b) que o condenado não seja reincidente em crime doloso, exceto se na condenação anterior foi aplicada somente pena de multa; c) que a culpabilidade, os antecedentes, a conduta social e a personalidade do agente, bem como os motivos e as circunstâncias do crime autorizem a concessão do benefício; d) que não seja indicada ou cabível a substituição por pena restritiva de direitos.
Condições	a) no primeiro ano do período de prova, o condenado deverá prestar serviços à comunidade ou sujeitar-se à limitação de fim de semana; b) durante o resto do período, o sentenciado deverá observar outras condições que tenham sido fixadas pelo juiz na sentença, bem como não dar causa à revogação do benefício por nova condenação ou pela não reparação do dano causado pelo delito.
***Sursis* especial**	Se o condenado já houver reparado o dano, salvo impossibilidade de fazê-lo, e as circunstâncias judiciais do art. 59 do Código Penal lhe forem inteiramente favoráveis, o juiz pode submeter o condenado a condições mais brandas: a) proibição de frequentar determinados lugares; b) proibição de ausentar-se da comarca onde reside, sem autorização judicial; c) comparecimento mensal e obrigatório em juízo para informar e justificar suas atividades.
Audiência admonitória	É a audiência em que o condenado é cientificado das condições do *sursis* e advertido das consequências de seu descumprimento. A ausência do condenado, intimado pessoalmente ou por edital, torna sem efeito o benefício.
Revogação obrigatória	a) superveniência de condenação irrecorrível por crime doloso; b) não reparação do dano, sem motivo justificado; c) descumprimento das condições de prestação de serviços à comunidade ou limitação de fim de semana no primeiro ano do período de prova.
Revogação facultativa	a) descumprimento das outras condições impostas pelo juiz na sentença; b) descumprimento das condições do *sursis* especial; c) superveniência de condenação por contravenção penal ou crime culposo a pena privativa de liberdade ou restritiva de direitos.
Prorrogação do período de prova	a) se o condenado, durante o período de prova, passa a ser processado por outro crime ou contravenção, considera-se prorrogado o período de prova até o julgamento definitivo do novo processo. Durante a prorrogação, o sentenciado não precisa continuar a cumprir as condições do *sursis*; b) nas hipóteses de revogação facultativa, o juiz pode, em vez de decretá-la, prorrogar o período de prova até o máximo previsto na lei, se este não foi o fixado na sentença.
Cumprimento das condições	Decorrido integralmente o período de prova, sem que tenha havido revogação, considera-se extinta a pena privativa de liberdade.
***Sursis* etário ou humanitário**	Se o condenado tiver mais de 70 anos na data da sentença ou se tiver sérios problemas de saúde, o *sursis* poderá ser concedido em condenações de até 4 anos, mas, nesse caso, o período de prova é de 4 a 6 anos.

5 DO LIVRAMENTO CONDICIONAL (CAP. V)

O livramento condicional é um incidente na execução da pena, consistente em uma antecipação provisória da liberdade do acusado concedida pelo juiz da Vara das Execuções Criminais quando presentes os requisitos legais, ficando o condenado sujeito ao cumprimento de certas obrigações.

5.1. REQUISITOS (ART. 83)

a) Objetivos:

1) aplicação na sentença de pena privativa de liberdade igual ou superior a 2 anos (art. 83, *caput*);

2) cumprimento de mais de 1/3 da pena se o condenado não for reincidente em crime doloso e apresentar bons antecedentes (art. 83, I);

3) cumprimento de mais de 1/2 da pena se reincidente em crime doloso (art. 83, II);

Observação: o texto legal é ambíguo no que diz respeito ao tempo de cumprimento em relação ao portador de maus antecedentes (condenado por dois crimes dolosos, mas fora do prazo de reincidência) e do reincidente em que um dos crimes seja culposo. O art. 83, I, parece excluí-los do critério que exige apenas 1/3 (o dispositivo exige bons antecedentes), enquanto o inciso II só exige o cumprimento de metade da pena se a reincidência for em crime doloso. Na dúvida, deve-se optar pela solução mais favorável aos condenados com maus antecedentes ou reincidentes em que um dos crimes seja culposo, ou seja, precisam cumprir somente 1/3 da pena, para a obtenção do livramento.

4) cumprimento de mais de 2/3 da pena, em caso de condenação por crime hediondo, tortura e terrorismo, desde que o sentenciado não seja reincidente específico em crime dessa natureza – qualquer desses crimes – (art. 83, V).

O art. 112 da Lei de Execuções Penais, em seus incisos VI, *a*, e VIII, veda, por sua vez, o livramento condicional para pessoas condenadas por crimes hediondos ou equiparados com resultado morte. Exs.: latrocínio consumado, homicídio qualificado consumado.

A Lei n. 13.344/2016 modificou a redação do art. 83, V, do Código Penal, e passou a prever que, no crime de tráfico de pessoas (art. 149-A do CP), o livramento condicional também só poderá ser obtido após o cumprimento de 2/3 da pena, desde que o apenado não seja reincidente específico em crime dessa natureza. Quanto a tal instituto, portanto, o tráfico de pessoas passou a ter tratamento idêntico ao dos crimes hediondos e assemelhados, embora não tenha tal natureza, já que o legislador preferiu não o inserir no rol da Lei n. 8.072/90 (Lei dos Crimes Hediondos).

O art. 44, parágrafo único, da Lei n. 11.343/2006 tem regra no mesmo sentido em relação aos condenados pelos crimes de tráfico descritos nos arts. 33, *caput* e § 1º, e 34 a 37 da lei, que só poderão obter o livramento após o cumprimento de 2/3 da pena, salvo se reincidentes específicos (no tráfico). Observe-se, porém, que no julgamento do HC 118.533, Rel. Min. Cármen Lúcia, em 23.06.2016, o Plenário do STF decidiu que o tráfico privilegiado de drogas não possui natureza hedionda e que, por tal razão, não são exigíveis os requisitos mais severos para a obtenção do livramento, previstos no art. 44, parágrafo único, da Lei n. 11.343/2006. Posteriormente, a Lei n. 13.964/2019 alterou o art. 112, § 5º, da Lei de Execuções Penais, para deixar expresso que o tráfico privilegiado não se equipara aos crimes hediondos. Considera-se privilegiado o tráfico quando o agente é primário, tem bons antecedentes, não se dedica às atividades criminosas e não integra organização criminosa. Em tal hipótese, descrita no art. 33, § 4º, da Lei de Drogas, a pena do réu será reduzida de 1/6 a 2/3 e ele poderá obter o livramento de acordo com as regras comuns do Código Penal (art. 83).

Direito Penal – Parte Geral

No tráfico de drogas comum (não privilegiado), será necessário o cumprimento do montante diferenciado de pena, previsto no art. 44, parágrafo único, da Lei n. 11.343/2006.

O Superior Tribunal de Justiça fixou entendimento no sentido de que não há reincidência específica se a pessoa for condenada inicialmente por tráfico privilegiado e depois por tráfico comum (art. 33, *caput*): "*In casu*, embora o paciente já ostentasse condenação anterior por tráfico privilegiado quando praticou o crime de tráfico de drogas (art. 33, *caput*, da Lei n. 11.343/2006), não se configurou a reincidência específica, uma vez que se trata de condutas de naturezas distintas" (STJ – HC 453.983/SP, Rel. Min. Felix Fischer, 5ª Turma, j. 02.08.2018, *DJe* 09.08.2018); "Imperioso afastar a reincidência específica em relação ao tráfico privilegiado e o tráfico previsto no *caput* do art. 33 da Lei de Drogas, nos termos do novo entendimento jurisprudencial, para fins da concessão do livramento condicional" (STJ – HC 436.103/DF, Rel. Min. Nefi Cordeiro, 6ª Turma, j. 19.06.2018, *DJe* 29.06.2018).

Em relação aos demais crimes descritos na nova Lei Antidrogas, o livramento é obtido de acordo com as regras atinentes aos crimes comuns.

De acordo com o art. 2º, § 9º, da Lei n. 12.850/2013, com a redação dada pela Lei n. 13.964/2019, o condenado expressamente em sentença por integrar organização criminosa ou por crime praticado por meio de organização criminosa não poderá progredir de regime de cumprimento de pena ou obter livramento condicional ou outros benefícios prisionais se houver elementos probatórios que indiquem a manutenção do vínculo associativo, ou seja, que ainda integra a organização.

5) reparação do dano causado pelo crime, salvo impossibilidade de fazê-lo (art. 83, IV);

6) existência de parecer do Conselho Penitenciário e do Ministério Público (art. 131 da LEP).

b) Subjetivos (art. 83, III, *a* a *d*):

a) bom comportamento durante a execução da pena (comprovado mediante atestado de bom comportamento elaborado pelo diretor do presídio);

b) não cometimento de falta grave nos últimos 12 meses (inserido pela Lei n. 13.964/2019);

c) bom desempenho no trabalho que lhe foi atribuído (também comprovado por intermédio de atestado do diretor do presídio);

d) aptidão para prover à própria subsistência mediante trabalho honesto (proposta de emprego, p. ex.).

O parágrafo único do art. 83 também exige para o condenado por crime doloso, cometido mediante violência ou grave ameaça à pessoa, constatação de que apresenta condições pessoais que façam presumir que, uma vez liberado, não voltará a delinquir (exame feito por psicólogos).

A Súmula 441 do STJ diz que "a falta grave não interrompe o prazo para a obtenção de livramento condicional". Saliente-se, contudo, que a Lei n. 13.964/2019, deu nova redação ao art. 83, III, *b*, do Código Penal, vedando o livramento caso o condenado tenha praticado falta grave nos 12 meses que antecedem o alcance do prazo para o benefício. Assim, se o condenado cometer a falta grave quando faltarem menos de 12 meses para atingir o prazo do benefício, deverá aguardar mais 12 meses.

5.2. SOMA DE PENAS (ART. 84)

No caso de concurso de crimes, deve-se observar o montante total, resultante da soma das penas, para se verificar a possibilidade do benefício pelo cumprimento de parte desse total. Além disso, a Súmula 715 do Supremo Tribunal Federal estabelece que "a pena unificada para atender ao limite de trinta anos de cumprimento, determinado pelo art. 75 do Código Penal, não é considerada para a concessão de outros benefícios, como o livramento condicional ou regime mais favorável de execução". Saliente-se que Lei n. 13.964/2019, aumentou esse limite para 40 anos. Suponha-se, destarte, uma pessoa primária que tenha sido condenada, por diversos crimes comuns, a 60 anos de reclusão. O art. 75 do Código Penal limita o cumprimento da pena a 40 anos, porém, de acordo com a súmula, não significa que o condenado deva apenas cumprir 1/3 de 40 anos para obter o benefício. Deverá, em verdade, cumprir 1/3 da pena total de 60 anos, ou seja, 20 anos. É claro, no entanto, que se o réu tiver sido condenado a 150 anos não poderá ficar 50 anos preso, devendo ser liberado em definitivo quando cumprir 40 anos de prisão.

5.3. ESPECIFICAÇÃO DAS CONDIÇÕES (ART. 85)

O juiz das execuções criminais que conceder o livramento deve especificar na sentença concessiva quais as condições a que deve submeter-se o sentenciado.

A Lei de Execução Penal, em seu art. 132, contém um rol de condições a ser impostas pelo juiz:

a) Condições obrigatórias (§ 1º)

1) obrigação de obter ocupação lícita, dentro de prazo razoável fixado pelo Juiz;

2) comparecimento periódico para informar ao juízo suas atividades;

3) não mudar do território da comarca do Juízo da Execução sem prévia autorização deste.

b) Condições facultativas (§ 2º)

1) não mudar de residência sem comunicação ao juiz e à autoridade incumbida da observação cautelar e de proteção;

2) recolher-se à sua residência em hora fixada pelo juiz;

3) não frequentar determinados lugares (expressamente mencionados na sentença concessiva do benefício, como bares ou outros locais onde servem bebidas alcoólicas etc.).

O procedimento para a concessão do benefício inicia-se com requerimento do sentenciado, de seu cônjuge ou parente em linha reta, ou por proposta do diretor do estabelecimento onde ele se encontra cumprindo a pena, ou do Conselho Penitenciário. Em seguida, será colhido parecer do diretor do estabelecimento acerca do comportamento do sentenciado, bem como ouvidos o Ministério Público e o defensor (art. 112 da LEP, com a redação dada pela Lei n. 10.792/2003). Por fim, o juiz proferirá a decisão, devendo observar a presença de todos os requisitos do art. 83 do Código Penal. Contra a decisão cabe recurso de agravo em execução (art. 197 da LEP).

5.4. CERIMÔNIA DE CONCESSÃO

Uma vez concedido o livramento pelo juiz, será realizada uma cerimônia solene, em que o presidente do Conselho Penitenciário, no interior do estabelecimento prisional, lerá a sentença na presença do beneficiário e dos demais condenados, chamando a atenção daquele sobre o cumprimento das condições e questionando-lhe se as aceita (art. 137). Se não as aceitar, o fato será comunicado ao juiz, que revogará o benefício. Se as aceitar, será colocado em liberdade, permanecendo nessa situação até o término da pena, salvo se o livramento for revogado.

Direito Penal – Parte Geral

5.5. REVOGAÇÃO OBRIGATÓRIA (ART. 86)

a) Se o beneficiário vem a ser condenado, por sentença transitada em julgado, a pena privativa de liberdade por crime cometido durante a vigência do benefício.

Nesse caso, dispõe o art. 88 do Código Penal que o tempo em que o sentenciado permaneceu em liberdade não será descontado, devendo, portanto, cumprir integralmente a pena que restava por ocasião do início do benefício, somente podendo obter novamente o livramento em relação à segunda condenação. Ex.: uma pessoa foi condenada a 9 anos de reclusão e já havia cumprido 5 anos quando obteve o livramento, restando, assim, 4 anos de pena a cumprir. Após 2 anos, sofre condenação por crime cometido na vigência do benefício. Dessa forma, não obstante tenha estado 2 anos em período de prova, a revogação do livramento fará com que tenha de cumprir os 4 anos que faltavam quando obteve o livramento. Suponha-se que, em relação ao novo crime, tenha sido o réu condenado a 6 anos de reclusão. Terá de cumprir os 4 anos em relação à primeira condenação e, posteriormente, poderá obter o livramento em relação à segunda condenação, desde que cumprida mais de metade da pena (3 anos).

b) Se o beneficiário vem a ser condenado, por sentença transitada em julgado, a pena privativa de liberdade, por crime cometido antes do benefício.

Nessa hipótese, o art. 88 do Código Penal permite que seja descontado o período em que o condenado esteve em liberdade, podendo, ainda, ser somado o tempo restante à pena referente à segunda condenação para fim de obtenção de novo benefício (conforme o art. 84 do CP). Ex.: uma pessoa foi condenada a 9 anos de reclusão e já havia cumprido 5 anos quando obteve o livramento, restando, assim, 4 anos de pena a cumprir. Após 2 anos, sofre condenação por crime cometido antes da obtenção do benefício e, dessa forma, terá de cumprir os 2 anos faltantes. Suponha-se que, em relação à segunda condenação, tenha sido aplicada pena de 6 anos de reclusão. As penas serão somadas, atingindo-se um total de 8 anos, tendo o condenado de cumprir mais de metade dessa pena para obter novamente o livramento (ou um terço se não for reincidente em crime doloso).

5.6. REVOGAÇÃO FACULTATIVA (ART. 87)

a) Se o liberado deixa de cumprir qualquer das obrigações impostas na sentença.

Nesse caso, não se desconta da pena o período do livramento e o condenado não mais poderá obter o benefício.

b) Se o liberado for irrecorrivelmente condenado, por crime ou contravenção, a pena que não seja privativa de liberdade.

Se a condenação for por delito anterior, será descontado o tempo do livramento. Se a condenação se refere a delito cometido na vigência do benefício, não haverá tal desconto.

Em qualquer caso de revogação, o juiz deve ouvir o sentenciado antes de decidir.

5.7. PRORROGAÇÃO DO PERÍODO DE PROVA (ART. 89)

Considera-se prorrogado o período de prova se, ao término do prazo, o agente está sendo processado por crime cometido em sua vigência. Durante a prorrogação, o sentenciado fica desobrigado de observar as condições impostas. Assim, se houver condenação, o juiz decretará a revogação do benefício e, se houver absolvição, o juiz decretará a extinção da pena. Em outubro de 2018, o Superior Tribunal de Justiça publicou a Súmula 617, com o seguinte teor: "A ausência de suspensão ou revogação do livramento condicional antes do término do período de prova enseja a extinção da punibilidade pelo integral cumprimento da pena".

5.8. EXTINÇÃO DA PENA (ART. 90)

Se, até o término do prazo, o livramento não foi revogado (ou prorrogado), o juiz deverá declarar a extinção da pena imposta, ouvindo antes o Ministério Público.

Quadro sinótico – Livramento condicional

Conceito	É um incidente na execução da pena, consistente em uma antecipação provisória da liberdade do acusado, concedida pelo juiz da Vara das Execuções quando presentes os requisitos legais, ficando o condenado sujeito ao cumprimento de certas obrigações.	
Requisitos	Objetivos	a) aplicação na sentença de pena igual ou superior a 2 anos; b) cumprimento de mais de 1/3 da pena se o condenado não for reincidente em crime doloso, ou de 1/2 da pena se for reincidente em crime doloso; c) cumprimento de 2/3 da pena se a condenação for por crime hediondo, tráfico de drogas ou de pessoas, terrorismo ou tortura, salvo se o sentenciado for reincidente específico, quando não será possível o benefício. Em se tratando de tráfico privilegiado de drogas, o tempo exigido para o livramento é o do tópico anterior; d) parecer do Conselho Penitenciário e do Ministério Público.
	Subjetivos	a) bom comportamento satisfatório durante a execução; b) bom desempenho no trabalho que lhe foi atribuído; c) aptidão para manter a própria subsistência mediante trabalho honesto; d) não cometimento de falta grave nos 12 meses anteriores; e) constatação de que o acusado apresenta condições pessoais que façam presumir que não voltará a delinquir (caso condenado por crime doloso cometido com violência ou grave ameaça).
Soma das penas	Se o réu for condenado em dois ou mais processos as penas devem ser somadas para verificar quando terá direito ao livramento.	
Condições obrigatórias (art. 132, § 1º, da LEP)	a) obter ocupação lícita dentro do prazo fixado pelo juiz; b) comparecer periodicamente em juízo para informar suas atividades; c) não mudar da Comarca sem autorização judicial.	
Condições facultativas (art. 132, § 2º, da LEP)	a) não mudar de residência sem comunicação ao juiz e à autoridade incumbida da observação cautelar e de proteção; b) recolher-se à sua casa em hora determinada; não frequentar determinados locais.	
Revogação obrigatória	Se o beneficiário vier a ser condenado, em definitivo, a pena privativa de liberdade, por crime cometido durante a vigência do benefício. Nesse caso, o tempo em que ele permaneceu em liberdade não será descontado, devendo cumprir integralmente a pena que restava por ocasião do início do livramento, somente podendo obtê-lo novamente em relação à segunda condenação. Se vier a ser condenado em definitivo a pena privativa de liberdade por crime cometido antes do livramento. Em tal hipótese, poderá ser descontado o período em que esteve em liberdade, podendo, ainda, ser somado o tempo restante à pena referente à segunda condenação para fim de obtenção de novo benefício.	

Direito Penal – Parte Geral

Revogação facultativa	Se o condenado deixa de cumprir qualquer das condições impostas na sentença. Não se desconta da pena o período de livramento e o sentenciado não poderá mais obter o benefício. Se o beneficiário for condenado em definitivo, por crime ou contravenção, a pena que não seja privativa de liberdade. Se a condenação for por fato anterior, será descontado o período de livramento, mas, caso se refira a fato cometido durante o benefício, não haverá o desconto.
Prorrogação do período de prova	Dá-se quando, ao término do prazo, o agente está sendo processado por crime cometido em sua vigência. Durante a prorrogação, o sentenciado fica desobrigado de observar as condições impostas. Se for condenado pelo novo crime, o juiz revoga o livramento. Se for absolvido, o juiz decreta a extinção da pena.

6 DOS EFEITOS DA CONDENAÇÃO (CAP. VI)

A doutrina classifica os efeitos da sentença condenatória da seguinte maneira:

a) **Efeito principal**. Imposição da pena (privativa de liberdade, restritiva de direitos, multa) ou medida de segurança.

b) **Efeitos secundários**:

b1) **De natureza penal**. Impedem a concessão de *sursis* em novo crime praticado pelo agente, revogam o *sursis* por condenação anterior, revogam o livramento condicional, geram reincidência, aumentam o prazo da prescrição da pretensão executória etc.

b2) **Extrapenais**. Afetam o sujeito em outras esferas, que não a penal.

Os efeitos extrapenais, por sua vez, subdividem-se em:

a) **Genéricos**. São efeitos automáticos que, portanto, decorrem de qualquer condenação criminal, ou seja, não precisam ser expressamente declarados na sentença (art. 91):

1) tornar certa a obrigação de indenizar o dano causado pelo crime (art. 91, I).

A sentença condenatória constitui título **executivo judicial**. Assim, a vítima do delito, ou seus familiares, não precisam ingressar com ação indenizatória na esfera cível, caso haja condenação no âmbito penal.

De acordo com o art. 387, IV, do Código de Processo Penal, na sentença condenatória o juiz deverá fixar o valor **mínimo** da indenização, considerando os prejuízos sofridos pela vítima. A fixação exata desse valor, entretanto, não é tarefa simples, ficando muitas vezes prejudicada pela falta de informações. De qualquer modo, se na ação penal houver elementos suficientes, o juiz deverá, conforme já mencionado, fixar o valor mínimo, podendo a vítima complementar esse valor em **liquidação** no juízo cível. Se, entretanto, por falta de elementos suficientes quanto ao valor, não for possível ao juízo criminal fixar o valor mínimo na sentença, o montante deverá ser, integralmente, objeto de liquidação.

Saliente-se que o Superior Tribunal de Justiça tem entendido que, para ser possível a fixação desse valor mínimo pelo juiz na sentença, deve previamente ter havido requerimento na denúncia ou queixa, de modo que o acusado, durante a instrução, tenha oportunidade de conhecer as provas e rebatê-las (princípio do contraditório e da ampla defesa);

2) a perda em favor da União, ressalvado o direito do lesado ou de terceiro de boa-fé, dos **instrumentos do crime**, desde que consistam em coisas cujo fabrico, alienação, uso, porte ou detenção constitua fato ilícito (art. 91, II, *a*). Os instrumentos do crime cuja perda em favor da União tenha sido decretada serão inutilizados ou recolhidos a museu criminal, se houver interesse na conservação.

É claro que o confisco só pode recair sobre objeto que pertença ao **autor** ou **partícipe** do crime. O próprio art. 91, II, do Código Penal ressalva o direito do **lesado** ou do **terceiro de boa-fé**.

É de mencionar que, se existe prova de que o objeto não pertence ao criminoso, mas é desconhecido o seu proprietário, torna-se necessário aguardar o prazo de 90 dias a contar do trânsito em julgado da sentença, hipótese em que o bem será vendido em leilão, caso não seja reclamado, depositando-se o valor à disposição do juízo de ausentes (art. 123 do CPP).

Saliente-se que, no que se refere especificamente às **armas de fogo** apreendidas, que tenham sido utilizadas como instrumento de crime (roubo, estupro, homicídio etc.), dispõe o art. 25 do Estatuto do Desarmamento (Lei n. 10.826/2003) que serão encaminhadas pelo juízo competente, após a elaboração do laudo e sua juntada aos autos, ao Comando do Exército, no prazo de 48 horas, para destruição ou doação aos órgãos de segurança pública ou às Forças Armadas. Na prática, porém, aguarda-se o trânsito em julgado da decisão para que seja efetuado referido encaminhamento.

O art. 61 da **Lei de Drogas** (Lei n. 11.343/2006) trata da apreensão de veículos, embarcações, aeronaves e quaisquer outros meios de transporte, bem como maquinários, instrumentos, utensílios e objetos de qualquer natureza, utilizados para a prática dos crimes definidos na Lei. A perda efetiva em favor da União só será declarada pelo juiz na **sentença** (art. 63, I), revertendo em favor do Fundo Nacional Antidrogas (Funad) – art. 63, § 1º. Ex.: aeronave ou carro utilizado para o transporte de droga; máquinas utilizadas na produção de substância entorpecente. Nesse dispositivo, o confisco existe ainda que o porte, a alienação, o fabrico, a detenção ou o uso do bem sejam normalmente lícitos, já que o texto legal não exige o contrário. Saliente-se, outrossim, que, apesar de o dispositivo ter redação genérica, mencionando que a perda ocorrerá qualquer que seja o crime praticado, é lógico que a interpretação dada pela doutrina e pela jurisprudência foi **restritiva**, no sentido de que só deve ser decretada a perda dos bens se forem relacionados ao **tráfico de drogas**. Assim, quem usa o próprio carro para nele fazer uso de maconha (crime de porte para consumo próprio) não corre o risco de ter o veículo confiscado.

O texto legal diz que constitui efeito da condenação a **perda** em favor da **União** dos instrumentos do **crime** se o seu porte constitui fato ilícito. Diverge a jurisprudência acerca da incidência de tal norma às contravenções: a) não pode haver confisco porque o artigo menciona instrumento de **crime** e não instrumento de contravenção. Impossível, pois, a interpretação **ampliativa**; b) há o confisco porque a palavra crime foi usada em sentido **genérico**, *lato sensu*, abrangendo também as contravenções. Além disso, o art. 1º da Lei das Contravenções Penais prevê que as normas do Código Penal aplicam-se às contravenções, desde que não haja disposição em contrário nessa Lei. Ora, como ela é omissa em relação ao confisco, é cabível a aplicação subsidiária do Código Penal, que possibilita ao juiz decretar a perda do instrumento;

3) a perda em favor da União, ressalvado o direito do lesado ou de terceiro de boa-fé, do **produto** do crime ou de qualquer bem ou valor que constitua proveito auferido pelo agente com a prática do fato criminoso (art. 91, II, *b*). A fim de reforçar a importância das consequências patrimoniais aos criminosos condenados, a Lei n. 12.694, publicada em 25 de julho de 2012, acrescentou dois parágrafos nesse art. 91, estabelecendo, inicialmente, que poderá ser decretada a perda de bens ou valores equivalentes ao produto ou proveito do crime quando estes não forem encontrados ou quando se localizarem no exterior (art. 91, § 1º). Além disso, para que haja êxito em referida providência, estabelece o atual art. 91, § 2º, do Código Penal, que as medidas assecuratórias previstas na legislação processual (sequestro, arresto e hipoteca) poderão abranger bens ou valores equivalentes do investigado ou acusado para posterior decretação de perda;

O Plenário do STF, no julgamento do RE 795.567/PR, após reconhecer a repercussão geral (tema 187), aprovou a seguinte tese: "As consequências jurídicas extrapenais, previstas no art. 91 do Código Penal, são decorrentes de sentença penal condenatória. Tal não ocorre,

Direito Penal – Parte Geral

portanto, quando há transação penal, cuja sentença tem natureza meramente homologatória, sem qualquer juízo sobre a responsabilidade criminal do aceitante. As consequências geradas pela transação penal são essencialmente aquelas estipuladas por modo consensual no respectivo instrumento de acordo". No julgamento desse caso, a Corte asseverou, ainda, que "as consequências jurídicas extrapenais previstas no art. 91 do CP, dentre as quais a do confisco de instrumentos do crime (art. 91, II, *a*) e de seu produto ou de bens adquiridos com o seu proveito (art. 91, II, *b*), só podem ocorrer como efeito acessório, reflexo ou indireto de uma condenação penal. Apesar de não possuírem natureza penal propriamente dita, as medidas acessórias previstas no art. 91 do CP, embora incidam *ex lege*, exigem juízo prévio a respeito da culpa do investigado, sob pena de transgressão ao devido processo legal" (STF – RE 795.567, Rel. Min. Teori Zavascki, Tribunal Pleno, j. 28.05.2015, acórdão eletrônico repercussão geral – mérito *DJe*-177, divul. 08.09.2015, public. 09.09.2015);

4) Suspensão dos direitos políticos, enquanto durarem os efeitos da condenação (art. 15, III, da CF).

Cuida-se de efeito automático e inerente a toda e qualquer condenação. Consiste, basicamente, na perda do direito de votar e de ser votado. Quando uma pessoa é definitivamente condenada, o juízo de origem deve comunicar o fato à Justiça Eleitoral que impedirá o exercício do voto.

O Plenário do Supremo Tribunal Federal, no julgamento do tema 370 (repercussão geral), confirmou que também há suspensão dos direitos políticos em caso de substituição da pena privativa de liberdade por penas restritivas de direitos (STF – RE 601.182, Rel. p/ acórdão Min. Alexandre de Moraes, j. 08.05.2019).

Declarada a extinção da pena, por seu cumprimento ou pela prescrição, o sujeito recupera, também automaticamente, os direitos políticos. De acordo com a Súmula 9 do Tribunal Superior Eleitoral, "a suspensão de direitos políticos decorrente de condenação criminal transitada em julgado cessa com o cumprimento ou a extinção da pena, independendo de reabilitação ou de prova de reparação dos danos".

b) Específicos. Devem ser expressamente declarados e só podem ser aplicados em determinadas situações (art. 92):

1) A perda do cargo, função pública ou mandato eletivo quando aplicada pena privativa de liberdade igual ou superior a 1 ano, nos crimes praticados com abuso de poder ou violação de dever para com a Administração Pública. Exs.: crimes de peculato, corrupção passiva, concussão etc.

O art. 1º, § 5º, da Lei n. 9.455/97 impõe também, como efeito da sentença condenatória por crime de tortura, a perda do cargo, função ou emprego público (qualquer que seja a pena imposta) e a interdição para seu exercício pelo dobro do prazo da pena aplicada. O art. 16 da Lei n. 7.716/89 estabelece que, nos crimes de preconceito de raça ou cor nela previstos, cometidos por servidor público, a condenação também acarreta a perda do cargo ou da função pública.

2) A perda do cargo, função pública ou mandato eletivo quando for aplicada pena privativa de liberdade por tempo superior a 4 anos, qualquer que tenha sido o crime cometido.

3) "Incapacidade para o exercício do poder familiar, da tutela ou da curatela nos crimes dolosos sujeitos à pena de reclusão cometidos contra outrem igualmente titular do mesmo poder familiar, contra filho, filha ou outro descendente ou contra tutelado ou curatelado" (art. 92, II, do CP). Esse dispositivo teve a redação alterada pela Lei n. 13.715, de 24 de setembro de 2018. Nos crimes de maus-tratos (art. 136) e abandono de incapaz (art. 133), não pode ser aplicado esse efeito, uma vez que a pena prevista é de detenção. Se, todavia, a vítima sofre lesão grave ou morre, a pena passa a ser de reclusão, hipótese em que será aplicável o efeito condenatório em tela (no caso de morte, evidentemente, em relação aos outros filhos). O dispositivo é também aplicável ao crime de tortura previsto no art. 1º, II, da Lei n. 9.455/97: "submeter alguém, sob sua guarda, poder ou autoridade, com emprego de violência ou grave ameaça, a intenso sofrimento físico ou mental, como forma de aplicar castigo pessoal ou medida de caráter preventivo". A pena, nesse caso, é de reclusão, de 2 a 8 anos.

4) A inabilitação para dirigir veículo, quando este é utilizado como instrumento para a prática de crime doloso (homicídio doloso, lesões dolosas etc.). Trata-se de efeito permanente, que somente pode ser cancelado mediante reabilitação criminal (arts. 93 e s. do CP). Nos crimes de homicídio culposo e lesão corporal culposa cometidos na direção de veículo automotor, a suspensão ou proibição de obter a habilitação ou permissão para dirigir veículo constituem pena prevista no próprio tipo penal, e não efeito da condenação (arts. 302 e 303 do CTB – Lei n. 9.503/97).

5) Na hipótese de condenação por infrações às quais a lei comine pena máxima superior a 6 anos de reclusão, a perda, como produto ou proveito do crime, dos bens correspondentes à diferença entre o valor do patrimônio do condenado e aquele que seja compatível com o seu rendimento lícito (art. 91-A – introduzido pela Lei n. 13.964/2019).

De acordo com o art 91-A, § 1º, para efeito da perda prevista no *caput* deste artigo, entende-se por patrimônio do condenado todos os bens: I – de sua titularidade, ou em relação aos quais ele tenha o domínio e o benefício direto ou indireto, na data da infração penal ou recebidos posteriormente; e II – transferidos a terceiros a título gratuito ou mediante contraprestação irrisória, a partir do início da atividade criminal.

Já o § 2º prevê que o condenado poderá demonstrar a inexistência da incompatibilidade ou a procedência lícita do patrimônio. Em outras palavras, há uma inversão no ônus da prova, cabendo ao réu provar que seu patrimônio tem origem lícita.

Saliente-se que a perda prevista neste artigo deverá ser requerida expressamente pelo Ministério Público, por ocasião do oferecimento da denúncia, com indicação da diferença apurada (§ 3º).

Por fim, na sentença condenatória, o juiz deve declarar o valor da diferença apurada e especificar os bens cuja perda for decretada (§ 4º). O efeito, portanto, **não** é automático.

Veja-se que o dispositivo, inserido no Código Penal pela Lei Anticrime (Lei n. 13.964/2019), cria uma espécie de procedimento paralelo em relação à apuração do delito originário, desde que haja requerimento expresso do Ministério Público nesse sentido por ocasião do oferecimento da denúncia. Quando isso ocorrer haverá a necessidade de uma prestação de contas por parte do réu em relação ao montante total de seu patrimônio, pois a finalidade do dispositivo é alcançar bens e valores do réu, sem a efetiva demonstração de que decorrem daquele crime em apuração. Suponha-se que um político seja acusado por crime de corrupção passiva por ter recebido cinco milhões de reais para beneficiar um grupo empresarial durante sua gestão. Imagine-se que, durante as investigações, o Ministério Público descubra que esse político possui patrimônio de cem milhões, que é incompatível com seus ganhos lícitos e, em razão disso, faça o pedido mencionado no *caput* do art. 91-A. Caso o réu não faça prova de que os cem milhões têm origem lícita, o juiz poderá decretar a perda desses valores.

A constitucionalidade desse dispositivo certamente será questionada por mencionar que o juiz pode decretar a perda como produto ou proveito do crime, de bens ou valores que não têm necessariamente relação com o delito em apuração naqueles autos. De acordo com o texto legal, como o réu não apresentou justificativa para a origem dos seus bens, **presume-se** que são produto ou proveito de crime.

6) Perda em favor da União ou do Estado, dependendo da Justiça onde tramita a ação penal, dos instrumentos utilizados para a prática de crimes por organizações criminosas e

Direito Penal – Parte Geral

milícias ainda que não ponham em perigo a segurança das pessoas, a moral ou a ordem pública, nem ofereçam sério risco de ser utilizados para o cometimento de novos crimes.

O Juiz deverá declarar a perda, nos termos do art. 91-A, § 5º, não se tratando de efeito automático.

Se a ação penal tramitar pela Justiça federal, a perda será em favor da União. Caso contrário, em favor do Estado por onde tramita a ação.

7 DA REABILITAÇÃO (CAP. VII)

A finalidade da reabilitação é restituir o condenado à condição anterior à condenação, apagando a anotação de sua folha de antecedentes e suspendendo alguns efeitos secundários dessa condenação (art. 93).

O parágrafo único do art. 93 estabelece que a reabilitação atingirá também os efeitos da condenação previstos no art. 92 (efeitos extrapenais específicos), vedada, entretanto, a reintegração no cargo, função, mandato eletivo e titularidade do poder familiar, tutela ou curatela, nas hipóteses dos incisos I e II do art. 92 mencionado.

7.1. REQUISITOS DA REABILITAÇÃO (ART. 94)

a) Que já tenham transcorridos 2 anos da data da extinção ou do término da pena, ou do início do período de prova no caso do *sursis* e do livramento condicional, que não tenham sido revogados;

b) que o sentenciado tenha tido domicílio no País durante esses 2 anos;

c) que durante esse prazo o condenado tenha dado demonstração efetiva de bom comportamento público e privado;

d) que tenha ressarcido a vítima do crime ou que demonstre a impossibilidade de fazê-lo, ou, ainda, que exiba documento no qual a vítima renuncie à indenização ou em que haja novação da dívida.

7.2. COMPETÊNCIA PARA CONCEDER A REABILITAÇÃO

A reabilitação só pode ser concedida pelo próprio juízo da condenação (pelo qual tramitou o processo de conhecimento) e não pelo Juízo das Execuções, uma vez que a reabilitação é concedida após o término da execução da pena. Contra a decisão que indefere a reabilitação cabe apelação (art. 593, II, do CPP). Por sua vez, sempre que houver deferimento, o juiz deve recorrer de ofício da decisão (art. 746 do CPP).

7.3. RENOVAÇÃO DO PEDIDO

Nos termos do art. 93, parágrafo único, se o Juiz indeferir o pedido de reabilitação em razão da ausência de um dos requisitos, poderá o pedido ser renovado, a qualquer tempo, desde que sejam apresentadas novas provas.

7.4. REVOGAÇÃO DA REABILITAÇÃO

Conforme dispõe o art. 95, a reabilitação será revogada, de ofício ou a requerimento do Ministério Público, se o reabilitado for condenado, como reincidente, por sentença transitada em julgado, exceto se houver imposição somente de pena de multa.

7.5. REABILITAÇÃO E REINCIDÊNCIA

A reabilitação não exclui a reincidência, cujos efeitos desaparecem apenas 5 anos após o cumprimento da pena. Assim, concedida a reabilitação (após 2 anos), o condenado terá direito à obtenção de certidão criminal negativa, mas a anotação referente à condenação continuará existindo para fim de pesquisa judiciária, para verificação de reincidência.

Título VI
DAS MEDIDAS DE SEGURANÇA

São providências de caráter preventivo, fundadas na periculosidade do agente, aplicadas pelo juiz na sentença, por prazo indeterminado (até a cessação da periculosidade), e que têm por destinatários os inimputáveis e os semi-imputáveis.

a) **Pressupostos**

a1) **O reconhecimento da prática de fato previsto como crime**. Está vedada, portanto, a aplicação da medida de segurança quando não houver provas de que o réu cometeu a infração penal ou quando estiver extinta a punibilidade (antes ou depois da sentença condenatória, nos termos do art. 96, parágrafo único), ainda que reconhecida a inimputabilidade por doença mental.

a2) **Periculosidade do agente**. Probabilidade de vir novamente a delinquir.

1 ESPÉCIES DE MEDIDA DE SEGURANÇA

a) **Detentiva**. Consistente em internação em hospital de custódia e tratamento psiquiátrico (art. 96, I).

b) **Restritiva**. Sujeição a tratamento ambulatorial (art. 96, II).

2 APLICAÇÃO DA MEDIDA DE SEGURANÇA PARA INIMPUTÁVEL

Na hipótese de ser o réu inimputável em razão de doença mental ou desenvolvimento mental incompleto ou retardado (art. 26, *caput*), o juiz determinará sua internação, caso o crime seja apenado com reclusão. Sendo o crime apenado com detenção, o juiz **poderá** aplicar o tratamento ambulatorial (art. 97), mas em qualquer fase do tratamento poderá determinar sua internação, caso a providência se mostre necessária para fins curativos (art. 97, § 4º). Assim, se o exame pericial de insanidade mental concluir que o acusado é inimputável, sua periculosidade é presumida, e nos termos do art. 386, parágrafo único, VI, do Código de Processo Penal, o juiz o absolverá. Todavia, como nesse caso existe a aplicação de medida de segurança, a doutrina qualifica a sentença como absolutória **imprópria**.

3 APLICAÇÃO DA MEDIDA DE SEGURANÇA PARA O SEMI-IMPUTÁVEL

Para os **semi-imputáveis** será aplicada **pena ou medida de segurança**. Quanto a estes, o juiz deve aplicar a pena privativa de liberdade necessariamente reduzida de 1/3 a 2/3 (art. 26, parágrafo único, do CP). Em seguida, se os peritos tiveram concluído que o réu é perigoso em razão da perturbação mental, o juiz substituirá a pena por medida de segurança (art. 98 do CP). Neste caso, a sentença é condenatória.

A medida de segurança também pode se dar em regime de internação ou tratamento ambulatorial dependendo de o crime ser apenado com reclusão ou detenção.

Não havendo prova da periculosidade do semi-imputável, o magistrado manterá a pena privativa de liberdade.

Nas hipóteses de semi-imputabilidade descritas no art. 26, parágrafo único, do Código Penal, o juiz, em vez de diminuir a pena privativa de liberdade de 1/3 a 2/3, pode optar por substituí-la por internação ou tratamento ambulatorial, caso fique constatado que o condenado necessita de especial tratamento (art. 98). Nesse caso, a sentença é condenatória.

4 PRAZO

Em qualquer caso, a internação ou o tratamento ambulatorial são decretados por tempo indeterminado, perdurando enquanto não for averiguada, mediante perícia médica, a cessação da periculosidade. O juiz, entretanto, deve fixar um prazo mínimo para a elaboração da primeira perícia, que ficará entre os limites de 1 a 3 anos (art. 97, § 1º). Se não constatada a cessação de periculosidade, o condenado será mantido em tratamento, devendo ser realizada anualmente nova perícia, ou a qualquer tempo, quando assim determinar o juiz da execução (art. 97, § 2º).

O STF fixou entendimento de que o prazo máximo da medida de segurança é o de 30 anos referido no art. 75 do Código Penal, ainda que a pena máxima prevista para o delito infringido seja menor. Atualmente, contudo, o limite seria de 40 anos, em razão de o art. 75, *caput*, do Código Penal ter sido modificado pela Lei n. 13.964/2019. Após esses 40 anos ser declarada extinta a medida de segurança, mas, se persistir a periculosidade, o Ministério Público poderá ingressar com ação civil de interdição, a fim de que seja determinada a internação compulsória da pessoa considerada perigosa (arts. 1.769 do Código Civil e 9º da Lei n. 10.216/2001). Nesse sentido: STF, HC 98.360/RS, 1ª T., Rel. Min. Ricardo Lewandowski, *DJe* 23.10.2009, p. 1.095; e HC 107432, 1ª T., Rel. Min. Ricardo Lewandowski, j. 24.05.2011, processo eletrônico *DJe*-110, divulg. 08.06.2011, public. 09.06.2011; RMDPPP, v. 7, n. 42, 2011, p. 108-115; RSJADV set./2011, p. 46-50.

O STJ adotou entendimento diverso ao aprovar a Súmula 527: "o tempo de duração da medida de segurança não deve ultrapassar o limite máximo da pena abstratamente cominada ao delito praticado".

5 DESINTERNAÇÃO OU LIBERAÇÃO CONDICIONAL

"A desinternação, ou a liberação, será sempre condicional, devendo ser restabelecida a situação anterior se o agente, antes do decurso de 1 ano, pratica fato indicativo de persistência de sua periculosidade." Esse fato pode ser uma infração penal ou qualquer outra atitude que demonstre ser aconselhável a reinternação ou o reinício do tratamento ambulatorial (art. 97, § 3º).

6 PRESCRIÇÃO DA MEDIDA DE SEGURANÇA

A medida de segurança está sujeita também à prescrição da pretensão executória, mas, como não há imposição de pena, o prazo será calculado com base no máximo da pena prevista em abstrato para a infração penal.

Título VII
DA AÇÃO PENAL

O art. 100 do Código Penal traça as regras básicas em torno da ação penal, declarando que ela pode ser pública ou privada.

A ação **pública**, nos termos do art. 129, I, da Constituição Federal, é de iniciativa exclusiva do **Ministério Público** (órgão do Estado, composto por promotores e procuradores de Justiça no âmbito estadual e por procuradores da república no federal). Na ação pública vigora o princípio da obrigatoriedade, ou seja, havendo indícios suficientes, surge para o Ministério Público o dever de propor a ação.

A peça processual que dá início à ação pública é a **denúncia**.

A ação penal **privada** é de iniciativa do ofendido ou, quando menor ou incapaz, de seu representante legal. O legislador, atento ao fato de que determinados ilícitos atingem a intimidade das vítimas, deixa a critério destas o início da ação penal. Na ação privada, portanto, vigora o princípio da oportunidade ou conveniência, ou seja, ainda que existam provas cabais de autoria e de materialidade, pode a vítima optar por não ingressar com a ação penal, para evitar que aspectos de sua intimidade venham à tona em juízo. Além disso, a vítima pode abrir mão do prosseguimento da ação já em andamento por meio dos institutos do perdão e da perempção.

A peça inicial da ação privada é a **queixa-crime**.

Uma ação penal somente tem início efetivo quando o juiz **recebe** a denúncia ou queixa, ou seja, quando o magistrado admite a existência de indícios de autoria e materialidade de uma infração penal e, assim, determina a citação do réu para que este tome ciência da acusação e produza sua defesa.

A ação pública pode ser:

a) **Incondicionada**. É a regra no direito penal. O oferecimento da denúncia independe de qualquer condição específica. No silêncio da lei, o crime será de ação pública incondicionada (art. 100, *caput*). Além disso, o art. 24, § 2º, do Código de Processo Penal dispõe que a ação também será pública, qualquer que seja o crime, quando praticado em detrimento do patrimônio ou interesse da União, Estado ou Município.

b) **Condicionada**. Quando o oferecimento da denúncia depende da prévia existência de alguma condição. A ação pública pode ser condicionada à **representação** da vítima ou de seu representante legal ou à **requisição** do Ministro da Justiça. A titularidade da ação continua a ser do Ministério Público, mas este somente poderá oferecer a denúncia se estiver presente a representação ou a requisição que constituem, em verdade, autorização para o início da ação. Em face disso, representação e requisição do Ministro da Justiça têm natureza jurídica de **condição de procedibilidade**. Veja-se, entretanto, que a existência da representação ou requisição não vincula o Ministério Público, que goza de independência funcional e, assim, poderá deixar de oferecer a denúncia, promovendo o arquivamento do inquérito policial, se entender que as provas são insuficientes.

O art. 102 do Código Penal repete a regra contida no art. 25 do Código de Processo Penal no sentido de que a representação será irretratável depois de oferecida a denúncia. Assim, antes desse momento, a vítima pode oferecer a representação e se retratar, bem como oferecê-la novamente, desde que dentro do prazo decadencial.

Para saber quando um crime é de ação pública condicionada basta verificar o tipo penal, pois a lei explicitamente menciona as expressões "somente se procede mediante representação" ou "somente se procede mediante requisição do Ministro da Justiça".

A ação penal privada, por sua vez, subdivide-se em:

a) **Ação privada exclusiva** (art. 100, § 2º). A iniciativa incumbe à vítima ou a seu representante legal.

Em caso de morte do ofendido antes do início da ação, esta poderá ser intentada, dentro do prazo decadencial de 6 meses, por seu cônjuge, ascendente, descendente ou irmão (art. 100, § 4º). Se a morte, entretanto, ocorre após o início da ação penal, poderá também haver tal substituição, mas dentro do prazo de 60 dias, fixado no art. 60, II, do Código de Processo Penal.

Nos crimes de ação privada exclusiva, o legislador, na própria Parte Especial do Código Penal, expressamente declara que na apuração de tal infração "somente se procede mediante queixa".

b) **Ação privada personalíssima**. A ação só pode ser intentada pela vítima e, em caso de falecimento antes ou depois do início da ação, não poderá haver substituição para a sua propositura ou prosseguimento. É o caso, por exemplo, do crime de induzimento a erro essencial e ocultação de impedimento para casamento, em que o art. 236, parágrafo único, estabelece que a ação penal só pode ser iniciada por queixa do contraente enganado. Dessa forma, a morte do ofendido implica extinção da punibilidade dos autores do crime, uma vez que não será possível a substituição no polo ativo.

c) **Ação privada subsidiária da pública**. O Ministério Público, ao receber o inquérito policial que apura crime de ação pública (condicionada ou incondicionada), possui prazo de 5 dias para oferecer denúncia, se o indiciado está preso, e de 15 dias, se está solto. Findo esse prazo, sem que o Ministério Público tenha se manifestado, surge para o ofendido o direito de oferecer queixa subsidiária em substituição à denúncia não apresentada pelo titular da ação. O direito de apresentar essa queixa subsidiária inicia-se com o término do prazo do Ministério Público e estende-se pelos 6 meses seguintes. Como o prazo do Ministério Público é impróprio, poderá também o *parquet* oferecer a denúncia dentro desses 6 meses (caso a vítima não tenha ainda apresentado a queixa substitutiva) e até mesmo após tal período, desde que não tenha havido prescrição.

Essa espécie de ação só é possível quando o Ministério Público não se manifesta dentro do prazo. Assim, se o promotor de Justiça promove o arquivamento do feito ou determina o retorno do inquérito à delegacia para novas diligências, não cabe a queixa subsidiária.

Essa espécie de ação, prevista no art. 100, § 3º, do Código Penal e no art. 29 do Código de Processo Penal, não fere o art. 129, I, da Constituição Federal, que atribui ao Ministério Público o direito exclusivo de iniciar a ação pública, uma vez que a própria Carta Magna, em seu art. 5º, LIX, dispõe que será "admitida ação privada nos crimes de ação pública, se esta não for intentada no prazo legal".

Observação: conforme mencionado, para saber se um delito se apura mediante uma ou outra espécie de ação, basta analisar o próprio dispositivo que descreve a infração penal. Ex.: o art. 121 do Código Penal descreve o crime de homicídio e nada menciona acerca do tipo de ação. É, portanto, crime de ação pública incondicionada; o art. 147 do mesmo Código descreve o crime de ameaça e, em seu parágrafo único, estabelece que somente se procede mediante representação. Trata-se, pois, de crime de ação pública condicionada à representação; ainda desse Código, o art. 236 descreve o crime de induzimento a erro essencial e ocultação de impedimento para casamento e, em seu parágrafo único, reza que somente se procede mediante queixa do contraente enganado, sendo, assim, crime de ação privada personalíssima.

Acontece, entretanto, que, em alguns crimes da Parte Especial, a lei não menciona a espécie de ação penal (passando a impressão de que o crime é de ação pública incondiciona-

Direito Penal – Parte Geral

da), mas, no final do capítulo, em um dispositivo específico, traz regras para regulamentar a espécie de ação de todos os crimes nele contidos. Nos crimes de calúnia, difamação e injúria (arts. 138 a 140), a lei nada menciona a respeito da ação penal, mas no art. 145 há várias regras regulamentando o tema (ação privada como regra, seguida de várias exceções em que a ação é pública).

Por fim, nos crimes de lesões corporais dolosas de natureza leve (art. 129, *caput*) e lesões corporais culposas (art. 129, § 6º), a ação penal passou a ser pública condicionada à representação, em razão do que dispõe o art. 88 da Lei n. 9.099/95. Caso, todavia, trate-se de lesão leve cometida mediante violência doméstica ou familiar contra a mulher, a ação será pública incondicionada em razão da regra do art. 41 da Lei n. 11.340/2006 (Lei Maria da Penha), que dispõe que as regras da Lei n. 9.099/95 não se aplicam aos delitos que envolvam violência doméstica ou familiar contra mulher. Tal entendimento foi confirmado pelo STF no julgamento da ADI 4.424/DF (Rel. Min. Marco Aurélio, 09.02.2012) e pelo STJ com a aprovação da Súmula 542, que tem a seguinte redação: "a ação penal relativa ao crime de lesão corporal resultante de violência doméstica contra a mulher é pública incondicionada".

1 AÇÃO PENAL NOS CRIMES COMPLEXOS

Reza o art. 101 do Código Penal que, "quando a lei considera como elemento ou circunstâncias do tipo legal fatos que, por si mesmos, constituem crimes, cabe ação pública em relação àquele, desde que, em relação a qualquer destes, se deva proceder por iniciativa do Ministério Público".

Crime complexo é aquele cujo tipo é constituído pela fusão de dois ou mais tipos penais ou aquele em que um tipo penal funciona como qualificadora de outro. Exs.: o crime de roubo é um crime complexo, uma vez que surge da fusão do crime de furto com o de ameaça ou com a contravenção de vias de fato; o crime de latrocínio é delito complexo, pois se caracteriza pelo fato de uma morte (homicídio) funcionar como qualificadora do roubo.

Assim, pode ocorrer de um dos crimes componentes da unidade complexa ser de ação pública e outro de ação privada. Nesse caso, conforme dispõe o art. 101, o crime complexo será de ação pública. Ex.: injúria real (art. 140, § 2º): se com a prática da injúria real a vítima sofre lesão corporal, esse crime será apurado mediante ação pública.

Quadro sinótico – Ação penal pública

Noções	É de iniciativa exclusiva do Ministério Público. A peça processual que lhe dá início chama-se denúncia. Pauta-se pelo princípio da obrigatoriedade, de modo que, havendo indícios suficientes, surge para o Ministério Público o dever de propor a ação. Uma vez iniciada a ação pelo recebimento da denúncia, o seu titular não pode desistir de seu prosseguimento.
Espécies de ação pública	a) Incondicionada – a propositura da ação independe de qualquer condição, bastando indícios de autoria e de materialidade. É a regra no direito penal. Assim, quando a lei nada menciona a respeito da espécie de ação, ela automaticamente é considerada pública incondicionada. Além disso, sempre que o crime for praticado em detrimento de patrimônio ou interesse da União, Estados ou Municípios, a ação também será incondicionada.

Espécies de ação pública	b) Condicionada – quando o oferecimento da denúncia pressupõe a prévia existência de uma condição. Em alguns casos, a ação é condicionada à representação da vítima ou de seu representante legal e, em outros, à requisição do Ministro da Justiça. Nestes casos, a lei necessariamente deve mencionar a necessidade da condição de procedibilidade. Sem ela, o Ministério Público não pode oferecer a denúncia. Por outro lado, ainda que a condição esteja presente, o Ministério Público pode deixar de oferecer a denúncia se entender que não existem indícios suficientes para a propositura da ação.

Quadro sinótico – Ação penal privada

Noções	A iniciativa é do ofendido ou, se incapaz, de seu representante legal. A peça processual que lhe dá início chama-se queixa-crime. Pauta-se pelo princípio da conveniência, ou seja, ainda que existam provas, a vítima pode optar por não dar início à ação, já que a discussão do crime em juízo pode expor a sua intimidade. Além disso, a vítima pode abrir mão do prosseguimento da ação já em andamento por meio dos institutos do perdão e da perempção.
Espécies de ação privada	a) Exclusiva – é aquela em que, em caso de morte do ofendido, a ação pode ser proposta por seu cônjuge, ascendente, descendente ou irmão, sendo também possível a substituição processual em caso de morte durante o transcorrer da ação. b) Personalíssima – em que a morte da vítima gera a extinção da punibilidade do autor do crime, por ser vedada a propositura da ação ou seu prosseguimento por qualquer outra pessoa. c) Subsidiária da pública – cabível quando, em crime de ação pública, o Ministério Público não oferecer qualquer manifestação dentro do prazo legal, hipótese em que o ofendido pode oferecer queixa subsidiária. O ofendido tem prazo de 6 meses a contar do término do prazo do Ministério Público para ingressar com esse tipo de ação.
Ação penal nos crimes complexos	Crime complexo é aquele constituído pela fusão de dois ou mais tipos penais, ou em que um tipo funciona como qualificadora de outro. Em tais casos, o art. 101 do Código Penal reza que o crime complexo será necessariamente apurado mediante ação pública se qualquer de seus elementos ou circunstâncias componentes for também de ação pública.

Título VIII
DA EXTINÇÃO DA PUNIBILIDADE

Com a prática da infração penal, surge para o Estado o direito de punir o agente, ou seja, a punibilidade, que nada mais é do que a possibilidade jurídica de o Estado impor a sanção ao autor do delito.

O legislador, entretanto, estabelece uma série de causas subsequentes que extinguem essa punibilidade, impossibilitando, pois, a imposição da pena. O art. 107 do Código Penal enumera algumas causas dessa natureza, que serão a seguir estudadas. Esse rol, entretanto, não é taxativo, pois existem várias outras causas extintivas da punibilidade descritas na Parte Especial do Código e em outras leis: morte da vítima em crimes de ação privada personalíssima (art. 236, parágrafo único, p. ex.), ressarcimento do dano antes de a sentença transitar em julgado no crime de peculato culposo (art. 312, § 3º), homologação da composição quanto aos danos civis nos crimes de menor potencial ofensivo de ação privada ou pública condicionada à representação (art. 74, parágrafo único, da Lei n. 9.099/95), término do período de prova da suspensão condicional do processo sem que o agente tenha dado causa à revogação do benefício (art. 89, § 5º, da Lei n. 9.099/95), cumprimento do acordo de não persecução penal (art. 28-A, § 13, do CPP) etc.

As causas extintivas da punibilidade não se confundem com as escusas absolutórias. Naquelas, o direito de punir do Estado surge em um primeiro momento e, posteriormente, é fulminado pela causa extintiva. As escusas são, em verdade, excludentes de punibilidade, pois, nas hipóteses previstas em lei (normalmente decorrentes de parentesco entre autor do crime e vítima), nem sequer surge para o Estado o direito de punir, apesar de o fato ser típico e antijurídico. É o que ocorre, por exemplo, na hipótese do art. 181, II, do Código Penal, que estabelece que o filho que furta objetos do pai é isento de pena. Como a relação de parentesco entre pai e filho precede ao fato delituoso, não nasce o *jus puniendi*.

O art. 107 do Código Penal descreve as seguintes causas extintivas da punibilidade:

1 MORTE DO AGENTE (ART. 107, I)

Nos termos do art. 62 do Código de Processo Penal, o juiz, à vista da certidão de óbito do agente, decretará a extinção da punibilidade. Não basta, portanto, o mero atestado de óbito assinado pelo médico, sendo necessária a competente certidão expedida pelo Cartório de Registro Civil.

Prevalecia o entendimento de que, se ficasse constatado que a certidão era falsa, após o trânsito em julgado da decisão que decretou a extinção da punibilidade, não mais poderia ser revista tal decisão, por ser vedada a revisão criminal *pro societate*. Restaria apenas a possibilidade de punir o responsável pela falsificação e pelo uso do documento público falso (arts. 297 e 304 do CP). Decisões mais recentes do STF e do STJ, todavia, alteraram tal interpretação, entendendo que a decisão é nula, pois baseada em fato inexistente, de modo que a ação pode ser retomada, se ainda não ocorrida a prescrição.

Essa causa extintiva pode ocorrer a qualquer momento: antes ou durante a ação penal ou, ainda, em fase de execução.

A morte do agente, como causa extintiva da punibilidade, é incomunicável aos demais autores da infração penal.

A possibilidade de responsabilizar criminalmente uma pessoa jurídica pela prática de crime ambiental está expressamente prevista no art. 225, § 3º, da Carta Magna: "As condutas e atividades consideradas lesivas ao meio ambiente sujeitarão os infratores, pessoas físicas ou jurídicas, a sanções penais e administrativas, independentemente da obrigação de reparar os danos causados". A fim de dar efetividade ao dispositivo, o art. 3º da Lei Ambiental (Lei n. 9.605/98) dispõe que "as pessoas jurídicas serão responsabilizadas administrativa, civil e penalmente conforme o disposto nesta Lei, nos casos em que a infração seja cometida por decisão de seu representante legal ou contratual, ou de seu órgão colegiado, no interesse ou benefício da sua entidade".

O Superior Tribunal de Justiça, por sua vez, no julgamento do REsp 1.977.172/PR, Rel. Min. Ribeiro Dantas, 3ª Seção, j. 24.08.2022, *DJe* 20.09.2022, decidiu que, extinta legalmente a pessoa jurídica acusada por crime ambiental – sem nenhum indício de fraude –, aplica-se analogicamente o art. 107, I, do Código Penal, com a consequente extinção de sua punibilidade.

2 ANISTIA, GRAÇA OU INDULTO (ART. 107, II)

A anistia exclui o crime, apagando seus efeitos. É ela concedida por lei, referindo-se a fatos e não a pessoas e, por isso, atinge todos que tenham praticado delitos de certa natureza, exceto se houver alguma restrição na própria lei que a concede. Distingue-se, entretanto, da *abolitio criminis*, uma vez que nesta a norma penal incriminadora deixa de existir, enquanto na anistia são alcançados apenas fatos passados, continuando a existir o tipo penal. Ela pode ser concedida antes ou depois da sentença e retroage apagando o crime, extinguindo a punibilidade do agente e as demais consequências de natureza penal. Assim, se o sujeito vier a cometer novo crime, não será considerado reincidente.

A anistia pode ser:

a) própria (quando concedida antes da condenação) ou imprópria (quando concedida após a condenação);

b) plena, irrestrita (quando atinge todos os criminosos) ou parcial (quando, mencionando fatos, contenha exceções quanto ao seu alcance);

c) incondicionada (quando a lei não impõe qualquer requisito para sua concessão) ou condicionada (quando impõe algum ato por parte do autor da infração como requisito).

A graça e o indulto, por outro lado, pressupõem a existência de uma sentença penal condenatória transitada em julgado e atingem somente a pena imposta, subsistindo os demais efeitos condenatórios. Assim, se a pessoa agraciada ou indultada vier a cometer novo crime, será considerada reincidente. O indulto é possível antes do trânsito em julgado, quando não for mais cabível recurso por parte da acusação.

De acordo com a súmula 631 do Superior Tribunal de Justiça: "O indulto extingue os efeitos primários da condenação (pretensão executória), mas não atinge os efeitos secundários, penais ou extrapenais".

O indulto é concedido a grupo de condenados que preencham certos requisitos, sendo, portanto, coletivo. A sua concessão compete ao Presidente da República (art. 84, XII, da CF), que pode, todavia, delegar tal função aos ministros de Estado, ao procurador-geral da República ou ao advogado-geral da União (art. 84, parágrafo único, da CF). Exige parecer do Conselho Penitenciário.

A graça é individual e, assim, beneficia pessoa determinada. Pode ser pedida pelo condenado, pelo Conselho Penitenciário, pelo Ministério Público ou pela autoridade administrativa (art. 188 da LEP). A competência para concedê-la é do Presidente da República.

O indulto e a graça podem ser *totais*, quando extinguem a punibilidade, ou *parciais*, quando apenas reduzem a pena. Na última hipótese, fala-se que a pena foi comutada.

Direito Penal – Parte Geral

O fato de o acusado cometer falta grave não interrompe a contagem do prazo para o indulto pleno ou a comutação da pena de acordo com a Súmula 535 do Superior Tribunal de Justiça. Lembre-se de que, em regra, o decreto que concede o indulto ou a comutação exige o cumprimento de parte da pena.

O art. 5º, XLIII, da Constituição Federal veda a concessão de graça e anistia aos crimes hediondos, tortura, terrorismo e tráfico de entorpecentes ou drogas afins. Já o art. 2º, I, da Lei n. 8.072/90 (Lei dos Crimes Hediondos) estendeu a vedação em relação a esses crimes também quanto ao indulto. O STF entendeu não haver inconstitucionalidade quanto a este aspecto, porque a "graça" foi mencionada no texto constitucional em sentido amplo (abrangendo a graça em sentido estrito e o indulto). Posteriormente, o art. 1º, § 6º, da Lei n. 9.455/96 (Lei de Tortura) voltou a vedar apenas a graça e a anistia ao crime de tortura. Entende-se, porém, que o indulto continua proibido, pois, conforme mencionado, o STF entende que a palavra "graça", contida na Carta Magna, abrange o indulto.

O art. 44, *caput*, da Lei n. 11.343/2006 (nova Lei Antidrogas) também proíbe expressamente o indulto, a graça e a anistia aos crimes de tráfico e seus equiparados. Observe-se, porém, que no julgamento do HC 118.533, Rel. Min. Cármen Lúcia, em 23.06.2016, o Plenário do STF decidiu que o tráfico privilegiado de drogas não possui natureza hedionda. Posteriormente, a Lei n. 13.964/2019 alterou o art. 112, § 5º, da Lei de Execuções Penais, para deixar expresso que o tráfico privilegiado não se equipara aos crimes hediondos. Por tal razão, as vedações a anistia, graça e indulto não alcançam o crime privilegiado. Considera-se privilegiado o tráfico quando o agente é primário, tem bons antecedentes, não se dedica às atividades criminosas e não integra organização criminosa. Em tal hipótese, descrita no art. 33, § 4º, da Lei de Drogas, a pena do réu será reduzida de 1/6 a 2/3.

Em suma, os três institutos são vedados aos crimes de tráfico comum (não privilegiado), de terrorismo, de tortura e de natureza hedionda.

O Plenário do STF, no julgamento do RE 628.658, apreciando o tema 371 em sede de repercussão geral, aprovou a seguinte tese: "Reveste-se de legitimidade jurídica a concessão, pelo Presidente da República, do benefício constitucional do indulto (CF, art. 84, XII), que traduz expressão do poder de graça do Estado, mesmo se se tratar de indulgência destinada a favorecer pessoa que, em razão de sua inimputabilidade ou semi-imputabilidade, sofre medida de segurança, ainda que de caráter pessoal e detentivo". Em suma, é possível a concessão do indulto às pessoas submetidas à medida de segurança.

3 *ABOLITIO CRIMINIS* (ART. 107, III)

Extingue-se a punibilidade quando uma nova lei deixa de considerar o fato como criminoso. Esse dispositivo consagra a aplicação da regra contida no art. 2º do Código Penal, que trata da retroatividade na norma penal mais benéfica, expressamente permitida pelo art. 5º, XL, da Constituição Federal.

A *abolitio criminis* pode ocorrer antes ou depois da condenação e, no último caso, rescinde a própria condenação e todos os seus efeitos penais. Evidentemente, essa causa extintiva estende-se a todos os autores do crime.

Para a ocorrência da *abolitio criminis* não basta que se tenha revogado ou alterado o nome do delito, sendo necessário que a conduta tenha deixado de ser prevista como crime. Assim, não houve *abolitio* quando a Lei n. 12.015/2009 revogou o crime de atentado violento ao pudor, até então previsto no art. 214 do Código Penal, pois a mesma lei, expressamente, acrescentou no tipo penal do estupro (art. 213) as hipóteses que antes configuravam o atentado violento. Da mesma forma, a Lei n. 11.106/2005 que, ao revogar o crime de rapto violento, passou a prever a mesma conduta como crime de sequestro qualificado (art. 148, § 1º, V, do CP).

SINOPSES JURÍDICAS

Por sua vez, a Lei n. 11.106/2005 revogou os crimes de sedução (antigo art. 217 do CP) e adultério (art. 240 do CP) e, como não os previu em outros dispositivos, houve *abolitio criminis*.

4 DECADÊNCIA (ART. 107, IV)

Na ação penal privada, decadência é a perda do direito de ação do ofendido em face do decurso do prazo sem o oferecimento da queixa. Essa perda atinge também o *jus puniendi*, gerando a extinção da punibilidade do autor da infração penal.

Nos crimes de ação pública condicionada à representação, a decadência decorre do não oferecimento da representação no prazo legal, fator que impede o titular da ação (Ministério Público) de oferecer a denúncia e, portanto, gera também a extinção da punibilidade. Não existe prazo decadencial nos crimes de ação pública condicionada à requisição do ministro da Justiça.

A decadência somente é possível antes do início da ação penal e comunica-se a todos os autores do crime.

Nos termos do art. 103 do Código Penal, salvo disposição expressa em sentido contrário, o prazo decadencial é de 6 meses, a contar do dia em que a vítima ou seu representante legal tomam conhecimento da autoria do fato. Na ação privada, esse é o prazo para que a queixa-crime (peça inicial da ação) seja apresentada em juízo. Na ação pública condicionada, o prazo é para que seja oferecida a representação, que é uma condição de procedibilidade para que o titular da ação possa oferecer a denúncia. Veja-se, pois, que, sendo a representação oferecida no prazo, a denúncia (peça inicial da ação pública) poderá ser oferecida pelo Ministério Público ainda após os 6 meses.

No caso de crime continuado, o prazo decadencial conta-se isoladamente em relação a cada um dos crimes, ou seja, a partir da data em que se descobre a autoria de cada um dos delitos.

No crime habitual, cuja existência pressupõe uma reiteração de atos, a decadência é contada a partir do último ato conhecido praticado pelo ofendido.

Na hipótese de crime permanente, o prazo decadencial somente começa a fluir após a cessação da permanência, mesmo que a autoria seja conhecida desde data anterior.

Nos crimes de ação pública, se o Ministério Público, após receber o inquérito policial, não se manifesta no prazo (5 dias, se o indiciado estiver preso, e 15, se estiver solto), surge a possibilidade de o ofendido ingressar com a ação penal privada subsidiária da pública. O ofendido, nos termos do mencionado art. 103, possui um prazo de 6 meses para o oferecimento da queixa subsidiária, prazo esse que começa a fluir a partir do término do prazo do Ministério Público. Veja-se apenas que o prazo do Ministério Público é impróprio e, assim, mesmo após o seu término, o Promotor poderá oferecer a denúncia, desde que o ofendido não tenha ainda ingressado com a queixa subsidiária. Em suma, dentro do prazo de 6 meses, tanto o Ministério Público quanto o ofendido podem dar início à ação penal, havendo, portanto, dois legitimados. Após o decurso dos 6 meses, o ofendido decai do direito de oferecer a queixa subsidiária, mas, nesse caso, não estará extinta a punibilidade do autor da infração, uma vez que, sendo a ação pública, poderá o Ministério Público, mesmo após esses 6 meses, oferecer a denúncia.

O prazo decadencial é matéria prevista no Código de Processo Penal (art. 38) e no Código Penal (art. 103). Trata-se, portanto, de instituto híbrido, motivo pelo qual surgiu discussão em torno da natureza de seu prazo: processual (no qual se exclui o primeiro dia da contagem) ou penal (no qual o primeiro dia é incluído no prazo). A doutrina concluiu ser o prazo penal, uma vez que pode gerar a extinção da punibilidade do agente, devendo, assim, optar-se pela solução mais benéfica ao acusado.

Direito Penal – Parte Geral

O curso do prazo decadencial não se interrompe e não se suspende. Por isso, a instauração do inquérito policial (nos crimes de ação privada) e o pedido de explicações nos crimes contra a honra (art. 144 do Código Penal) não obstam a sua fluência.

Veja-se que nos crimes de ação pública condicionada à representação o inquérito policial somente pode ser instaurado se existir previamente a representação (art. 5º, § 4º, do CPP).

Quanto à titularidade do direito de queixa e representação, temos as seguintes regras:

a) Se a vítima for menor de 18 anos, apenas o seu representante legal poderá exercer o direito. Pela legislação civil, representantes legais são os pais, tutores ou curadores. A jurisprudência, todavia, tem admitido que o direito seja exercido por outras pessoas que tenham a guarda ou a responsabilidade de fato sobre o menor, por exemplo, avós, tios etc. Se não tiver representante legal, o juiz deverá nomear um curador especial para avaliar a conveniência do oferecimento da queixa ou representação (art. 33 do CPP). O curador especial deve ser pessoa da confiança do magistrado e, como já mencionado, não é obrigado a oferecer a queixa ou representação, incumbindo-lhe, em verdade, avaliar se o ato poderá trazer benefícios ou prejuízos ao menor. Outra hipótese de nomeação de curador especial é se houver colidência de interesses entre a vítima menor e seus representantes, por serem estes os autores da infração penal (art. 33). O prazo decadencial para o curador especial corre a partir da data em que toma ciência formal de sua nomeação.

b) Se a vítima é maior de 18 anos, somente ela própria poderá apresentar a representação ou a queixa.

Assim, podemos chegar a algumas conclusões:

Se o menor é vítima de um crime aos 14 anos e conta a seu pai quem foi o autor da infração, o prazo se escoa totalmente para o representante legal, devendo ser decretada a extinção da punibilidade após o decurso de 6 meses sem que o pai tenha oferecido representação ou queixa-crime. Assim, quando o menor completa 18 anos não pode cogitar em oferecê-la. Por outro lado, se o menor sabe quem é o autor do crime desde os 14 anos de idade e não informa seu representante legal a esse respeito, fica claro que o prazo não fluiu em relação a este e, assim, quando a vítima completar a maioridade, o prazo começará a correr para ela. Transcorridos 6 meses, cessa o prazo para o exercício do direito de representação ou queixa por parte da vítima, restando extinta a punibilidade do agente, ainda que, posteriormente, o filho conte ao pai quem foi o autor do crime.

Saliente-se que o art. 5º do atual Código Civil, ao estabelecer a maioridade civil plena aos 18 anos, revogou o art. 34 do Código de Processo Penal. Com efeito, este dispositivo estabelecia que, sendo o ofendido maior de 18 e menor de 21 anos, o direito poderia ser exercido por ele próprio ou por seu representante legal. Atualmente, contudo, a pessoa maior de 18 anos não mais possui representante legal, de modo que apenas ela pode exercer o direito. Por consequência, a Súmula 594 do Supremo Tribunal Federal, publicada em razão do mencionado art. 34, perdeu sua aplicabilidade. Essa súmula estabelecia que "os direitos de queixa e representação podem ser exercidos, independentemente, pelo ofendido ou seu representante legal", mas foi aprovada para os casos de vítima com idade entre 18 e 21 anos.

Caso a vítima seja maior de 18 anos, mas deficiente mental, o direito passará aos representantes legais.

Se for doente mental e não possuir representante legal, ou caso o tenha e haja conflito de interesses, o juiz deverá nomear curador especial (art. 33).

No caso de a vítima falecer antes do decurso do prazo decadencial, o direito de queixa ou de representação passará ao seu cônjuge, ascendentes, descendentes ou irmãos (art. 24, § 1º, do CPP). O direito também é assegurado ao companheiro, em caso de união estável.

SINOPSES JURÍDICAS

Havendo duas ou mais vítimas, se apenas uma delas representar, somente em relação a ela a denúncia poderá ser oferecida. Assim, se alguém provoca lesões corporais culposas em três vítimas e apenas uma delas representa, a denúncia somente poderá ser ofertada em relação àquela que representou, desprezando-se, nesse caso, o concurso formal.

O art. 35 do Código de Processo Penal, que dispunha que a mulher casada somente poderia exercer o direito de queixa se tivesse o consentimento do marido, encontrava-se tacitamente revogado pelos arts. 3º, IV, 5º, I, e 226, § 5º, da Constituição Federal, tendo sido objeto de revogação expressa pela Lei n. 9.520/97.

5 PRESCRIÇÃO (ART. 107, IV)

a) **Prescrição da pretensão punitiva**. Com a prática de uma infração penal por pessoa culpável surge para o Estado o direito de punir. Para fazer valer esse direito, o Estado, por meio de órgãos próprios, deve iniciar uma ação penal perante o Poder Judiciário, para que este declare a sua procedência e imponha uma sanção ao réu. Acontece que essa pretensão punitiva deve ser exercida dentro de certos prazos fixados na lei e, se não o for, haverá a prescrição. Assim, a prescrição da pretensão punitiva, que alguns chamam de prescrição da ação, é a perda do direito de punir do Estado, em face do não exercício desse direito dentro do prazo legal ou do não encerramento da ação no mesmo lapso temporal.

O reconhecimento dessa forma de prescrição impede o início ou interrompe a ação penal que está em andamento. Percebe-se, portanto, que a prescrição da pretensão punitiva somente **ocorre** antes do trânsito em julgado da sentença condenatória, de tal forma que o art. 61 do Código de Processo Penal estabelece que esta pode ser decretada a qualquer momento, antes ou durante a ação penal, de ofício ou mediante requerimento de qualquer das partes. Reconhecida a prescrição durante o curso da ação, o juiz decreta a extinção da punibilidade e não julga o mérito da causa.

Como se verá adiante, entretanto, é possível que o Judiciário reconheça a ocorrência da prescrição da pretensão punitiva somente após a condenação ter transitado em julgado (prescrição retroativa ou intercorrente), mas, nessa hipótese, a **causa** da prescrição ocorreu antes da condenação, sendo apenas **reconhecida** posteriormente.

Em qualquer caso, a prescrição da pretensão punitiva afastará todos os efeitos, principais e secundários, penais e extrapenais, da condenação.

A prescrição da pretensão punitiva deve ser verificada de acordo com o máximo da pena privativa de liberdade prevista em abstrato para a infração penal, de acordo com as seguintes regras do art. 109 do Código Penal:

PENA MÁXIMA	PRAZO PRESCRICIONAL
a) inferior a 1 ano	3 anos
b) de 1 a 2 anos	4 anos
c) superior a 2 e não superior a 4 anos	8 anos
d) superior a 4 e não superior a 8 anos	12 anos
e) superior a 8 e não superior a 12 anos	16 anos
f) superior a 12 anos	20 anos

Direito Penal – Parte Geral

Assim, se a ação penal não for iniciada dentro do prazo fixado, será reconhecida a prescrição. Ex.: o crime de desacato é punido com detenção, de 6 meses a 2 anos. Como a pena máxima é de 2 anos, a prescrição ocorre em 4 anos. Dessa forma, se não tiver ocorrido o recebimento da denúncia dentro desse prazo, deverá ser declarada a prescrição. Além disso, haverá também prescrição se a denúncia for recebida em prazo inferior a 4 anos, porém não for proferida sentença após o mesmo tempo a contar do recebimento.

O reconhecimento de agravantes ou atenuantes genéricas descritas nos arts. 61, 62 e 65 do Código Penal não altera esses prazos, uma vez que, conforme já estudado, não podem elas fazer a pena ultrapassar o máximo previsto em abstrato.

Já as causas de aumento e de diminuição de pena, que alteram esta em patamares fixos (1/6, 1/3, 2/3 etc.), e são obrigatórias, fazem com que a pena máxima sofra alterações e, assim, devam ser levadas em conta na busca do tempo da prescrição. Exs.: o furto simples possui pena privativa de liberdade de 1 a 4 anos e, por isso, prescreve em 8 anos. Se, entretanto, o furto for praticado durante o repouso noturno (art. 155, § 1º) a pena sofrerá um acréscimo de 1/3, passando a ter um limite máximo de 5 anos e 4 meses, cujo prazo prescricional é de 12 anos; na tentativa de furto simples, a pena máxima é 2 anos e 8 meses (4 anos com a redução de 1/3) e, por isso, a prescrição continua a ocorrer em 8 anos. Veja-se que na tentativa a redução é de 1/3 a 2/3, mas, para análise da prescrição pela pena em abstrato, deve-se levar em conta a menor redução.

O art. 118 do Código Penal estabelece que as penas mais leves prescrevem com as mais graves. Penas mais leves são a multa e a restritiva de direitos, que, nos termos do dispositivo, seguem a sorte da pena privativa de liberdade. Assim, no crime de furto simples a pena é de reclusão, de 1 a 4 anos, e multa, sendo que a pena de multa prescreverá juntamente com a pena privativa de liberdade. Em relação às penas restritivas de direitos aplica-se a regra do art. 109, parágrafo único, que tem o mesmo sentido.

Quando passa a correr o prazo prescricional?

A resposta encontra-se no art. 111 do Código Penal:

1) A partir da consumação. Essa é a regra para os crimes em geral.

2) No caso de tentativa, da data em que cessou a atividade, ou seja, da data em que foi praticado o último ato executório.

3) Nos crimes permanentes, da data em que cessou a permanência. Ex.: uma pessoa é sequestrada em 10 de junho e permanece em poder dos sequestradores até 30 de junho. O crime se consumou em 10 de junho, mas a prescrição somente passará a correr a partir do dia 30 do mesmo mês.

4) Nos crimes de bigamia (art. 235) e nos de falsificação ou alteração de assento de registro civil (arts. 241, 242 e 299, parágrafo único, do CP), o prazo conta-se da data em que o fato se tornou conhecido da autoridade (delegado de polícia, promotor de justiça, juiz de direito).

5) Nos crimes contra a dignidade sexual ou que envolvam violência contra crianças ou adolescentes, previstos no Código Penal ou em legislação especial, da data em que a vítima completar 18 (dezoito) anos, salvo se a esse tempo já houver sido proposta a ação penal. Esse dispositivo (art. 111, V) foi inserido no Código Penal pela Lei n. 12.650/2012. Atualmente todos os crimes contra a dignidade sexual de menores de idade apuram-se mediante ação pública incondicionada (art. 225, parágrafo único, do CP) e, por isso, não se sujeitam a prazo decadencial. Contudo, é comum que crianças e adolescentes abusados sexualmente, por medo ou vergonha, mantenham-se em silêncio em relação aos crimes contra elas praticados e, somente muito tempo depois, quando já maiores de idade, tenham coragem de revelar o fato a amigos, psicólogos ou autoridades. O decurso desse longo período poderia fazer com que o prazo prescricional já tivesse sido atingido. Esta, portanto, seria a razão da inserção desse novo dispositivo. Assim, se uma criança de 10 anos for vítima de crime de estupro de vulnerável e o delito não for apurado, o lapso prescricional só terá início na data em que ela completar 18 anos.

Existe uma ressalva no texto legal, segundo a qual a prescrição começará a correr antes de a vítima completar 18 anos se a esse tempo já tiver sido proposta ação penal para apurar a infração penal. Ex.: crime contra criança de 10 anos em que a vítima conta o ocorrido aos pais e o Ministério Público oferece denúncia quando ela tem 15 anos. O prazo prescricional começará a correr da propositura da ação penal e não da data do crime – se até o oferecimento da denúncia a prescrição não estava correndo o termo inicial é o da propositura da ação, não retroagindo à data do crime.

A regra em análise aplica-se, nos termos do texto legal, a crimes contra a dignidade sexual previstos no Código Penal e em leis especiais. Com previsão no Código Penal podem ser cometidos contra menores de idade: estupro qualificado por ser a vítima maior de 14 e menor de 18 anos (art. 213, § 1º); estupro de vulnerável por ser a vítima menor de 14 (art. 217-A); violação sexual mediante fraude (art. 215); assédio sexual (art. 216-A, § 2º); satisfação de lascívia mediante presença de criança ou adolescente (art. 218-A); favorecimento da prostituição ou outra forma e exploração sexual de vulnerável e suas figuras equiparadas (art. 218-B, § 2º); mediação para satisfazer a lascívia de outrem (art. 227, § 1º); rufianismo (art. 230, § 1º); tráfico internacional de pessoa para fim de exploração sexual (art. 231, § 2º, I); tráfico interno de pessoa para fim de exploração sexual (art. 231-A, § 2º, I). Em leis especiais, podem ser apontados os crimes dos arts. 240 e 241 da Lei n. 8.069/90 (Estatuto da Criança e do Adolescente).

A Lei n. 14.344, de 24 de maio de 2022 (e que entrou em vigor 45 dias depois), acrescentou que todo e qualquer crime, do Código Penal ou de leis especiais, cometido com violência contra criança ou adolescente, também terá como termo inicial do lapso prescricional a data em que o sujeito passivo completar 18 anos, salvo se antes disso a ação penal já tiver sido proposta. De acordo com tal regra, a prescrição somente começa a correr, em crimes como lesões corporais, maus-tratos e tortura praticados contra criança ou adolescente, na data em que a vítima completar a maioridade.

Observação: no caso de concurso de crimes (concurso material, formal ou crime continuado), a prescrição deve ser analisada isoladamente a partir da data da consumação de cada um dos delitos (art. 119).

O prazo prescricional conta-se na forma do art. 10 do Código Penal (prazo penal) e, assim, inclui-se o dia do começo, contando-se os meses e os anos pelo calendário comum. O prazo é improrrogável, podendo terminar em fim de semana ou feriado.

A prescrição pode ser interrompida? Quais são as hipóteses de interrupção?

A resposta é afirmativa, e as hipóteses de interrupção encontram-se no art. 117 do Código Penal:

1) Pelo recebimento da denúncia ou queixa. A interrupção ocorre com a publicação (entrega em cartório) da decisão de recebimento da denúncia ou queixa. O recebimento de aditamento não interrompe a prescrição, salvo quando ele se refere à inclusão de novo crime, hipótese em que tal interrupção se dará apenas em relação a este.

Com a interrupção do prazo prescricional, de imediato passará a ser contado, integralmente, novo prazo, até que ocorra nova causa interruptiva ou a prescrição. A cada nova interrupção, novo prazo começará a fluir.

Se a denúncia ou a queixa forem rejeitadas, e houver recurso da acusação, o acórdão que, dando provimento ao recurso, venha a recebê-las funciona como causa interruptiva da prescrição, não sendo necessária nova apreciação pelo juízo de 1ª instância, a quem incumbirá apenas dar início à instrução. Nesse sentido, a Súmula 709 do STF.

Direito Penal – Parte Geral

2) Pela pronúncia. A sentença de pronúncia é aquela que encerra a primeira fase do procedimento do júri, quando o juiz admite a existência de indícios de autoria e prova da materialidade de crime doloso contra a vida e, assim, manda o réu a julgamento pelos jurados.

Por outro lado, se, em vez de pronunciar, o juiz, nesta fase, desclassificar o crime para delito de outra natureza, impronunciar ou absolver sumariamente o réu, não haverá interrupção do prazo prescricional. Havendo, entretanto, recurso da acusação e vindo o Tribunal a reformar a decisão para mandar o réu a júri, haverá interrupção da prescrição a partir da publicação do acórdão.

Em relação ao tema, deve-se lembrar do teor da Súmula 191 do Superior Tribunal de Justiça no sentido de que "a pronúncia é causa interruptiva da prescrição, ainda que o **Tribunal do Júri** venha a desclassificar o crime" por ocasião do julgamento em plenário.

3) Pela decisão confirmatória da pronúncia. Sendo o réu pronunciado e havendo interposição de recurso em sentido estrito contra a decisão, caso o Tribunal venha a confirmá-la, estará novamente interrompido o lapso prescricional.

4) Pela publicação da sentença ou acórdão condenatórios recorríveis (redação dada pela Lei n. 11.596/2007). A primeira das hipóteses de interrupção se dá com a publicação da sentença condenatória, ou seja, quando o escrivão a recebe das mãos do juiz ou no exato momento em que é proferida na presença das partes em audiência. Se essa sentença vem a ser reformada pelo Tribunal que absolve o réu, continua a valer a interrupção em decorrência da sentença de 1º grau.

A sentença que concede o perdão judicial tem natureza **declaratória** (Súmula 18 do STJ) e, por esse motivo, não interrompe a prescrição.

Se o réu for absolvido em primeira instância e o Tribunal o condenar em razão de recurso da acusação, a publicação do acórdão terá caráter condenatório e interromperá a prescrição.

Durante muito tempo prevaleceu entendimento de que o acórdão meramente confirmatório de condenação lançada em 1ª instância não gerava a interrupção da prescrição.

O Plenário do Supremo Tribunal Federal, todavia, no julgamento do HC 176.473, fixou entendimento de que o Código Penal não faz distinção entre acórdão condenatório inicial e acórdão confirmatório de sentença condenatória para fim de interrupção da prescrição. Por isso, o acórdão (decisão colegiada do Tribunal) que confirma a sentença condenatória, por revelar pleno exercício da jurisdição penal, interrompe o prazo prescricional, nos termos do art. 117, IV, do Código Penal. Nesse julgamento, ocorrido em 28 de abril de 2020, a Corte Suprema aprovou a seguinte tese: "Nos termos do inciso IV do artigo 117 do Código Penal, o acórdão condenatório sempre interrompe a prescrição, inclusive quando confirmatório da sentença de 1º grau, seja mantendo, reduzindo ou aumentando a pena anteriormente imposta".

Posteriormente, em agosto de 2022, o Superior Tribunal de Justiça, adaptando-se à decisão da Suprema Corte, na análise do tema 1.100, em sede de recursos repetitivos, aprovou a seguinte tese: "O acórdão condenatório de que trata o inciso IV do art. 117 do Código Penal interrompe a prescrição, inclusive quando confirmatório de sentença condenatória, seja mantendo, reduzindo ou aumentando a pena anteriormente imposta" (REsp 1.920.091/RJ – Rel. Min. João Otávio de Noronha).

Atualmente, portanto, interrompem a prescrição tanto o acórdão que condena o réu anteriormente absolvido como o que confirma condenação anterior, ainda que modificando a pena.

Extensão dos efeitos das causas interruptivas. Nos termos do art. 117, § 1º, do Código Penal, a interrupção da prescrição da pretensão punitiva produz efeitos em relação a todos os autores do crime (extensão subjetiva). Ex.: recebida a denúncia contra um dos autores do crime, estará interrompida a prescrição, inclusive em relação aos comparsas que ainda não tenham sido identificados, o que terá importância caso, futuramente, venham a sê-lo. Além disso, nos crimes conexos, que sejam objeto de apuração no mesmo processo, estende-se aos demais a interrupção relativa a qualquer deles (extensão objetiva). Ex.: réu processado por dois crimes em que é condenado em 1ª instância por um e absolvido pelo outro. A sentença interrompe a prescrição também no que diz respeito ao delito em relação ao qual houve absolvição, o que terá relevância em caso de recurso da acusação.

Existem causas suspensivas da prescrição?

A resposta é afirmativa, havendo hipóteses de suspensão da prescrição no próprio Código Penal e em outras leis. No caso de suspensão do lapso prescricional, o prazo volta a correr apenas pelo período restante.

As hipóteses em que ocorre a suspensão são as seguintes:

1) Enquanto não resolvida, em outro processo, questão de que dependa o reconhecimento da existência do crime. Essa regra, contida no art. 116, I, do Código Penal, refere-se às questões prejudiciais. Assim, é possível que o juiz criminal suspenda o processo-crime (bem como a prescrição) em que se apura crime de furto, até que seja resolvido, no juízo cível, se o acusado pela subtração é ou não o dono do objeto.

De acordo com decisão do Plenário do Supremo Tribunal Federal, proferida em 7 de junho de 2017, "é possível suspender a prescrição em casos penais sobrestados por repercussão geral. (...) Conforme os ministros, a suspensão se aplica na ação penal, não se implementando nos inquéritos e procedimentos investigatórios em curso no âmbito do Ministério Público, ficando excluídos também os casos em que haja réu preso. O Plenário ressalvou ainda possibilidade de o juiz, na instância de origem, determinar a produção de provas consideradas urgentes. A decisão se deu no julgamento de questão de ordem no Recurso Extraordinário (RE) 966177. (...) Os Ministros definiram que o parágrafo 5º do artigo 1.035 do Código de Processo Civil (CPC), segundo o qual, uma vez reconhecida a repercussão geral, o relator no STF determinará a suspensão de todos os processos que versem sobre a questão e tramitem no território nacional, se aplica ao processo penal. Ainda segundo o Tribunal, a decisão quanto à suspensão nacional não é obrigatória, tratando-se de uma discricionariedade do ministro-relator. A suspensão do prazo prescricional ocorrerá a partir do momento em que o relator implementar a regra prevista do CPC. (...). A partir da interpretação conforme a Constituição do artigo 116, inciso I, do Código Penal – até o julgamento definitivo do recurso paradigma pelo Supremo – o relator pode suspender o prazo de prescrição da pretensão punitiva relativa a todos os crimes objeto de ações penais que tenham sido sobrestadas por vinculação ao tema em questão" (Informativo STF n. 868/2017).

2) Enquanto o agente cumpre pena no exterior. Essa regra está descrita no art. 116, II, do Código Penal.

3) Durante a pendência de embargos de declaração ou de recursos aos tribunais superiores, quando inadmissíveis.

Já havíamos mencionado nas edições anteriores desta obra, que o Supremo Tribunal Federal firmara entendimento no sentido de que, se o prazo prescricional fosse, em tese, atingido durante a tramitação de recurso especial ou extraordinário, não poderia ser declarada, de imediato, a extinção da punibilidade, pois, se o recurso não fosse admitido por falta dos requisitos legais, considerar-se-ia que o acórdão (decisão de 2ª instância) havia transitado em julgado antes da interposição do recurso ao tribunal superior. A não admissão do recurso especial ou extraordinário em tais casos teria consequência semelhante à de sua própria inexistência. Nesse sentido: "Tendo por base a jurisprudência da Corte de que o indeferimento dos recursos especial e extraordinário na origem – porque inadmissíveis – e a manutenção dessas decisões pelo STJ não têm o condão de empecer a formação da coisa julgada

Direito Penal – Parte Geral

(HC 86.125/SP, 2ª Turma, Rel. Min. Ellen Gracie, *DJ* 02.09.2005), o trânsito em julgado da condenação do ora embargante se aperfeiçoou em momento anterior à data limite para a consumação da prescrição, considerada a pena em concreto aplicada" (ARE 737.485/AgR-ED, Rel. Min. Dias Toffoli, 1ª Turma, j. 17.03.2015, processo eletrônico *DJe* divulg. 08.04.2015, public. 09.04.2015). No mesmo sentido: HC 126.594/RS, Rel. Min. Gilmar Mendes, *DJe* 31.03.2015; ARE 806.216/DF, Rel. Min. Dias Toffoli, *DJe* 03.02.2015; HC 125.054/RS, Rel. Min. Cármen Lúcia, *DJe* 06.11.2014.

Posteriormente, a Lei n. 13.964/2019, inseriu no art. 116, III, do Código Penal, regra expressa no sentido de que a prescrição fica suspensa enquanto pendente recurso especial e recurso extraordinário, desde que estes não sejam admitidos. Em suma, uma vez interposto recurso especial ou extraordinário, o prazo prescricional deixa de correr. Se o recurso, futuramente, não for admitido pela falta dos requisitos legais, considerar-se-á ter havido trânsito em julgado, descontando-se o prazo da suspensão. Lembre-se de que os recursos especial e extraordinário têm diversos requisitos específicos (não bastando o mero inconformismo) e, por tal razão, antes da análise efetiva do mérito pelos tribunais superiores deve ser feito o chamado juízo de admissibilidade, justamente para a verificação da presença de tais requisitos. Esse juízo de admissibilidade é feito, inicialmente, no próprio tribunal de origem, e, posteriormente pelo tribunal superior.

Observe-se que era razoavelmente comum que a Defesa, verificando a possibilidade de alcançar o prazo prescricional, interpusesse recursos meramente procrastinatórios aos tribunais superiores, para evitar o trânsito em julgado da condenação e buscar a prescrição. Tais recursos, em regra, não preenchiam os requisitos legais, mas, em muitos casos, apesar de não admitidos, levavam à prescrição do delito pelo fato de o prazo continuar em andamento. Com a nova regra temos as seguintes situações: interposto o recurso especial ou extraordinário, a prescrição fica suspensa. Se o recurso não for admitido pela falta de algum dos requisitos legais, a decisão anterior transitará em julgado, não se computando o prazo de suspensão. Admitido o recurso especial ou extraordinário pela presença dos requisitos legais, a prescrição é computada normalmente desde a interposição destes recursos, ainda que a Corte Superior negue provimento ao mérito recursal.

Em suma, enquanto tramitar um recurso especial ou extraordinário não pode ser decretada a prescrição porque o prazo prescricional está suspenso (exceto, obviamente, se o prazo prescricional havia sido atingido antes). Se, todavia, o recurso for admitido pela presença dos requisitos necessários, o prazo prescricional é contado desde a interposição de tal recurso. É como se a suspensão não tivesse existido.

O mesmo raciocínio vale em relação aos embargos de declaração.

4) Enquanto não cumprido ou não rescindido o acordo de não persecução penal, regulamentado no art. 28-A do Código de Processo Penal.

Esse acordo está regulamentado no art. 28-A do Código de Processo Penal. De acordo com tal dispositivo, tendo o investigado confessado formal e circunstancialmente a prática de infração penal com pena mínima inferior a 4 anos e cometida sem violência ou grave ameaça, o Ministério Público poderá propor acordo de não persecução penal, desde que necessário e suficiente para reprovação e prevenção do crime, mediante uma série de condições ajustadas com o autor do delito. O acordo de não persecução penal será formalizado por escrito e será firmado pelo membro do Ministério Público, pelo investigado e por seu Defensor. Homologado judicialmente o acordo de não persecução penal, o juiz devolverá os autos ao Ministério Público para que inicie sua execução perante o juízo de execução penal. Descumpridas quaisquer das condições estipuladas no acordo de não persecução penal, o Ministério Público deverá comunicar ao juízo, para fins de sua rescisão e posterior oferecimento de denúncia. Cumprido integralmente o acordo de não persecução penal, o juízo competente decretará a extinção de punibilidade.

A prescrição fica suspensa desde a homologação judicial até o cumprimento do acordo ou a sua rescisão.

Essa regra encontra-se no art. 116, IV, do Código Penal, tendo sido inserida pela Lei n. 13.964/2019.

5) Se houver sustação de processo que apura infração penal cometida por deputado ou senador, por crime ocorrido após a diplomação. Estabelece o art. 53, §§ 3º e 5º, da CF, com a redação dada pela Emenda Constitucional n. 35, que, recebida a denúncia pelo Supremo Tribunal Federal, será dada ciência à Casa respectiva (Câmara ou Senado), de forma que, em seguida, qualquer partido político nela representado possa solicitar a sustação do andamento do processo. Assim, se pelo voto da maioria dos membros da Casa for aprovada a sustação, ficará também suspensa a prescrição, enquanto durar o mandato.

6) Durante o período de suspensão condicional do processo. Nos termos do art. 89, § 6º, da Lei n. 9.099/95, nos crimes com pena mínima não superior a um ano, se o réu preencher determinados requisitos, a ação penal poderá ser suspensa por período de 2 a 4 anos, ficando o réu sujeito ao cumprimento de determinadas condições. Assim, durante o período de prova, fica também suspenso o prazo prescricional. Se ao término do prazo, o acusado não tiver dado causa à revogação do benefício, o juiz decretará a extinção da punibilidade (§ 5º). Se, entretanto, for revogado o benefício, o processo retoma seu curso normal, voltando a correr o lapso prescricional pelo período restante.

7) Se o acusado, citado por edital, não comparece, nem constitui advogado.

O art. 366 do Código de Processo Penal, modificado pela Lei n. 9.271/96, prevê que, se o réu for citado por edital – por não ter sido encontrado para a citação pessoal – e não comparecer em juízo para realizar sua defesa e não nomear defensor, ficarão suspensos o processo e o prazo prescricional até que o réu seja localizado, hipótese em que o processo e a prescrição tornarão a ter andamento.

Considerando que o referido dispositivo não estabeleceu o prazo de suspensão da prescrição, considerável número de doutrinadores concluiu que tal lei teria criado nova figura de imprescritibilidade, o que é vedado, de modo que o Superior Tribunal de Justiça editou a Súmula 415, estabelecendo que "o período de suspensão do prazo prescricional é regulado pelo máximo da pena cominada". Com isso, mencionado tribunal, em vez de considerar inconstitucional o dispositivo, fixou prazo para a suspensão de acordo com a interpretação que seus componentes entenderam a mais adequada. De acordo com a súmula, se determinado crime prescreve em 4 anos, caso seja decretada a suspensão do prazo prescricional e do processo com fundamento no referido art. 366 do Código de Processo Penal, deve-se aguardar o decurso desses 4 anos e, ao término deste período, o prazo prescricional voltará a correr – 4 anos. Ao fim deste período (soma dos prazos anteriores e posteriores à suspensão), deverá ser declarada extinta a punibilidade do réu se ele não for reencontrado e não nomear defensor.

Em 7 de dezembro de 2020, o Plenário do Supremo Tribunal Federal, no julgamento do RE 600.851/DF, confirmou tal entendimento, aprovando a seguinte tese: "Em caso de inatividade processual decorrente de citação por edital, ressalvados os crimes previstos na Constituição Federal como imprescritíveis, é constitucional limitar o período de suspensão do prazo prescricional ao tempo de prescrição da pena máxima em abstrato cominada ao crime, a despeito de o processo permanecer suspenso" (tema 438 – Repercussão Geral).

8) Estando o acusado no estrangeiro, em lugar sabido, deverá este ser citado por carta rogatória, suspendendo-se o prazo de prescrição até o seu cumprimento. Trata-se de inovação trazida pela Lei n. 9.271/96, que alterou a redação do art. 368 do Código de Processo Penal. Se o réu está em local desconhecido, no estrangeiro, deve ser citado por edital, aplicando-se a regra suspensiva do tópico anterior.

Direito Penal – Parte Geral

9) Durante o período em que a pessoa jurídica relacionada com o agente estiver incluída no regime de parcelamento, nos crimes contra a ordem tributária da Lei n. 8.137/90, de apropriação indébita previdenciária (art. 168-A do CP) e de sonegação de contribuição previdenciária (art. 337-A do CP).

10) Nos crimes contra a ordem econômica, tipificados na Lei n. 8.137/90, a celebração de acordo de leniência determina a suspensão do curso do prazo prescricional e impede o oferecimento da denúncia. Acordo de leniência é aquele feito pelo infrator no sentido de colaborar efetivamente com as investigações de um crime contra a ordem econômica.

A enumeração das causas suspensivas é taxativa, devendo-se ressalvar que a suspensão do processo em razão da instauração de incidente de insanidade mental (art. 149 do CPP) não suspende o lapso prescricional.

Há crimes imprescritíveis?

Sim, os crimes de racismo definidos na Lei n. 7.716/89 e os praticados por grupos armados, civis ou militares, contra a ordem constitucional e o Estado Democrático são imprescritíveis. Ambas as hipóteses estão previstas no art. 5º, XLII, da Constituição Federal. Os crimes hediondos, o terrorismo, o tráfico de drogas e a tortura são, portanto, prescritíveis, pois, em relação a estes, não há vedação constitucional.

Entende a doutrina que o rol de crimes imprescritíveis, por estar contido na Constituição Federal, não pode ser aumentado por leis ordinárias.

b) **Prescrição intercorrente e prescrição retroativa.** Antes da sentença de 1º grau, não se sabe exatamente qual será a pena fixada pelo juiz. Por isso, o prazo prescricional deve ser buscado em relação ao máximo da pena em abstrato. Por ocasião da sentença de primeira instância, o juiz fixa determinada pena, que, entretanto, pode ser aumentada pelo Tribunal em face de recurso da acusação. Acontece que, se não houver recurso da acusação ou sendo este improvido, é possível que se saiba, antes mesmo do trânsito em julgado, qual o patamar máximo que a pena do réu poderá atingir. Em razão disso, estabelece o art. 110, § 1º, do Código Penal, com redação dada pela Lei n. 12.234/2010, que a "prescrição, depois da sentença condenatória transitada em julgado para a acusação, ou depois de improvido seu recurso, regula-se pela pena aplicada, não podendo, em nenhuma hipótese, ter por termo inicial data anterior à da denúncia ou queixa".

Assim, suponha-se que o réu esteja sendo acusado por desacato, delito cuja pena privativa de liberdade é de detenção de 6 meses a 2 anos. Antes da sentença, a prescrição pela pena em abstrato é de 4 anos. Acontece que o juiz, ao sentenciar, acaba fixando pena de 6 meses e o Ministério Público não apela para aumentá-la. Dessa forma, considerando que o art. 617 do Código de Processo Penal veda o aumento da pena em recurso exclusivo da defesa (proibição da *reformatio in pejus*), estabeleceu o legislador que, mesmo não tendo ainda havido o trânsito em julgado, passar-se-á a ter por base, para fim de prescrição, a pena fixada na sentença. Dessa forma, como a pena foi fixada em 6 meses, a prescrição ocorrerá em 3 anos (conforme quadro antes mencionado, que também é aplicável nessas hipóteses). Por conclusão, se entre a data da sentença de 1º grau e o julgamento do recurso pelo Tribunal transcorrer o prazo de 3 anos, terá havido a prescrição **intercorrente**. Além disso, haverá a chamada prescrição **retroativa** se, entre a data do recebimento da denúncia e a sentença de 1º grau, tiver decorrido o prazo de 3 anos. Haverá ainda prescrição retroativa, se tiver decorrido o prazo entre o oferecimento e o recebimento da denúncia ou queixa, uma vez que a Lei n. 12.234/2010 só proíbe a prescrição retroativa em data **anterior** ao **oferecimento**.

O § 2º do art. 110 do Código Penal, por sua vez, estabelecia que "a prescrição, de que trata o parágrafo anterior, pode ter por termo inicial data anterior à do recebimento da denúncia ou queixa". Assim, a prescrição retroativa também era possível entre a data do crime e o recebimento da denúncia ou queixa. Ocorre que este § 2º foi expressamente revogado pela Lei n. 12.234/2010, e a nova redação dada pela mesma lei ao art. 110, § 1º, de forma veemente, veda a prescrição retroativa entre o fato e a denúncia ou queixa.

Alguns autores argumentam que não há razão para a distinção feita pelo legislador com a Lei n. 12.234/2010, admitindo a prescrição retroativa após o oferecimento da denúncia e a vedando antes disso. A razão, entretanto, é evidente, na medida em que sempre houve preocupação no mundo jurídico com a demora – voluntária ou não – nas investigações policiais, sendo absolutamente comum que o inquérito seja concluído antes da prescrição pela pena máxima, mas em prazo suficiente para que seja reconhecida a prescrição retroativa em caso de eventual condenação. Essa mesma demora não se constata com a igual frequência durante a instrução judicial, precipuamente após as reformas processuais que unificaram a audiência de instrução. Assim, a extirpação da prescrição retroativa apenas na fase investigatória é plenamente justificável.

A prescrição retroativa e a prescrição intercorrente são formas de prescrição da pretensão punitiva e, por esse motivo, afastam todos os efeitos, principais e secundários, penais e extrapenais, da condenação.

c) **Prescrição antecipada, virtual ou pela pena em perspectiva**. Essa forma de prescrição não está prevista na lei, mas vinha sendo admitida por grande parte da doutrina e jurisprudência.

Suponha-se que uma pessoa tenha sido indiciada em inquérito policial por crime de periclitação da vida (art. 132 do CP), cuja pena é detenção de 3 meses a 1 ano. Assim, o crime prescreve, pela pena em abstrato, em 4 anos. O promotor de justiça, entretanto, ao receber o inquérito policial, mais de 3 anos após a consumação do crime, percebe que o acusado é primário e que o crime não se revestiu de especial gravidade, de forma que o juiz, ao prolatar a sentença, certamente não irá aplicar a pena máxima de 1 ano. Dessa forma, considerando que a pena fixada na sentença será inferior a 1 ano, inevitável, em caso de condenação, o reconhecimento da prescrição retroativa[5], pois, pela pena a ser fixada, a prescrição teria ocorrido após 3 anos. Seria possível, então, que o Ministério Público pleiteasse o arquivamento do feito com base nesse fato?

Alguns julgados entendiam que não, por não haver previsão legal nesse sentido. Por outro lado, sustentava-se a possibilidade de tal pedido com base na inexistência de interesse de agir por parte do órgão acusador. Com efeito, "a utilidade do processo traduz-se na eficácia da atividade jurisdicional para satisfazer o interesse do autor. Se, de plano, for possível perceber a inutilidade da persecução penal aos fins a que se presta, dir-se-á que inexiste interesse de agir. É o caso, e. g., de se oferecer denúncia quando, pela análise da pena possível de ser imposta ao final, se eventualmente comprovada a culpabilidade do réu, já se pode antever a ocorrência da prescrição retroativa. Nesse caso, toda a atividade jurisdicional será inútil; falta, portanto, interesse de agir" (Fernando Capez, *Curso de processo penal*, Saraiva, 12. ed., p. 104). Assim, embora a tese não fosse aceita pelos tribunais superiores, na prática, era muito comum sua aplicação por juízes e promotores. Ocorre que, em 13 de maio de 2010, o STJ aprovou a Súmula 438, estabelecendo que "é inadmissível a extinção da punibilidade pela prescrição da pretensão punitiva com fundamento em pena hipotética, independentemente da existência ou da sorte do processo penal". Tal Súmula, portanto, proíbe a prescrição antecipada e obriga o Ministério Público ao oferecimento da denúncia se existirem indícios de autoria e materialidade. A importância de tal Súmula, entretanto, é apenas para os fatos anteriores à Lei n. 12.234, de 5 de maio de 2010, já que, tendo esta lei acabado com a

---

[5] Esse raciocínio era anterior à Lei n. 12.234/2010, que vedou a prescrição retroativa antes do oferecimento da denúncia, mas foi mantido na obra por ser o que ocorria à época.

Direito Penal – Parte Geral

prescrição retroativa entre a data do fato e o oferecimento da denúncia, inviabilizou completamente o instituto da prescrição antecipada, que agora se encontra sepultado.

d) **Prescrição da pretensão executória**. No caso de ser o réu condenado por sentença transitada em julgado, surge para o Estado o interesse de executar a pena imposta pelo juiz na sentença. Esta é a pretensão executória, que também está sujeita a prazos. Assim, se o Estado não consegue dar início à execução penal dentro do prazo estabelecido, ocorre a prescrição da pretensão **executória**, chamada por alguns de prescrição da pena.

Ao contrário do que ocorre com a prescrição da pretensão punitiva, essa espécie de prescrição atinge apenas a pena principal, permanecendo os demais efeitos condenatórios. Assim, se, no futuro, o acusado vier a cometer novo crime (dentro do prazo já estudado), será considerado reincidente.

O prazo prescricional da pretensão executória rege-se pela pena fixada na sentença transitada em julgado, de acordo com os patamares descritos no art. 109 do Código Penal. Assim, se alguém for condenado a 3 anos de reclusão, a pena prescreverá em 8 anos; se for condenado a 7 anos, a pena prescreverá em 12.

Veja-se que, se o juiz, na sentença, reconhecer que o réu é reincidente, o prazo da prescrição da pretensão executória será aumentado em 1/3 (art. 110, *caput, in fine*). A reincidência, entretanto, não influi no prazo da prescrição da pretensão punitiva (Súmula 220 do STJ).

Nos termos do art. 115 do Código Penal, o prazo será reduzido pela metade se o sentenciado era menor de 21 anos na data do fato ou maior de 70 na data da sentença.

O **termo inicial** dessa forma de prescrição segue os ditames do art. 112 do Código Penal:

1) **Da data em que transita em julgado a sentença para ambas as partes**. A redação do art. 112, I, do Código Penal, em verdade, diz que a prescrição da pretensão executória começa a correr da data em que a sentença transita em julgado para a **acusação**. De acordo com o texto legal, se a sentença transita em julgado para o Ministério Público em 10 de junho de 2021 e a defesa interpõe recurso pleiteando a absolvição, recurso este que é improvido pelo Tribunal, o prazo da prescrição da pena começa a ser contado exatamente a partir de 10 de junho de 2021. Esse dispositivo era muito contestado porque permitia que o curso do prazo de prescrição da pena tivesse início antes que fosse possível ao Estado determinar o seu cumprimento.

Em razão disso, em 4 de julho de 2023, o Plenário do STF, no julgamento do tema 788 (repercussão geral), declarou a não recepção pela Constituição Federal da locução "para a acusação", contida na primeira parte do inciso I do art. 112 do Código Penal, conferindo-lhe interpretação conforme à Constituição de forma a se entender que a prescrição começa a correr do dia em que transita em julgado a sentença condenatória **para ambas as partes**, aplicando-se este entendimento aos casos: i) em que a pena não foi declarada extinta pela prescrição; e ii) cujo trânsito em julgado para a acusação tenha ocorrido após 12.11.2020. Por unanimidade, foi fixada a seguinte tese: "O prazo para a prescrição da execução da pena concretamente aplicada somente começa a correr do dia em que a sentença condenatória transita em julgado para ambas as partes, momento em que nasce para o Estado a pretensão executória da pena, conforme interpretação dada pelo Supremo Tribunal Federal ao princípio da presunção de inocência (art. 5º, inciso LVII, da Constituição Federal) nas ADC 43, 44 e 54".

Em suma, em razão da decisão proferida pelo Plenário da Corte Suprema, o prazo prescricional da pretensão executória tem início apenas com o trânsito em julgado para ambas as partes.

2) **Da data que revoga a suspensão condicional da pena (*sursis*) ou o livramento condicional**. No caso de revogação do livramento condicional, o tempo da prescrição será regulado pelo tempo restante da pena a ser cumprida (art. 113 do CP).

Lembre-se, por sua vez, de que não basta a concessão do *sursis* pelo juiz, sendo necessário que o agente já esteja no gozo do benefício e sobrevenha decisão revogatória. Assim, quando o *sursis* é concedido na sentença mas o réu não é encontrado para iniciar o seu cumprimento (na chamada audiência admonitória), o juiz torna-o sem efeito, determinando a expedição do mandado de prisão. Nesse caso, não houve revogação porque o período de prova não se havia iniciado, e o termo inicial será aquele do item anterior.

3) Do dia em que se interrompe a execução, salvo quando o tempo de interrupção deva computar-se na pena. Em face desse dispositivo, se o condenado foge da prisão, passa a correr o prazo prescricional. Nesse caso, o prazo será também regulado pelo tempo restante da pena. Assim, se o sujeito fora condenado a 8 anos de reclusão e já cumpriu 7 anos e 6 meses da pena imposta, a prescrição da pretensão executória dar-se-á em 3 anos, pois faltam apenas 6 meses de pena a ser cumprida.

No caso de superveniência de doença mental, durante a execução da pena, o condenado deve ser encaminhado à casa de custódia para tratamento psiquiátrico (art. 41 do CP), mas este período é computado como cumprimento de pena.

Quais são as causas interruptivas da prescrição da pretensão executória?

As hipóteses estão descritas no art. 117, V e VI, do Código Penal. A primeira delas ocorre com o início ou continuação do cumprimento da pena (recaptura, p. ex.). A segunda ocorre com a reincidência, ou seja, se o agente comete novo crime no curso do lapso prescricional. A interrupção ocorre com a prática do novo crime e não com a condenação a ele referente (tal condenação, entretanto, é pressuposto da interrupção, mas ela retroage à data do delito).

Havendo interrupção do prazo, o período volta a ser contado integralmente (salvo na hipótese de o condenado já haver cumprido parte da pena, conforme acima mencionado).

Conforme já referido, a reincidência não influi no prazo da prescrição da pretensão punitiva (Súmula 220 do STJ).

Existem causas suspensivas da prescrição da pretensão executória?

Nos termos do art. 116, parágrafo único, a prescrição não corre enquanto o condenado está preso por outro motivo.

e) **Prescrição da pena de multa.** O art. 114 do Código Penal, com a redação dada pela Lei n. 9.268/96, estabelece, em seus dois incisos, cinco hipóteses de prescrição da pena de multa:

1) Multa como única pena cominada em abstrato (hipótese que somente é possível para contravenção penal): prescrição em 2 anos.

2) Multa como única penalidade imposta na sentença: prescrição em 2 anos. Essa hipótese, em tese, refere-se apenas à prescrição retroativa e intercorrente. Isso porque, de acordo com a redação do art. 51 do Código Penal, alterado pela Lei n. 9.268/96 e, posteriormente, pela Lei n. 13.964/2019, havendo trânsito em julgado da sentença condenatória que impôs pena de multa, será esta considerada dívida de valor, aplicando-se-lhe as normas relativas à dívida ativa da Fazenda Pública, inclusive no que tange às causas suspensivas e interruptivas da prescrição. O prazo de prescrição seria, então, de 5 anos (mesmo prazo de prescrição tributária). Ocorre que, como o Plenário do Supremo Tribunal Federal, no julgamento da ADI 3.150 (em 18 de dezembro de 2018), decidiu que a multa continua tendo natureza penal, passou a existir forte entendimento de que também o prazo da prescrição da pretensão executória da multa seria de 2 anos, aplicando-se, contudo, as causas suspensivas e interruptivas da lei tributária.

3) Multa cominada em abstrato alternativamente com pena privativa de liberdade: prazo igual ao cominado para a prescrição da pena privativa de liberdade. Ex.: crime de rixa (art. 137), cuja pena é de detenção de 15 dias a 2 meses, ou multa. Prescreve em 3 anos.

Direito Penal – Parte Geral

4) Multa cominada em abstrato cumulativamente com pena privativa de liberdade: prazo igual ao da pena privativa de liberdade, conforme regra do art. 118 do Código Penal. Ex.: furto simples (art. 155), cuja pena é de reclusão de 1 a 4 anos, e multa. Prescreve em 8 anos.

5) Multa aplicada na sentença juntamente com pena privativa de liberdade: prazo igual ao da pena detentiva (art. 118).

Saliente-se que a 3ª Seção do Superior Tribunal de Justiça, em julgamento de recurso repetitivo (tema 931), aprovou a seguinte tese: "Nos casos em que haja condenação a pena privativa de liberdade e multa, cumprida a primeira (ou a restritiva de direitos que eventualmente a tenha substituído), o inadimplemento da sanção pecuniária não obsta o reconhecimento da extinção da punibilidade" (REsp 1.519.777/SP, Rel. Min. Rogerio Schietti Cruz, 3ª Seção, j. 26.08.2015, *DJe* 10.09.2015). Tal entendimento baseava-se na interpretação desta Corte Superior no sentido de que a pena de multa não mais teria caráter penal. Para o Superior Tribunal de Justiça, cumprida a pena privativa de liberdade poderia ser decretada a extinção da pena, pois a multa não teria mais caráter penal e poderia ser cobrada pela Procuradoria da Fazenda. O Plenário do Supremo Tribunal Federal, entretanto, no julgamento da ADI 3150 (em 18 de dezembro de 2018), decidiu que a multa continua tendo natureza penal. Posteriormente, a Lei n. 13.964/2019, deu nova redação ao art. 51 do CP, deixando claro que a multa tem natureza penal (execução deve ser feita na vara das execuções criminais). Em razão disso, o juiz não pode declarar a extinção da pena antes do adimplemento da multa. Nesse sentido, veja-se RE 1.159.468/SP, Rel. Min. Edson Fachin, julgado em 2 de julho de 2019. Por consequência, em novembro de 2021, a 3ª Seção do Superior Tribunal de Justiça alterou a tese fixada no julgamento do tema 931, aprovando novo texto: "Na hipótese de condenação concomitante a pena privativa de liberdade e multa, o inadimplemento da sanção pecuniária, pelo condenado que comprovar a impossibilidade de fazê-lo, não obsta o reconhecimento da extinção da punibilidade". De acordo com tal entendimento, cabe ao condenado provar a impossibilidade de pagamento da multa.

6 PEREMPÇÃO (ART. 107, IV)

Perempção é uma sanção aplicada ao querelante, consistente na perda do direito de prosseguir na ação penal privada, em razão de sua inércia ou negligência processual. A perempção somente é possível após o início da ação penal e, uma vez reconhecida, estende-se a todos os autores do delito. Saliente-se, também, que a perempção é instituto exclusivo da ação penal privada, sendo, portanto, incabível nos crimes de ação pública, bem como nos crimes de ação privada subsidiária da pública. Nesses últimos, caso o querelante se demonstre desidioso, o Ministério Público retoma a titularidade da ação (art. 29 do CPP), não se podendo cogitar de perempção.

As hipóteses de perempção estão elencadas em um rol constante do art. 60 do Código de Processo Penal, que contém quatro incisos:

I – Quando, iniciada a ação, o querelante deixar de promover o andamento do processo durante trinta dias seguidos.

Essa hipótese só se aplica quando há algum ato a ser praticado pelo querelante, uma vez que este não é obrigado a comparecer mensalmente em juízo apenas para pleitear o prosseguimento do feito. Ademais, a perempção é inaplicável quando o fato decorre de força maior, como greve dos funcionários do Poder Judiciário. Também não existe perempção quando a culpa pelo atraso é da defesa.

Decorridos os 30 dias, deverá ser declarada a perempção e a ação não poderá ser reproposta. Não se deve confundir essa regra com as do Processo Civil, que permitem ao autor propor novamente a ação se o juiz extinguir o processo sem resolução do mérito pela não movimentação do feito por mais de 30 dias quando àquele incumbia a prática de algum ato ou diligência. Pelo novo Código de Processo Civil, só será decretada a perempção na terceira vez em que tal extinção por abandono de causa ocorrer (CPC/2015, art. 486, § 3º).

II – Quando, falecendo o querelante, ou sobrevindo sua incapacidade, não comparecer em juízo, para prosseguir no processo, dentro do prazo de 60 dias, qualquer das pessoas a quem couber fazê-lo, ressalvado o disposto no art. 36.

Nos termos do dispositivo, se o querelante falecer ou for declarado ausente, ou, ainda, se for interditado em razão de doença mental, após o início da ação penal, esta somente poderá prosseguir se, em um prazo de 60 dias, comparecer em juízo, para substituí-lo no polo ativo da ação, seu cônjuge, ascendente, descendente ou irmão. Assim, do prisma da ação penal, a substituição é uma condição de prosseguibilidade. Não satisfeita essa condição, a ação está perempta.

Veja-se que, nos termos do art. 36 do Código de Processo Penal, se após a substituição houver desistência por parte do novo querelante, os outros sucessores poderão prosseguir na ação.

III – Quando o querelante deixar de comparecer, sem motivo justificado, a qualquer ato do processo a que deva estar presente, ou deixar de formular o pedido de condenação nas alegações finais.

Esse dispositivo prevê duas hipóteses de perempção.

A primeira delas dá-se quando a presença física do querelante é indispensável para a realização de algum ato processual e este, sem justa causa, deixa de comparecer. Ex.: querelante intimado para prestar depoimento em juízo falta à audiência.

A segunda hipótese mencionada nesse inciso é a falta do pedido de condenação nas alegações finais.

O não oferecimento das alegações finais equivale à ausência do pedido de condenação.

Tratando-se de dois crimes e havendo pedido de condenação somente em relação a um, haverá perempção em relação ao outro.

IV – Quando, sendo querelante pessoa jurídica, esta se extinguir sem deixar sucessor.

Assim, se a empresa for incorporada por outra ou apenas alterada a razão social, poderá haver o prosseguimento da ação.

7 RENÚNCIA (ART. 107, V)

Renúncia é um ato pelo qual o ofendido abre mão (abdica) do direito de oferecer a queixa.

Trata-se de ato unilateral, uma vez que, para produzir efeitos, independe de aceitação do autor do delito. É irretratável.

A renúncia só pode ocorrer antes do início da ação penal (antes do recebimento da queixa). Alguns autores, todavia, entendem que, quando o ofendido abre mão do direito após o oferecimento da denúncia e antes de seu recebimento, existe, em verdade, desistência do direito de ação. Trata-se, entretanto, de mera questão de nomenclatura, pois, ainda que se chame essa hipótese de desistência, as regras a serem seguidas são as mesmas referentes à renúncia, uma vez que o art. 107, V, somente mencionou a renúncia e o perdão como causas extintivas da punibilidade, sendo certo que este último só é cabível após o recebimento da queixa.

Nos termos do art. 49 do Código de Processo Penal, a renúncia em relação a um dos autores do crime a todos se estende. Trata-se de regra decorrente do princípio da indivisibilidade da ação privada (art. 48 do CPP).

Direito Penal – Parte Geral

A renúncia sempre foi instituto exclusivo da ação penal privada. A Lei n. 9.099/95, entretanto, criou uma hipótese de aplicação desta às infrações de menor potencial ofensivo apuráveis mediante ação pública condicionada à representação. Com efeito, o art. 74, parágrafo único, da mencionada lei estabeleceu que, nos crimes de ação privada e **pública condicionada**, a composição em relação aos danos civis, homologada pelo juiz na audiência preliminar, implica **renúncia** ao direito de queixa ou **de representação**.

Essa regra da Lei n. 9.099/95 trouxe também a possibilidade de a renúncia, excepcionalmente, não se estender a todos os autores do crime. Suponha-se que duas pessoas em concurso cometam um crime contra alguém e que apenas um dos autores do delito se componha com a vítima em relação apenas à parte dos prejuízos provocados (metade, p. ex.). Parece-nos inegável que, nesse caso, somente aquele que se compôs com a vítima é que faz **jus** ao reconhecimento da renúncia.

A renúncia pode partir apenas do titular do direito de queixa.

O art. 50, parágrafo único, do Código de Processo Penal estabelecia que a renúncia do representante legal do menor que houvesse completado 18 anos não privaria este do direito de queixa, nem a renúncia do último excluiria o direito do primeiro. Essa regra se aplicava quando o ofendido tinha idade entre 18 e 21 anos, na medida em que, nessa hipótese, a ação penal poderia ser proposta por ele ou por seu representante legal. Esse dispositivo, contudo, foi derrogado, uma vez que, desde o advento do novo Código Civil, a pessoa maior de 18 anos não mais possui representante legal. Assim, a renúncia do ofendido que tenha mais de 18 anos gera a extinção da punibilidade. Havendo duas vítimas, a renúncia por parte de uma não atinge o direito de a outra oferecer queixa.

A renúncia pode ser **expressa** ou **tácita**. Renúncia expressa é aquela que consta de declaração escrita e assinada pelo ofendido, por seu representante ou por procurador com poderes especiais (art. 50 do CPP). A renúncia tácita decorre da prática de ato incompatível com a intenção de exercer o direito de queixa e admite qualquer meio de prova (art. 57). Ex.: casamento do autor do crime com a vítima.

O art. 104, parágrafo único, do Código Penal estipula que não implica renúncia tácita o fato de receber o ofendido a indenização devida em razão da prática delituosa. Essa regra, entretanto, não se aplica às infrações de menor potencial ofensivo, pois, conforme já mencionado, a simples composição acerca dos danos civis realizada na audiência preliminar e homologada pelo juiz gera a renúncia ao direito de queixa e, por consequência, a extinção da punibilidade.

8 PERDÃO DO OFENDIDO (ART. 107, V)

É um ato pelo qual o querelante desiste do **prosseguimento** da ação penal privada, desculpando o querelado pela prática da infração penal. O perdão só é cabível após o início da ação penal e desde que não tenha havido trânsito em julgado da sentença condenatória.

Trata-se de ato bilateral, pois apenas gera a extinção da punibilidade se for aceito pelo querelado. Veja-se que o próprio art. 107, V, do Código Penal diz que se extingue a punibilidade pelo perdão **aceito**.

O perdão é instituto exclusivo da ação penal privada.

Nos termos do art. 51 do Código de Processo Penal, o perdão concedido a um dos querelados a todos se estende, mas somente extingue a punibilidade daqueles que o aceitarem.

Havendo dois querelantes, o perdão oferecido por um deles não atinge a ação penal movida pelo outro.

Nos termos do art. 52 do Código de Processo Penal, se o querelante tivesse entre 18 e 21 anos, o perdão não geraria efeito se fosse concedido por ele e houvesse discordância de seu representante legal, ou vice-versa. Esse dispositivo foi revogado tacitamente pelo novo Código Civil, na medida em que a pessoa com mais de 18 anos não mais possui representante legal, e, assim, só ela poderá figurar como querelante e conceder o perdão.

O oferecimento do perdão pode ser feito pessoalmente ou por procurador com poderes especiais.

O perdão pode ser processual ou extraprocessual. Será processual quando concedido mediante declaração expressa nos autos. Nesse caso, dispõe o art. 58 do Código de Processo Penal que o querelado será intimado a dizer, dentro de 3 dias, se o aceita, devendo constar do mandado de intimação que o seu silêncio importará em aceitação. Assim, para não aceitar o perdão o querelado deve comparecer a juízo e declará-lo expressamente.

O perdão extraprocessual, por sua vez, pode ser expresso ou tácito. Expresso quando concedido por declaração assinada pelo querelante ou por procurador com poderes especiais. Tácito quando o querelante praticar ato incompatível com a intenção de prosseguir na ação. O perdão tácito admite qualquer meio de prova.

Nos termos do art. 59 do Código de Processo Penal, a aceitação do perdão extraprocessual deverá constar de declaração assinada pelo querelado, seu representante legal ou procurador com poderes especiais.

Está derrogado o art. 54 do Código de Processo Penal que estabelece que, sendo o querelado maior de 18 e menor de 21 anos, a aceitação deve ser feita por ele e por seu representante legal, pois, havendo oposição de um deles, o processo prossegue. Com efeito, nos termos do art. 5º do atual Código Civil, não mais existe a figura do representante legal ao querelado maior de 18 anos, de modo que basta este aceitar o perdão que haverá a extinção da punibilidade.

9 RETRATAÇÃO DO AGENTE (ART. 107, VI)

Estabelece o dispositivo a extinção da punibilidade pela retratação do agente, nos casos admitidos em lei. Pela retratação o agente admite que agiu erroneamente. No Código Penal a retratação é admitida nos crimes de calúnia, difamação, falso testemunho e falsa perícia.

10 CASAMENTO DA VÍTIMA COM O AGENTE (ART. 107, VII)

Esse dispositivo estabelecia a extinção da punibilidade nos crimes contra os costumes (de natureza sexual) em decorrência do *subsequens matrimonium*, ou seja, pelo casamento da vítima com o autor do crime. Houve, porém, expressa revogação pela Lei n. 11.106/2005. O casamento, por sua vez, não poderá ser interpretado como renúncia tácita ao direito de queixa, porque os crimes sexuais se apuram mediante ação pública (art. 225 do CP), o que inviabiliza o instituto da renúncia.

11 CASAMENTO DA VÍTIMA COM TERCEIRO (ART. 107, VIII)

O art. 107, VIII, do Código Penal determinava a extinção da punibilidade nos crimes contra os costumes praticados sem violência real ou grave ameaça e desde que a ofendida não requeresse o prosseguimento do inquérito policial ou da ação penal no prazo de 60 dias a contar da celebração, se ela se casasse com terceiro. Esse dispositivo foi também expressamente revogado pela Lei n. 11.106/2005, de modo que o casamento da vítima com terceiro não trará qualquer benefício ao autor da infração penal.

Direito Penal – Parte Geral

12 PERDÃO JUDICIAL (ART. 107, IX)

Segundo Damásio de Jesus, "perdão judicial é o instituto pelo qual o Juiz, não obstante comprovada a prática da infração penal pelo sujeito culpado, deixa de aplicar a pena em face de justificadas circunstâncias" (*Código Penal anotado*, Saraiva, p. 284). O perdão judicial somente é cabível nas hipóteses expressamente mencionadas na lei, por exemplo, no homicídio culposo (art. 121, § 5º); na lesão corporal culposa (art. 129, § 8º); na receptação culposa (art. 180, § 3º); no parto suposto (art. 242, parágrafo único) etc.

O juiz só pode conceder o perdão na sentença após declarar que o acusado efetivamente é o responsável pelo crime, pois, não havendo prova contra este, a solução é a absolvição.

Para gerar efeito, o perdão judicial não precisa ser aceito.

Nos termos do art. 120 do Código Penal, o perdão judicial afasta os possíveis efeitos da reincidência. Por isso, se o agente vier a cometer novo crime, após ter recebido o perdão judicial, será considerado primário.

Discute-se a natureza jurídica da **sentença** que concede o perdão judicial.

Damásio de Jesus e Fernando Capez entendem que tal sentença é de caráter condenatório, pois o juiz declara o réu culpado e apenas deixa de impor a pena. Assim, os efeitos secundários da sentença não estariam excluídos (lançamento do nome no rol dos culpados, obrigação de reparar o dano etc.).

Basileu Garcia, por sua vez, entende ser a sentença absolutória, pois, segundo ele, não existe sentença condenatória sem imposição de pena.

Celso Delmanto, Heleno C. Fragoso e Alberto Silva Franco entendem que, por ser o perdão judicial uma causa extintiva da punibilidade, a sentença que o concede é declaratória, não subsistindo, assim, qualquer efeito, inclusive de natureza secundária. Nesse sentido a Súmula 18 do Superior Tribunal de Justiça: "A sentença concessiva do perdão judicial é declaratória da extinção da punibilidade, não subsistindo qualquer efeito condenatório". Nem o dever de indenizar subsiste, devendo a parte prejudicada ingressar com a ação cível para obter o ressarcimento.

13 AUTONOMIA DAS CAUSAS EXTINTIVAS DA PUNIBILIDADE (ART. 108)

O art. 108 do Código Penal estabelece que "a extinção da punibilidade de crime que é pressuposto, elemento constitutivo ou circunstância agravante de outro não se estende a este. Nos crimes conexos, a extinção da punibilidade de um deles não impede, quanto aos outros, a agravação da pena resultante da conexão".

Esse dispositivo, em verdade, possui quatro regras:

a) A extinção da punibilidade do crime pressuposto não se estende ao crime que dele depende. A regra trata dos crimes acessórios, cuja existência pressupõe a ocorrência de um crime anterior. É o caso, por exemplo, da receptação. Assim, se alguém furta um automóvel e o vende ao receptador, eventual extinção da punibilidade do furtador não atinge a receptação.

b) A extinção da punibilidade de elemento componente de um crime não se estende a este. O dispositivo cuida dos crimes complexos, em que um crime funciona como elementar de outro. Ex.: a extorsão mediante sequestro (art. 159), que surge da aglutinação dos crimes de sequestro (art. 148) e de extorsão (art. 158). Assim, a prescrição do sequestro, por exemplo, não se estende à extorsão mediante sequestro. Essa regra é desnecessária, pois o crime complexo é infração penal completamente autônoma em relação aos crimes que o compõem, possuindo pena própria e, portanto, tendo regras próprias.

c) A extinção da punibilidade de circunstância agravante não se estende ao crime agravado. O dispositivo se refere às qualificadoras que muitas vezes possuem também descrição como crime autônomo. O crime de furto é qualificado quando ocorre destruição de obstáculo (art. 155, § 4º, I). A destruição de obstáculo, em tese, configuraria crime de dano (art. 163), mas fica este absorvido por constituir aquela qualificadora do furto. Assim, o decurso do prazo prescricional em relação ao crime de dano não afeta a aplicação da qualificadora do furto.

d) Nos crimes conexos, a extinção da punibilidade em relação a um dos crimes não impede a exasperação da pena do outro em razão da conexão. O art. 61, II, *b*, do Código Penal estabelece a aplicação de agravante genérica sempre que um crime for praticado para assegurar a execução, ocultação, impunidade ou vantagem de outro crime. Esse dispositivo trata, portanto, de agravantes genéricas em razão da conexão, ou seja, pelo fato de a prática de um crime estar ligada a outro crime. Suponha-se que uma pessoa furte objetos que estão no interior de uma residência e, na sequência, a fim de evitar que descubram a subtração, coloque fogo na casa, expondo a perigo grande número de pessoas. Na hipótese, o agente praticou crimes de furto e de incêndio (art. 250), sendo que, em relação ao último, deve ser aplicada a agravante genérica, pois o incêndio visava assegurar a ocultação do furto anteriormente cometido. Dessa forma, eventual extinção da punibilidade do furto não impedirá a aplicação da agravante no crime de incêndio.

14 ESCUSAS ABSOLUTÓRIAS

São causas de isenção de pena expressamente previstas na legislação que decorrem de situações pessoais do agente (normalmente o parentesco com a vítima ou com o autor de um crime antecedente). Exs.: o art. 181 do Código Penal estabelece total isenção de pena quando o crime contra o patrimônio for cometido pelo cônjuge, ascendente ou descendente da vítima, salvo se houver emprego de violência ou grave ameaça, ou se a vítima tiver idade igual ou superior a 60 anos; no crime de favorecimento pessoal, o agente também é isento de pena se auxiliar ascendente, descendente, cônjuge ou irmão a subtrair-se à ação da autoridade pública (art. 348, § 2º).

Essas escusas absolutórias referem-se a circunstâncias de caráter pessoal e, portanto, não isentam de pena o coautor ou partícipe que não estejam por elas abrangido.

As escusas não se confundem com as causas extintivas da punibilidade. Com efeito, quando estas ocorrem significa que o agente era punível e que sobreveio uma causa que retirou a possibilidade da aplicação da pena (prescrição, decadência, morte do agente etc.). Ora, como as escusas decorrem de situações pessoais do agente que já existem antes da prática do fato (parentesco, p. ex.), a punibilidade nem sequer surge. Por isso é que são causas excludentes de punibilidade, que impedem até mesmo o início do inquérito policial.

Quadro sinótico – Causas extintivas da punibilidade

Morte do agente	Deve ser comprovada por certidão de óbito expedida pelo Cartório de Registro Civil.
Anistia	É concedida por lei e se refere a fatos já realizados, continuando a existir o tipo penal. Pode ser concedida antes ou depois da condenação. Ela extingue todas as consequências de natureza penal, voltando o condenado a ser primário. É vedada para crimes hediondos, tráfico comum de drogas (não privilegiado), terrorismo e tortura.

Direito Penal – Parte Geral

Graça	Pressupõe condenação transitada em julgado. É individual. Concedida pelo Presidente da República. Afasta somente a necessidade de cumprimento da pena, não voltando o condenado a ser primário. É vedada para crimes hediondos, tráfico, terrorismo e tortura.
Indulto	Pressupõe condenação transitada em julgado. É coletivo, ou seja, concedido pelo Presidente da República (ou pessoa que dele tenha recebido delegação) a todos os condenados que preencham certos requisitos. Afasta somente a necessidade de cumprimento da pena, não voltando o condenado a ser primário. É vedada para crimes hediondos, tráfico, terrorismo e tortura.
Abolitio criminis	Trata-se de lei nova que deixa de considerar o fato como crime. Foi o que ocorreu com os crimes de adultério e sedução revogados pela Lei n. 11.106/2005. Pode ocorrer antes ou depois da condenação e, no último caso, rescinde todos os efeitos condenatórios.
Prescrição da pretensão punitiva (Noções)	É a perda do direito de punir do Estado em face do não exercício do direito de ação dentro do prazo ou da demora na prolação da sentença. Assim, esta forma de prescrição impede o início ou interrompe a ação que está em andamento. O autor da infração mantém-se primário.
Prazo da prescrição	É verificado de acordo com o máximo da pena cominada em abstrato, de acordo com as seguintes regras do art. 109 do Código Penal: a) inferior a 1 ano, prescreve em 3; b) de 1 a 2 anos, prescreve em 4; c) superior a 2 e até 4 anos, prescreve em 8; d) superior a 4 e até 8 anos, prescreve em 12; e) superior a 8 e até 12 anos, prescreve em 16; f) superior a 12 anos, prescreve em 20. Observação: esses prazos são reduzidos pela metade se o réu for menor de 21 anos na data do fato ou maior de 70 por ocasião da sentença.
Início do prazo prescricional	a) a partir da consumação do crime; b) a partir do último ato de execução nos crimes tentados; c) nos crimes permanentes, da data que cessar a prática do crime; d) nos crimes de bigamia e falsificação ou alteração de assento de registro civil, da data em que o fato se tornar conhecido. Observação: no caso de concurso de crimes, a prescrição deve ser analisada isoladamente a partir da data da consumação de cada um deles.
Interrupção da prescrição	a) pelo recebimento da denúncia ou queixa; b) pela pronúncia; c) pela decisão confirmatória da pronúncia; d) pela publicação da sentença ou acórdão condenatórios ou confirmatório de condenação. Observação: com a interrupção da prescrição, de imediato passa a ser contado, integralmente, novo prazo, até que ocorra nova causa interruptiva ou a prescrição.
Suspensão da prescrição	a) enquanto não resolvida, em outro processo, questão prejudicial de que dependa o reconhecimento da existência do crime; b) quando ocorrer sustação de processo que apura infração penal cometida por deputado ou senador, por crime ocorrido após a diplomação; c) durante o período de suspensão condicional do processo; d) se o acusado, citado por edital, não comparecer, nem constituir defensor; e) pela expedição de carta rogatória para citar réu que se encontra no estrangeiro em local conhecido;

Suspensão da prescrição	f) durante o período em que a pessoa jurídica relacionada com o agente estiver incluída no regime de parcelamento nos crimes contra a ordem tributária da Lei n. 8.137/90, de apropriação indébita previdenciária (art. 168-A do CP) e de sonegação de contribuição previdenciária (art. 337-A do CP); g) durante o período que durar o acordo de leniência nos crimes contra a ordem econômica da Lei n. 8.137/90; Observação: nos casos de suspensão, cessada a causa, o prazo volta a correr somente pelo período restante. h) durante a pendência de embargos de declaração ou de recursos aos tribunais superiores, quando inadmissíveis; i) enquanto não cumprido ou não rescindido o acordo de não persecução penal, regulamentado no art. 28-A do Código de Processo Penal.
Crimes imprescritíveis	O racismo e aqueles praticados por grupos armados, civis ou militares, contra a ordem constitucional e o Estado Democrático (art. 5º, XLII, da CF).
Prescrição intercorrente e retroativa	São espécies de prescrição da pretensão punitiva. Ocorrem quando a sentença transita em julgado para a acusação ou depois que é improvido seu recurso. Nesses casos, deve-se analisar o montante da pena aplicada na sentença e verificar se, com base nesta, decorreu o prazo prescricional entre o oferecimento e o recebimento da denúncia ou entre este e a sentença de 1º grau (prescrição retroativa), ou, ainda, entre a sentença de 1º grau e o julgamento do recurso (prescrição intercorrente).
Prescrição da pretensão executória (noções)	É a prescrição da pena após o trânsito em julgado da sentença condenatória quando o Estado não consegue dar início à execução dentro do prazo legal. Atinge somente a pena aplicada, de modo que, com seu reconhecimento, o acusado não volta a ser primário (o que só ocorrerá 5 anos depois). Rege-se pela pena fixada na sentença, de acordo com os patamares já mencionados do art. 109 do Código Penal. Saliente-se, contudo, que, se o juiz reconhecer na sentença que o acusado é reincidente, o prazo prescricional aumenta-se de 1/3, regra que não existe em relação à prescrição da pretensão punitiva (Súmula 220 do STJ). No caso de o condenado estar cumprindo pena e fugir ou de ser revogado o livramento condicional, a prescrição regula-se pelo tempo faltante da pena a ser executada.
Termo *a quo*	a) a data em que transita em julgado a sentença para ambas as partes; b) a data em que é revogado o *sursis* ou o livramento condicional; c) o dia em que é interrompida a execução, salvo quando o tempo de interrupção deva ser computado na pena.
Causas interruptivas	a) início ou continuação do cumprimento da pena (recaptura); b) reincidência.
Decadência	É a perda do direito de oferecer queixa nos crimes de ação privada ou de oferecer representação nos delitos de ação pública condicionada pelo não exercício de tal direito dentro do prazo legal. Em regra, esse prazo é de 6 meses contados da data em que a vítima ou seu representante legal tomaram conhecimento da autoria do crime. O prazo decadencial não se interrompe e não se suspende.
Perempção	É a perda do direito do querelante de prosseguir na ação privada já proposta em razão de sua inércia ou negligência processual. Dá-se nos seguintes casos: a) quando o querelante deixa de promover o andamento da ação durante 30 dias; b) se o querelante morre ou torna-se inca paz e não comparecem o

Direito Penal – Parte Geral

Perempção	cônjuge, ascendente, descendente ou irmão, no prazo de 60 dias, para prosseguir no feito; c) quando o querelante, injustificadamente, deixa de comparecer a ato processual a que deva estar presente; d) quando o querelante deixa de pedir a condenação nas alegações finais; e) se o querelante for pessoa jurídica e se extinguir sem deixar sucessor.
Renúncia	É um ato pelo qual o ofendido abre mão do direito de oferecer a queixa. Independe de aceitação do autor do crime. Só pode ocorrer antes do início da ação. Pode se dar de forma expressa (declaração escrita e assinada) ou tácita (prática de ato incompatível com a intenção de propor a ação. Ex.: casamento com o autor do crime). O recebimento de indenização, todavia, não implica renúncia tácita. A renúncia em relação a um dos autores do crime a todos se estende.
Perdão	É um ato em que o querelante desiste da ação penal privada já proposta, desculpando o querelado pela prática da infração. Só é cabível após o recebimento da queixa e antes do trânsito em julgado da sentença condenatória. O perdão concedido a um dos querelados a todos se estende, mas só gera efeito em relação aos que o aceitarem. Trata-se, portanto, de ato bilateral. O perdão pode ser processual ou extraprocessual, expresso ou tácito. No caso de perdão processual, o querelado é intimado para dizer, em 3 dias, se o aceita, e, em caso de silêncio, será entendido que houve concordância.
Retratação do agente	Extingue a punibilidade nos casos previstos em lei. É admitida nos crimes de calúnia, difamação, falso testemunho e falsa perícia. Por meio da retratação o agente admite que agiu erroneamente.
Perdão judicial	É concedido pelo juiz na sentença quando preenchidos os requisitos exigidos, nos ilícitos penais que admitem esta causa extintiva. Para gerar efeito não precisa ser aceito. Concedido o perdão o réu mantém sua primariedade. De acordo com a Súmula 18 do Superior Tribunal de Justiça, "a sentença concessiva do perdão é declaratória da extinção da punibilidade, não subsistindo qualquer efeito condenatório". O perdão judicial está previsto nos crimes de homicídio e lesão culposa, receptação culposa e parto suposto.